Grundwortschatz
Italienisch

8 000 Wörter zu über 100 Themen

Stefano Albertini

Hueber Verlag

Für ihre ebenso tatkräftige wie sachkundige Unterstützung
bei der Entstehung dieses Buches gilt mein Dank Lilian Sohn
und Alessandra Testini.

Das Werk und seine Teile sind urheberrechtlich geschützt.
Jede Verwertung in anderen als den gesetzlich zugelassenen
Fällen bedarf deshalb der vorherigen schriftlichen
Einwilligung des Verlags.

Hinweis zu § 52a UrhG: Weder das Werk noch seine Teile dürfen ohne
eine solche Einwilligung überspielt, gespeichert und in ein Netzwerk
eingespielt werden. Dies gilt auch für Intranets von Firmen und von Schulen
und sonstigen Bildungseinrichtungen.

5.	4.	3.			Die letzten Ziffern
2015	14	13	12	11	bezeichnen Zahl und Jahr des Druckes.

Alle Drucke dieser Auflage können, da unverändert,
nebeneinander benutzt werden.
1. Auflage
© 2006 Hueber Verlag, 85737 Ismaning, Deutschland
Umschlaggestaltung: Parzhuber und Partner, München
Fotogestaltung Cover: wentzlaff | pfaff | güldenpfennig kommunikation gmbh, München
Coverfoto: © Matton Images/Stockbyte
Redaktion: Valerio Vial, Hueber Verlag, Ismaning
Layout und Satz: Kerstin Ramsteiner, Hueber Verlag, Ismaning
Druck und Bindung: Himmer AG, Augsburg
Printed in Germany
ISBN 978-3-19-009522-3

Einführung

Dieser *Grundwortschatz Italienisch* ist gedacht für die Nutzung in Schule, Volkshochschule, Beruf und Alltag sowie als Ratgeber auf Reisen. Er besteht im Wesentlichen aus zwei Teilen:

1. Einem alphabetisch geordneten Allgemeinwortschatz der 400 häufigsten und wichtigsten Wörter.
Ein gesprochener oder geschriebener italienischer Text enthält immer wieder diejenigen Wörter, die in dieser Liste enthalten sind. Daher sollten Sie diese Wörter beherrschen. Sie sind das Gerippe der Sprache. Ohne Wörter aus dieser Liste können Sie keinen italienischen Satz formulieren oder verstehen. Mit ihnen allein allerdings auch nicht, denn Sie wollen mit Ihrem Text ja etwas mitteilen; Ihr Text hat ein Thema.

2. Einem thematisch geordneten Wortschatz.
Um sich zu einem Thema zu äußern, benötigen Sie nämlich neben dem Allgemeinwortschatz der Eingangsliste auch noch Wörter zum Themenkreis Ihrer Wahl. 8 000 solcher alle wesentlichen Lebensbereiche erfassenden Wörter finden Sie nach Themen geordnet im Hauptteil des Buches.

Auch im thematischen Hauptteil des Buches stoßen Sie immer wieder auf Wörter aus der Eingangsliste, und zwar vor allem in den Anwendungsbeispielen. Nehmen Sie zum Beispiel auf Seite 73 den Satz *Tutti i nostri capi si possono combinare.* (= Alle unsere Teile kann man kombinieren.) Von diesen sieben Wörtern gehören fünf zum Allgemeinwortschatz; das sechste und siebte allerdings (*capi* und *combinare*) sind zwei thematische Wörter, die dem Satz erst einen Sinn geben. Sie stammen aus dem Themenkapitel *Abbigliamento e moda* und ließen sich durch viele Begriffe aus anderen Kapiteln – je nach Aussageabsicht – ersetzen: *prodotti* + *comprare*, *ortaggi* + *surgelare* usw. Mit der Fähigkeit, Allgemeinwortschatz und thematischen Wortschatz sinnvoll miteinander zu verknüpfen, wächst Ihr Ausdrucksvermögen.

8 000 Wörter sind eine Menge, könnten Sie sagen, und Sie hätten damit Recht! Wenn Sie im Laufe Ihres Italienischlernens einen aktiv verfügbaren Kernwortschatz von ca. 2 000 Wörtern erwerben, sind Sie schon sehr gut. Neben dem aktiven hat aber auch jeder Sprachbenutzer einen passiven Wortschatz, der wesentlich größer und individuell verschieden ist.

Mit diesem *Grundwortschatz Italienisch* können Sie sich entsprechend Ihren thematischen Interessen Ihren ganz persönlichen aktiven und passiven Italienischwortschatz aufbauen – ein interessanter Lernprozess, bei dem Sie die spaltenweise Anordnung des Materials, die farbige Kennzeichnung des wichtigsten Alltagswortschatzes, die vielen Infoboxen und die beiden umfassenden Register wirksam unterstützen.

Hinweise für den Gebrauch:

1. Einzelne benötigte Wörter finden Sie schnell über das deutsche oder italienische Register. Aber die thematische Anordnung des Wortschatzes ermöglicht Ihnen natürlich auch systematisches Suchen und Lernen – ein wesentlicher Zweck dieses Buches.

2. Die über 100 farbig gekennzeichneten Infoboxen bieten Ihnen Listen thematisch zusammengehörigen Wortmaterials sowie Hinweise zu Übersetzungsproblemen, Sprachgebrauch, Grammatik, Landeskunde, Idiomatik und Aussprache.

3. Die farbig gekennzeichneten Wörter werden in der Alltagskommunikation besonders häufig gebraucht und sollten darum vorrangig beachtet und gelernt werden.

Wie prägen Sie sich neuen Wortschatz ein?

Für das Vokabellernen gibt es viele individuelle Methoden, unter denen die folgenden am häufigsten praktiziert werden:

- Sie lernen den spaltenweise angeordneten Wortschatz nach Möglichkeit laut, erst links – rechts und dann rechts – links. Sie testen sich, indem Sie zunächst die deutsche Entsprechung des italienischen Eintrags abdecken, die deutsche Übersetzung aus dem Gedächtnis sprechen und dann das Blatt nach unten schieben, um die Übersetzung zur Überprüfung sichtbar zu machen. Später verfahren Sie entsprechend mit der italienischen Spalte.

- Nehmen Sie sich nie einen zu langen Abschnitt oder eine zu große Menge vor! Mehr als acht Einträge sollten Sie nicht auf einmal lernen. Und wenn Sie fünf Wörter pro Tag schaffen, sind das 1 825 pro Jahr!

- Begrenzen Sie Ihre Lernsitzungen. Jeden Tag eine Viertelstunde ist besser als einmal die Woche zwei Stunden üben.

Was machen Sie mit „hartnäckigen Verweigerern", d.h. Wörtern oder Wortfolgen, die Sie sich nicht merken können?
Schreiben Sie sie auf Zettel im Format DIN A7 – das Italienische auf die eine Seite, das Deutsche auf die andere. Legen Sie die Zettel an auffälliger Stelle in Ihrer Wohnung aus oder tragen Sie sie bei sich, damit Sie immer wieder einmal üben oder sich testen können.

Inhaltsverzeichnis

Informationen für die Benutzung Umschlag
Einführung 3
Der wichtigste Allgemeinwortschatz 9

1	**L'uomo**	**Der Mensch**	
1.1	Dati personali	Angaben zur Person	15
1.2	Parti del corpo	Körperteile	16
1.3	Aspetto esteriore	Äußere Erscheinung	19
1.4	Infanzia e giovinezza	Kindheit und Jugend	22
1.5	Mezza età e vecchiaia	Mittlere Jahre und Alter	24
1.6	Personalità e comportamento	Persönlichkeit und Verhalten	25
1.7	Sensi e sensazioni	Sinne und Sinneseindrücke	29
1.8	Sentimenti e atteggiamenti	Gefühle und Einstellungen	32
1.9	Moralità e immoralità	Moral und Unmoral	37
1.10	Mente e intelletto	Geist und Verstand	38
1.11	Lingua e mezzi d'espressione	Sprache und Ausdrucksmittel	41
1.12	Rapporti umani	Menschliche Beziehungen	44
1.13	Sessualità	Sexualität	49
1.14	Igiene del corpo	Körperpflege	50
1.15	Morte	Tod	52
2	**La famiglia**	**Die Familie**	
2.1	Rapporti familiari	Verwandtschaftliche Beziehungen	53
2.2	Matrimonio e divorzio	Ehe und Ehescheidung	54
2.3	Genitori e figli	Eltern und Kinder	56
3	**Alimentazione, bere, abbigliamento**	**Essen, Trinken, Kleidung**	
3.1	Alimenti	Nahrungsmittel	59
3.2	Bevande	Getränke	63
3.3	Cucinare e cucina	Küche und Kochen	64
3.4	Pasti	Mahlzeiten	67
3.5	Mangiare fuori casa	Auswärts essen	68
3.6	Abbigliamento e moda	Kleidung und Mode	71

4	**Igiene**		**Gesundheitspflege**	
4.1	Malattie e sintomi		Krankheiten und Symptome	75
4.2	Incidenti e ferite		Unfälle und Verletzungen	78
4.3	Invalidità		Behinderungen	80
4.4	Dal medico – in ospedale		Beim Arzt – im Krankenhaus	81
4.5	Vivere in modo sano		Gesunde Lebensweise	85
5	**La casa**		**Die Wohnung**	
5.1	Appartamenti e case		Wohnungen und Häuser	86
5.2	Mobili, arredamento, ecc.		Möbel, Einrichtung usw.	90
5.3	Lavori domestici		Hausarbeit	93
6	**Ordinamento sociale**		**Die Sozialordnung**	
6.1	Comunità		Gemeinschaften	94
6.2	Sistemi politici e politica		Politische Systeme und Politik	96
6.3	Il potere legislativo		Die gesetzgebende Gewalt	97
6.4	Governo		Regierung	98
6.5	Sistema giuridico e polizia		Rechtswesen und Polizei	99
6.6	Tasse		Steuern	102
6.7	Sicurezza sociale		Soziale Sicherheit	103
6.8	Relazioni internazionali		Internationale Beziehungen	104
6.9	Difesa, guerra, esercito		Verteidigung, Krieg, Militär	105
7	**Problemi sociali**		**Soziale Probleme**	
7.1	Disoccupazione		Arbeitslosigkeit	107
7.2	Droghe, alcol e fumo		Drogen, Alkohol und Rauch	108
7.3	Povertà		Armut	109
7.4	Criminalità e violenza		Verbrechen und Gewalttätigkeit	110
8	**Storia, psicologia, religione**		**Geschichte, Psychologie, Religion**	
8.1	Storia		Geschichte	112
8.2	Psicologia		Psychologie	113
8.3	Religioni e confessioni		Religionen und Konfessionen	114
9	**Educazione**		**Bildungswesen**	
9.1	Istituzioni scolastiche		Bildungseinrichtungen	116
9.2	Materie di studio e abilità		Studienfächer und Fertigkeiten	117
9.3	Esami e qualificazioni		Prüfungen und Qualifikationen	118
9.4	Insegnamento e studio		Lehren und Lernen	120

10	**Arte e letteratura**	**Kunst und Literatur**	
10.1	Pittura e scultura	Malerei und Bildhauerei	124
10.2	Fotografia	Fotografie	126
10.3	Musica e ballo	Musik und Tanz	127
10.4	Teatro e cinema	Theater und Film	129
10.5	Architettura e edilizia	Architektur und Bauwesen	131
10.6	Letteratura	Literatur	132
11	**Tempo libero e ricreazione**	**Freizeit und Erholung**	
11.1	Giorni e occasioni di festa, vacanze	Feiertage, festliche Anlässe, Urlaub	133
11.2	I rapporti sociali	Gesellschaftlicher Umgang	135
11.3	Divertimenti e hobby	Vergnügungen und Hobbys	137
11.4	Viaggi e turismo, alloggio	Reisen und Tourismus, Unterkunft	139
11.5	Acquisti	Einkaufen	142
11.6	Sport	Sportarten	145
12	**La Terra**	**Die Erde**	
12.1	Cielo, clima e tempo	Himmel, Klima und Wetter	147
12.2	La Terra	Die Erde	150
12.3	Mari, laghi, fiumi	Meere, Seen, Flüsse	152
12.4	Il paesaggio e l'agricoltura	Die Landschaft und die Landwirtschaft	153
12.5	La città	Die Stadt	156
12.6	La tutela dell'ambiente	Der Umweltschutz	157
13	**Esseri viventi**	**Lebewesen**	
13.1	Animali	Tiere	158
13.2	Piante	Pflanzen	161
14	**Scienza e tecnica**	**Wissenschaft und Technik**	
14.1	Fisica	Physik	163
14.2	Chimica	Chemie	164
14.3	Matematica	Mathematik	165
14.4	I numeri	Zahlen	166
14.5	Materiali, attrezzi, macchine	Werkstoffe, Werkzeuge, Maschinen	168
14.6	Elettricità ed elettronica	Elektrizität und Elektronik	170
14.7	Contenitori	Behälter	171

15	**Spazio, tempo e misura**	**Raum-, Zeit- und Maßangaben**	
15.1	Espressioni di spazio e di direzione	Raum- und Richtungsangaben	172
15.2	Espressioni di tempo	Zeitangaben	176
15.3	Espressioni di misura e di quantità	Maß- und Mengenangaben	181
16	**Informazione e comunicazione**	**Information und Kommunikation**	
16.1	Libri ed editoria	Bücher und Verlagswesen	184
16.2	La stampa	Die Presse	186
16.3	Radio e televisione	Rundfunk und Fernsehen	188
16.4	Il servizio postale	Der Postdienst	189
16.5	Telefono, fax e cellulare	Telefon, Fax und Handy	190
16.6	Il computer	Computer	193
17	**Mezzi di trasporto**	**Transportmittel**	
17.1	Veicoli a motore e traffico stradale	Kraftfahrzeuge und Straßenverkehr	196
17.2	Trasporto su rotaia	Beförderung mit der Eisenbahn	201
17.3	Trasporti aerei	Beförderung mit dem Flugzeug	203
17.4	Trasporti marittimi	Beförderung auf dem Wasserweg	204
17.5	Trasporti pubblici	Öffentlicher Nahverkehr	205
18	**Economia**	**Die Wirtschaft**	
18.1	Teoria e politica economica	Wirtschaftstheorie und -politik	206
18.2	Il mondo degli affari	Das Geschäftsleben	209
18.3	Il mondo della finanza	Die Finanzwelt	213
18.4	Lavoro e professioni	Arbeit und Berufe	216
18.5	In ufficio	Im Büro	219

Register Italienisch 221
Register Deutsch 243
Die Zeichen der Lautschrift Umschlag

Der wichtigste Allgemeinwortschatz

Die folgenden besonders häufig gebrauchten Wörter sind thematisch neutral und kommen daher nur beiläufig in den Themenkapiteln vor.

- a auf; an; in; zu (*räumlich*); mit (+ *Alter*); um (+ *Uhrzeit*)
- a causa di aufgrund
- a favore di zugunsten
- a meno che es sei denn, dass
- a parte getrennt
- a più tardi bis später
- a presto bis bald
- a proposito übrigens
- accadere geschehen
- ad ogni modo jedenfalls
- adatto geeignet, passend
- addirittura sogar
- affinché damit
- ah ah, ach
- ahi aua
- aiutare helfen
- alcuno einige; kein(e)
- allora damals; also
- almeno wenigstens
- altrettanto ebenso
- altrimenti andernfalls
- altro andere(-r, -s)
- anch'io ich auch
- anche auch
- anzi vielmehr
- appena kaum; eben
- appunto eben (*verstärkend*)
- arrivederci auf Wiedersehen
- arrivederLa auf Wiedersehen (*Höflichkeitsform*)
- assieme zusammen
- assistere zugegen sein; helfen
- assolutamente vollkommen; unbedingt
- attendere warten
- attenzione *f* Aufmerksamkeit
- Attenzione! Vorsicht!
- attimo Moment, Augenblick
- aver luogo stattfinden
- avere haben
- basta, grazie das ist genug, danke
- bastare genügen
- beh nun, also; tja
- benché obwohl
- bene, dunque gut, also
- bene, grazie danke, gut
- benvenuto willkommen
- bisogna man muss
- buon divertimento viel Vergnügen
- buon lavoro frohes Schaffen
- buona giornata schönen Tag
- buonanotte gute Nacht
- buonasera guten Abend
- buongiorno guten Tag
- cambiamento (Ver-)Änderung
- casomai falls; im Zweifelsfalle
- causa Ursache
- certamente sicher(lich) (*Adv.*)
- certezza Sicherheit, Gewissheit
- certo sicher(lich) (*Adj.*)
- che was; welche(-r, -s); dass
- (che) cosa was
- chi wer; wen; wem
- chiaro e tondo klipp und klar
- ci uns; dort(hin); daran
- ciao hallo; tschüss
- ciascuno jede(-r, -s)
- ciò das, dies
- cioè also; das heißt
- circostanza Umstand
- collegare verbinden
- come (so) wie; als
- Come sta / stai? Wie geht es Ihnen / dir?
- Come va? Wie geht's?
- Come, prego? Wie bitte?

completamente völlig, ganz
comunque wie auch immer; jedoch
con mit; auf; bei
concedere gewähren
conosciuto bekannt
conseguenza Folge
considerando che wenn man bedenkt, dass
contrario Gegenteil
contribuire beitragen
cosa Sache, Ding
Cosa c'è? Was ist los?
Cosa posso fare per Lei / te? Was kann ich für Sie / dich tun?
Cosa succede? Was ist los?
così so
così così solala, leidlich
cui dem, der (*Dativ*)
cultura Kultur
culturale kulturell
d'accordo einverstanden
d'altra parte andererseits
da seit; von; aus; zu; bei; als; durch
Dai! Auf! / Komm!
dare geben
dato che da, weil
davvero wirklich
decidere entscheiden
decisione *f* Entscheidung
dei, degli, delle Teilungsartikel (*wird nicht übersetzt*)
del resto übrigens; außerdem
del, dello, della, dell' Teilungsartikel (*wird nicht übersetzt*)
desiderare wünschen
di aus; vor; von
di corsa eilig
di niente gern geschehen
di solito (für) gewöhnlich
differenza Unterschied
difficoltà Schwierigkeit
dimostrare zeigen

dimostrarsi sich erweisen als
dipendere da abhängen von
diventare werden
diverso anders, unterschiedlich
dottore(-ssa) Doktor; Arzt, Ärztin
dovere müssen; sollen; schulden
dovere *m* Pflicht
dunque also
e und; nach (*bei Uhrzeit*)
eccetto außer, bis auf
eccezione *f* Ausnahme
ecco sieh mal; da ist / sind
ecco fatto das wär's; das hätten wir
Eccome! Na klar! / Und wie!
effettivamente tatsächlich
egli er (*Nominativ, msg*)
eh Was? / ... oder?
ehi he
ella sie (*Nominativ, fsg*)
enorme riesig, enorm
entrambi /e beide
entro bis; innerhalb
eppure und doch, dennoch
esatto genau
essa sie (*Tiere und Dinge, fsg*)
esse sie (*Nominativ, fpl*)
essere sein
essere in grado di können
essi sie (*Nominativ, mpl*)
esso er (*Tiere und Dinge, msg*)
estremo äußerste (-r, -s), höchste (-r, -s)
eventualmente vielleicht, möglicherweise
evitare vermeiden
fare machen, tun
fisso starr; Fix-, fest
forse vielleicht
fortuna Glück
fortunatamente glücklicherweise, zum Glück
fortunato glücklich

fretta Eile
generalmente im Allgemeinen, normalerweise
genere *m* Art, Typ
gente (*fsg*) Leute
già schon (*auch als Zustimmung*)
gli die (*Artikel, mpl*)
gli ihm, ihr (*Dativ*)
gli, loro ihnen (*Dativ*)
grado Grad, Niveau
grazie danke (schön)
grazie mille vielen Dank
i die (*Artikel, mpl*)
il quale welcher; welchen
il der (*Artikel, msg*)
immediato unverzüglich; prompt
impedire verhindern; hemmen
importante wichtig
importanza Bedeutung, Wichtigkeit
impossibile unmöglich
improvvisamente plötzlich, auf einmal
improvviso unvermittelt
in in; nach; zu; auf; mit
in genere üblicherweise
in modo particolare insbesondere
in ogni caso auf jeden Fall
in realtà in Wirklichkeit; eigentlich
in un certo senso in gewisser Weise
incerto unsicher
incredibile unglaublich
infatti tatsächlich
iniziare beginnen, anfangen
inizio Beginn
inoltre darüber hinaus, außerdem
insieme (a) zusammen (mit)
insomma also
intenzione *f* Absicht
intero vollständig
introdurre einführen
inutile nutz-, zweck-, sinnlos

invano umsonst
invece di (an)statt zu
io ich
irregolare unregelmäßig
la, l' die (*Artikel, fsg*)
la sie (*Akk., fsg*)
La Sie (*Akk., Sg.*)
lasciami in pace lass mich in Ruhe
lasciar perdere gut sein lassen
lasciar stare sein lassen
lasciare (ver-, über-)lassen
le die (*Artikel, fpl*)
le sie (*Akk., fpl*); ihr (*Dativ fsg*)
Le Ihnen (*Dativ Sg.*)
lei (*fsg*) sie; sie (*Akk.*)
Lei (*Sg.*) Sie; Sie (*Akk.*)
lento langsam
li sie (*Akk. mpl*)
liberarsi (da / di) sich befreien von
libero frei
lista Liste
lo der; den (*Artikel, msg*)
lo, l' ihn (*Akk. msg*)
loro sie (*m / fpl Nom.*), sie (*Akk. Pl.*), ihnen (*Dativ Pl.*)
Loro, loro Ihr(e); ihr(e)
luce *f* Licht
lui er; ihn
ma aber
Macché! Ach was!
magari vielleicht; Schön wär's!
mah tja
malgrado trotz
me mich
mediante durch, mittels
meno male zum Glück
metterci brauchen (*Zeit*)
mettere stellen; legen; setzen
mettere da parte beiseite legen; sparen
mi dispiace es tut mir Leid

mi raccomando (*etwa*) denk' dran, denken Sie dran
mi, m' mich; mir
mica doch nicht, gar nicht
mio /a mein(e)
molte grazie vielen Dank
molto viel
molto piacere sehr erfreut
nascondere verstecken
ne davon; darüber
neanch'io ich auch nicht
neanche nicht einmal; auch nicht
necessario nötig, notwendig
necessità Notwendigkeit
nel caso che falls; sofern
nemmeno auch nicht
neppure auch nicht
nessuno niemand
nient'altro sonst nichts; das genügt
no nein
no, grazie nein, danke
noi wir; uns
non nicht
non ... neanche auch nicht, nicht einmal
non ... affatto überhaupt nicht
non ... niente nichts
non fa niente das macht nichts
non importa das macht nichts
non solo ... ma anche nicht nur ... sondern auch
nonostante trotz
normale normal, üblich
nostro /a unser(e)
nulla nichts
nuovo neu
o oder
o ... o entweder ... oder
occupare besetzen; bewohnen
oddio / Dio mio oh Gott, mein Gott
oggetto Gegenstand
ogni jede(-r, -s)

ognuno jeder(mann)
oh oh
oh santo cielo oh Gott
oltre a außer, neben
oltre a ciò darüber hinaus
opporsi a sich widersetzen
opportunità Gelegenheit
oppure oder (aber)
ordinario gewöhnlich (*Adj.*)
ormai inzwischen; schon
paio (*pl*: le paia) Paar
parecchi /e (ziemlich) viel(e)
partecipare teilnehmen
particolare besondere(-r, -s)
particolare *m* Besonderheit; Einzelheit
passo Schritt
Peccato! Schade!
per für; nach; über; durch
per caso zufällig, per Zufall
per di più darüber hinaus, außerdem
per cortesia / favore / piacere bitte (*bei Wünschen, Bitten*)
per fortuna zum Glück
per motivi / ragioni di wegen
per niente überhaupt nicht; umsonst
per poco fast, beinahe
per quello / questo deswegen
perché warum; weil, da; damit
perché (*minv*) Grund
perciò also; deshalb, darum
perfino sogar
perlopiù meistens
permesso Erlaubnis
Permesso? Erlauben Sie?
però aber, jedoch
piacere erfreut; angenehm
poiché da, weil
porre setzen; stellen; legen
posare legen; stellen
positivo positiv
possibile möglich

possibilità Möglichkeit
Posso aiutarLa / aiutarti?
  Kann ich Ihnen / dir helfen?
potere können; dürfen
potrei ich könnte
premere drücken
prendere parte a teilnehmen an
presso bei
principale Haupt-, wichtigste(-r, -s)
principale m / f Chef(in)
probabile wahrscheinlich (*Adj.*)
probabilmente wahrscheinlich (*Adv.*)
problema m Problem
pronto hallo (*Telefon*); bereit
proposito Absicht, Vorsatz
proprio eigene(-r, -s); genau
provare a versuchen; probieren
pure auch
qualche (+ *Sg.!*) einige; ein paar; manch
qualcosa etwas
qualcuno jemand
quale welche(-r, -s)
qualsiasi jede(-r, -s) (beliebige)
qualunque jede(-r, -s) (beliebige); irgendein(e)
quanto a was ... betrifft
quello jene(r); der, die, das (da)
questo diese(-r, -s); der, die, das (hier)
quindi also, folglich
rapido schnell; kurz
rientrare zurück-, heimkommen
riguardo a was ... betrifft
riserva Vorrat
ritorno Rückfahrt, -flug
salve hallo; tschüss
se ob; wenn, falls
sé sich (*reflexiv*)
sebbene obwohl
sedersi sich setzen
segno Zeichen
segreto Geheimnis

semplicemente einfach; nur, lediglich
senza ohne
senza che ohne dass
serie *f* Reihe
serviti bedien dich; nimm dir
sfortuna Unglück, Pech
sì ja; doch; zwar
si serva bedienen Sie sich
sì, grazie ja, bitte
si, s' sich; man
sia ... che sowohl ... als auch
siccome da, weil
sicuro sicher
signora Frau, Dame
signore m Herr
signorina Fräulein
simile ähnlich; solch, so ein(e)
solito gewohnt, üblich
soltanto nur
soprattutto vor allem, hauptsächlich
sorte *f* Schicksal; Los
specialmente besonders, vor allem
spero di no ich hoffe nicht
spero di sì ich hoffe (es)
standard m Standard; Standard-
stare facendo gerade machen
stare per im Begriff sein, etwas zu tun
stesso der- / die- / dasselbe; der / die / das Gleiche
strano seltsam, merkwürdig
straordinario außergewöhnlich
stringere enger machen; drücken
su auf, an; hin- / herauf; oben; über
suo / a sein(e), ihr(e)
Suo / a Ihr(e)
superare übertreffen; überholen
supporre annehmen, vermuten
tale solch ein(e), so ein(e)
tanto (so) viel(e); (so) sehr

- **te** dich; dir
- **tendere a** neigen zu
- **tenere conto di qc.** etw. berücksichtigen
- **ti, t'** dich
- **tirare** ziehen
- **trattenersi** bleiben, sich aufhalten
- **troppo** zu (+ *Adjektiv*)
- **tu** du
- **tuo /a** dein(e)
- **tuttavia** trotzdem, dennoch
- **tutto** alles
- **Uffa!** Oh Mann!
- **un, uno** ein
- **una, un'** eine
- **va bene** okay, einverstanden, gut
- **vari(-e)** verschiedene, mehrere
- **venire** kommen; werden (*Modalverb*)
- **veramente** wirklich; eigentlich, aber
- **verità** Wahrheit
- **vero** wahr; echt
- **Vi, vi** Sie, Ihnen (*pl*); euch
- **visto che** da
- **Voi, voi** Sie (*Pl., Nom. und Akk.*); ihr; euch
- **volentieri** gern(e)
- **volere** wollen, mögen
- **volontà** Wille(n)
- **vorrebbe** er / sie möchte
- **vorrei** ich möchte, ich hätte gerne
- **vostro /a** eur(e)
- **Vostro /a** Ihr(e) (*Pl.*)

Kapitel 1

1.1 Dati personali
Angaben zur Person

Der Mensch

essere *m* **umano** [ˈɛssere uˈmaːno]	Mensch
uomo, uomini [uˈɔːmo – uˈɔːmini]	Mann, Männer; Mensch(en)
umano [uˈmaːno]	menschlich
Gli errori sono umani.	Fehler sind menschlich.
donna [ˈdɔnna]	**Frau**
maschio [ˈmaskio]	**Junge** *(Tiere:* **Männchen)**
femmina [ˈfemmina]	**Mädchen** *(Tiere:* **Weibchen)**
persona [perˈsoːna]	**Person**
nome *m* [ˈnoːme]	**Name; Vorname**
cognome *m* [koˈɲoːme]	**Familienname; Nachname; Zuname**
chiamarsi [kiaˈmarsi]	**heißen**
Come ti chiami?	Wie heißt du?
data di **nascita** [ˈnaʃita]	**Geburt**sdatum
luogo di nascita	Geburtsort
Dove sei nato/a?	Wo bist du geboren?
(Lui) è nato il 6 settembre.	Er ist am 6. September geboren.
Di dove sei?	Woher stammst du?
Da dove vieni?	Woher kommst du?
compleanno [kompleˈanno]	**Geburtstag**
Quando è il tuo compleanno?	Wann hast du Geburtstag?
Oggi compie gli anni.	Er/Sie hat heute Geburtstag.

i Geburtstagsglückwünsche können Sie so zum Ausdruck bringen:
Ti (Le) faccio i miei migliori auguri per il tuo (Suo) compleanno.

età [eˈta]	**Alter**
Quanti anni ha?	Wie alt sind Sie?
a che età / a quanti anni …?	in welchem Alter / wann …?
residenza [resiˈdɛntsa]	**Wohnort**
residente in	wohnhaft in
cittadinanza [tʃittadiˈnantsa]	**Staatsangehörigkeit**
stato civile [ˈstaːto tʃiˈviːle]	**Familienstand**
sposato [spoˈsaːto]	**verheiratet**
celibe [ˈtʃɛːlibe]	**ledig** *(Männer)*
nubile [ˈnuːbile]	**ledig** *(Frauen)*
separato [sepaˈraːto]	**getrennt (lebend)**
divorziato [divortsiˈaːto]	**geschieden**

1.2 Parti del corpo
Körperteile

testa ['tɛsta]	**Kopf**
dalla testa ai piedi	von Kopf bis Fuß
cervello [tʃer'vɛllo]	**Gehirn**
(Lui) ha agito senza cervello.	Er hat unüberlegt gehandelt.
fronte *f* ['fronte]	**Stirn**
corrugare la fronte	die Stirn runzeln
guancia [gu'antʃa]	**Wange, Backe**
guance paffute	Pausbacken
mento ['mento]	**Kinn**
doppio mento	Doppelkinn
capello – **capelli** [ka'pello]	**Haar(e)**
Marco ha i capelli castani.	Marco hat braunes Haar.
pelo ['pe:lo]	**(Körper)Haar**
I peli della barba pungono.	Barthaare pieksen.
faccia ['fattʃa]	**Gesicht**
Alla faccia!	Donnerwetter!; Na sowas!
occhio ['ɔkkio]	**Auge**
Lei è cieca da un occhio.	Sie ist auf einem Auge blind.
naso ['na:zo]	**Nase**
soffiarsi il naso	sich die Nase putzen
bocca ['bokka]	**Mund**
In bocca al lupo!	Hals- und Beinbruch!
fiato [fi'a:to]	**Atem**
Aspetta che mi manca il fiato!	Warte, mir bleibt die Luft weg!
respiro [res'pi:ro]	**Atem**
non avere un attimo di respiro	nicht zu Atem kommen
dente *m* ['dɛnte]	**Zahn**
(Lui) ha mal di denti.	Er hat Zahnschmerzen.
lingua ['lingua]	**Zunge**
labbro *m* – le **labbra** *fpl* ['labbro]	**Lippe(n)**
orecchio – le **orecchie** / gli **orecchi** [o'rekkio]	**Ohr(en)**
(Lui) è duro d'orecchi.	Er ist schwerhörig / hört schlecht.
collo ['kɔllo]	**Hals** (*von außen gesehen*)
Si è rotto l'osso del collo.	Er brach sich das Genick.
gola ['go:la]	**Kehle; Hals** (*von innen gesehen*)
Ho mal di gola.	Ich habe Halsschmerzen.
spalla ['spalla]	**Schulter**
(Lui) è largo di spalle.	Er hat breite Schultern.

il braccio *m* – **le braccia** *fpl* ['brattʃo]	**Arm(e)**
Si è rotta il braccio.	Sie hat sich den Arm gebrochen.
abbracciare [abbra'tʃaːre]	**umarmen**
gomito ['goːmito]	**Ell(en)bogen**
la mano *f* – **le mani** *fpl* ['maːno]	**Hand**
Mi lavo le mani.	Ich wasche mir die Hände.
dare / stringere la mano	die Hand geben / schütteln

Con le mani possiamo prendere ['prɛndere] (= nehmen), *pigliare* [piʎ'ʎaːre] (= greifen), *afferrare* [affer'raːre] (= packen), alzare [al'tsaːre] (= heben) *o* tirare [ti'raːre] (= werfen) *un oggetto. Possiamo porgere* ['pɔrdʒere] (= reichen) *o stringere* ['strindʒere] (= drücken) *la mano a un'altra persona.*
Con le gambe e con i piedi possiamo camminare [kammi'naːre] (= gehen, laufen), correre ['korrere] (= rennen), *saltare* [sal'taːre] (= springen), *inciampare in* [intʃam'paːre in] (= stolpern über) *un ostacolo* (= Hindernis), *possiamo salire su* [sa'liːre su] (= steigen auf) *una sedia* (= Stuhl), *scendere da* ['ʃendere da] (= aussteigen aus) *una macchina, infine* (= schließlich) *possiamo arrampicarci su* [arrampi'kartʃi] (= klettern auf) *un albero o scavalcare* [skaval'kaːre] (= klettern über) *un muretto* (= Mäuerchen).

polso ['polso]	**Handgelenk**
orologio da polso	Armbanduhr
pugno ['puːɲo]	**Faust**
stringere i pugni	die Fäuste ballen
dito *m* – **le dita** *fpl* ['diːto]	**Finger**
dito del piede	Zehe
unghia ['ungia]	**(Finger-)Nagel**
tagliarsi le unghie	sich die Nägel schneiden
gamba ['gamba]	**Bein**
ginocchio *m* – **le ginocchia** *fpl* [dʒi'nɔkkio]	**Knie**
caviglia [ka'viːʎa]	**Knöchel**
Mi sono slogato la caviglia.	Ich habe mir den Knöchel verrenkt.
piede *m* [pi'ɛːde]	**Fuß**
Siamo andati a piedi.	Wir sind zu Fuß gegangen.
petto ['pɛtto]	**Brust(korb)**
petto – **seno** ['pɛtto – 'seːno]	**Brust – Brüste**
costola ['kɔstola]	**Rippe**
pancia ['pantʃa]	**Bauch**

avere la pancia	einen Bauch haben
ventre *m* ['vɛntre]	**Bauch**
fare la danza del ventre	bauchtanzen
schiena [ski'ɛ:na]	**Rücken**
spaccarsi la schiena	sich abrackern
sudare [su'da:re]	**schwitzen**
Gli sudano le mani.	Er schwitzt an den Händen.
sudore *m* [su'do:re]	**Schweiß**
Aspetta che mi asciugo il sudore dalla fronte.	Warte, ich wisch' mir nur den Schweiß von der Stirn.
cuore *m* [ku'ɔ:re]	**Herz**
Mi batte il cuore per la gioia.	Mein Herz schlägt höher vor Freude.
polmone *m* [pol'mo:ne]	**Lungenflügel; Lunge**
fegato ['fe:gato]	**Leber**
rene *m* ['re:ne]	**Niere**
stomaco ['stɔ:mako]	**Magen; Bauch**
a stomaco vuoto	auf nüchternen Magen
intestino [intes'ti:no]	**Darm**
sedere *m* [se'de:re]	**Gesäß; Hintern; Hinterteil**
ano ['a:no]	**After; Anus**
urina – orinare [u'ri:na – ori'na:re]	**Urin; Harn – urinieren**
genitali *mpl* [dʒeni'ta:li]	**Genitalien; Geschlechtsteile**
sangue *m* ['sangue]	**Blut**
circolazione *f* del sangue	Kreislauf
prelievo del sangue	Blutprobe/-abnahme
donatore(-trice) di sangue	Blutspender(in)
vena ['ve:na]	**Vene**
arteria [ar'tɛ:ria]	**Arterie**
scheletro ['ske:letro]	**Skelett**
l'osso *m* – **le ossa** *fpl* ['ɔsso]	**Knochen**
articolazione *f* [artikolatsi'o:ne]	**Gelenk**
dolori articolari	Gelenkschmerzen
pelle *f* ['pɛlle]	**Haut**
Ho la pelle d'oca.	Ich habe eine Gänsehaut.
muscolo ['muskolo]	**Muskel**
dolori muscolari	Muskelkater
ghiandola [gi'andola]	**Drüse**
nervo ['nɛrvo]	**Nerv**
(Lei) ha i nervi saldi/deboli.	Sie hat gute/schwache Nerven.
nervoso [nɛr'vo:so]	**Nerven-/nervös/gereizt**
il sistema nervoso	das Nervensystem

1.3 Aspetto esteriore
Äußere Erscheinung

apparenza [appa'rɛntsa]	(An)Schein; Aussehen
una giovane di bella apparenza	eine gut aussehende junge Frau
in apparenza	scheinbar
aspetto [as'pɛtto]	Aussehen; Aspekt
giudicare qualcuno dall'aspetto	jemanden nach seinem Äußeren beurteilen
espressione f [espressi'o:ne]	(Gesichts)Ausdruck
Che espressione che fai!	Was machst denn du für ein Gesicht!
linea ['li:nea]	Figur; Linie
badare alla linea	auf die Linie achten
fisico ['fi:ziko]	Körper(bau)
avere un bel fisico	gut gebaut sein
bellezza [bel'lettsa]	Schönheit
Esiste anche una bellezza interiore.	Es gibt auch innere Schönheit.
statura [sta'tu:ra] / altezza [al'tettsa]	Größe
Quanto è alto(-a)?	Wie groß sind Sie?
alto – basso ['alto – 'basso]	groß – klein (gewachsen)
Lui è alto, lei è bassa.	Er ist groß, sie ist klein.
grosso ['grɔsso]	groß; dick
snello ['znɛllo]	schlank
una donna snella	eine schlanke Frau
mingherlino [minger'li:no]	schmächtig
Gianni è mingherlino.	Gianni ist schmächtig.
muscoloso [musko'lo:so]	muskulös
magro ['ma:gro]	mager; dünn
(Lui) è alto e magro.	Er ist groß und dünn.
peso ['pe:so]	Gewicht
essere sottopeso	untergewichtig sein
robusto [ro'busto]	kräftig
un uomo robusto	ein kräftiger Mann
grassoccio [gras'sɔttʃo]	mollig; pummelig
corpulento [korpu'lɛnto]	korpulent; beleibt; füllig
una donna un po' corpulenta	eine etwas füllige Frau
ingrassare [ingras'sa:re]	zunehmen, dick werden
Ti vedo ingrassato, vecchio mio.	Du hast (ordentlich) zugenommen, mein Alter.
mettere su peso ['mettere su 'pe:zo]	zunehmen
Senza movimento si mette su peso.	Ohne Bewegung nimmt man zu.

L'uomo

dimagrire [dima'gri:re]	abnehmen
Sono dimagrita di sei chili!	Ich habe sechs Kilo abgenommen!
largo di spalle – dalle spalle larghe ['largo di 'spalle – 'dalle 'spalle 'large]	**breit(schultrig)**
ben messo ['ben 'messo]	**kräftig (gebaut)**
energico [e'nɛrdʒiko]	**energisch**
curvato – curvo [kur'va:to – 'kurvo]	**gebeugt**
La vecchiaia lo aveva curvato.	Er war vom Alter gebeugt.

Attrattiva (= Attraktivität)

carino – *grazioso* [ka'ri:no – gratsi'o:so]: *un bimbo carino, una ragazza giovane e carina, una giovane graziosa* (= ein **niedlicher** kleiner Junge, ein **hübsches** junges Mädchen, eine **reizende** junge Frau)

attraente [attra'ɛnte]: *Lei è simpatica e attraente.* (= Sie ist sympathisch und **attraktiv**.)

ben fatto [ben 'fatto]: *Lei ha le gambe ben fatte.* (= Sie hat **wohl geformte** Beine.)

elegante [ele'gante]: *un uomo elegante e slanciato* (= ein **eleganter**, schlank gewachsener Mann)

abbronzato [abbron'dzato]: *Però, che bello abbronzato che sei!* (= Mensch, bist du aber schön **braun(gebrannt)**!)

bello ['bɛllo]: *Lei ha begli occhi azzurri.* (= Sie hat **schöne** blaue Augen.)

Mancanza di attrattiva (= Mangelnde Attraktivität)

poco attraente ['pɔ:ko attra'ɛnte]: *una signora dura e poco attraente* (= eine harte, **wenig attraktive** Frau)

non attraente [non attra'ɛnte]: *un tipo viscido, non attraente* (= ein schleimiger, **unattraktiver** Typ)

grasso ['grasso]: *un uomo grasso e chiassoso* (= ein **fetter**, lauter Mann)

brutto ['brutto]: *Anche se è brutto, ha il cuore d'oro.* (= Auch wenn er **hässlich** ist, hat er ein goldenes Herz.)

---

viso ['vi:zo]	**Gesicht**
un viso ovale / rotondo	ein ovales / rundes Gesicht
un viso gonfio	ein aufgedunsenes Gesicht
occhio ['ɔkkio]	**Auge**
scuro – chiaro ['sku:ro – ki'a:ro]	**dunkel – hell**
occhi scuri – occhi ridenti	dunkle Augen – strahlende Augen
avere le occhiaie	Augenringe haben
colorito [kolo'ri:to]	**Gesichtsfarbe**

1.3 Aspetto esteriore

un colorito **roseo** / **pallido** ['rɔːzeo / 'pallido]
raggiante [rad'dʒante]
(Lei) era raggiante di gioia.
ruga ['ruːga]

eine **rosige** / **bleiche** Gesichtsfarbe

strahlend; leuchtend
Sie strahlte vor Freude.
Falte

Der Mensch

Capelli *e pettinature* (= Haare und Frisuren)

taglio ['taːʎo]: *un taglio alla moda* (= ein modischer **Schnitt**)

farsi tagliare ['farsi taʎˈʎaːre]: *farsi tagliare i capelli* (= **sich die Haare schneiden lassen**)

riccio(lo) ['rittʃo(lo)]: *i suoi splendidi riccioli rossi* (= ihre prächtigen roten **Locken**)

biondo – *castano* [bi'ondo – kas'taːno]: *capelli biondi / castani* (= **blonde / braune, brünette** Haare)

liscio – *riccio* – *crespo* ['liʃʃo – 'rittʃo – 'krɛspo]: *capelli lisci, ricci, crespi* (= glattes, lockiges, krauses Haar)

coda di cavallo ['koːda di ka'vallo]: *Lei si fa la coda di cavallo.* (= Sie trägt einen **Pferdeschwanz**.)

treccia ['trettʃa]: *Ti si è aperta una treccia.* (= Dir ist ein **Zopf** aufgegangen.)

baffi mpl – *barba* ['baffi – 'barba]: *Ti stanno bene i baffi / Ti sta bene la barba.* (= Der **Schnurrbart** / **Bart** steht dir gut.)

cadere [ka'deːre]: *Gli stanno cadendo i capelli.* (= Ihm **fallen** die Haare **aus**.)

calvo ['kalvo]: *È calvo.* (= Er ist **kahl** / hat eine Glatze)

---

vestito [ves'tiːto]
essere vestito elegante / alla moda
Lui è sempre vestito in modo elegante.
indossare [indos'saːre]
(Lei) indossa un tailleur.
curato – **trascurato** [ku'raːto – trasku'raːto]
il suo aspetto trascurato
sporco – **sudicio** ['spɔrko – 'suːditʃo]
cencioso [tʃen'tʃoːso]
spiegazzato – **sgualcito** [spiegat'tsaːto – zgual'tʃiːto]
Lui indossava un abito sgualcito.

Kleidung – **gekleidet**
elegant / modisch gekleidet sein
Er ist immer schick / flott gekleidet.
tragen (*Kleidung*)
Sie trägt ein Kostüm.
gepflegt – **ungepflegt**

seine ungepflegte Erscheinung
schmutzig – **schmuddelig**

schäbig; vergammelt
zerknittert; verwuschelt; zerzaust

Er trug einen zerknitterten Anzug.

1.3 Äußere Erscheinung

1.4 Infanzia e giovinezza
Kindheit und Jugend

bambino – **bambina** [bam'bi:no – bam'bi:na]	Kind; Junge – Mädchen
abbigliamento per bambini	Kinderkleidung
bambini piccoli	kleine Kinder
Gesù Bambino	Christkind
Non fare il bambino!	Benimm dich nicht wie ein Kind!
vivace [vi'va:tʃe]	**lebhaft**
un bambino vivace	ein lebhaftes Kind
figli *mpl* ['fi:ʎi]	**Kinder**
È figlia unica.	Sie ist ein Einzelkind.
Hanno due figli.	Sie haben zwei Kinder.
neonato [neo'na:to] / **bebè** *m*	**Baby; Neugeborenes**
bambinaia [bambi'na:ia]	**Tagesmutter; Kindermädchen**
baby-sitter *m/f inv* ['bɛbi-'sitter]	**Babysitter**
infanzia [in'fantsia]	**frühe Kindheit; Kindesalter**
culla ['kulla]	**Wiege**
dalla culla alla bara	von der Wiege bis zur Bahre
lettino [let'ti:no]	**Kinderbett**
carrozzina [karrot'tsi:na]	**Kinderwagen**
passeggino [passed'dʒi:no]	**Buggy**
ciuccio ['tʃuttʃo]	**Schnuller**
giocattolo [dʒo'kattolo]	**Spielzeug**
Ogni bambino ha bisogno di giocattoli.	Jedes Kind braucht Spielzeug.

Dinge, mit denen sich Kinder beschäftigen

giocare a palla / *a carte* / *a nascondino* [dʒo'ka:re a 'palla / a 'karte / a naskon'di:no] (= Ball / Karten / Versteck spielen) • *bambola* ['bambola] (= Puppe) • *animali mpl di peluche* [ani'ma:li di pe'luʃ] (= Plüschtiere) • *orsacchiotto* [orsakki'ɔtto] (= Teddy) • *trenino* [tre'ni:no] (= Modelleisenbahn) • *freccia* ['frettʃa] (= Pfeil) • *arco* ['arko] (= Bogen) • *macchinina* [makki'ni:na] (= Spielzeugauto) • *fiaba* / *favola* [fi'a:ba / 'fa:vola] (= Märchen) • *fumetto* [fu'metto] (= Comic) • *altalena* [alta'le:na] (= Wippe / Schaukel) • *scivolo* ['ʃi:volo] (= Rutschbahn) • *bicicletta* [bitʃi'kletta] (= Fahrrad) • *slitta* ['slitta] (= Schlitten) • *indovinello* [indovi'nɛllo] (= Rätsel, Denksportaufgabe)

---

giovane *m/f* ['dʒo:vane]	**jung; Jugendliche(r)**
giovani	junge Leute; Jugendliche

> Männliche Jugendliche sind *ragazzi, giovanotti, giovani*.
> Weibliche Jugendliche sind *ragazze, giovani donne*.

giovanile [dʒova'ni:le]	**jugendlich; Jugend-**
entusiasmo giovanile	jugendliche Begeisterung
gioventù [dʒoven'tu]	**Jugend**
La gioventù è il futuro di un Paese.	Die Jugend ist die Zukunft eines Landes.
giovinezza [dʒovi'nettsa]	**Jugend(zeit)**
monello [mo'nɛllo]	**Balg; Gör(e); Flegel**
viziato [vitsi'a:to]	**verwöhnt**
(Lei) è una ragazzina viziata.	Sie ist ein verwöhntes Balg.
adolescenza [adole'ʃentsa]	**die Zeit des Heranwachsens**
i ricordi dell'adolescenza	die Erinnerungen aus der Jugendzeit
adolescente *m/f* [adole'ʃente]	**jung; junger Mann / junge Frau**
gli adolescenti	Heranwachsende; Teenager
pubertà [puber'ta]	**Pubertät**
minorenne *m/f* [mino'rɛnne]	**Minderjährige(r) – minderjährig**
delinquente minorenne	jugendliche(r) Straftäter(in)
diventare **maggiorenne** [maddʒo'rɛnne]	**volljährig** werden

> **Ein paar ungute Dinge, die Kinder und Jugendliche tun**
> *Vessano / Terrorizzano altri bambini.* (= Sie schikanieren / tyrannisieren andere Kinder.)
> *Marinano la scuola.* (= Sie schwänzen die Schule.)
> *Smettono di frequentare la scuola.* (= Sie brechen die Schule ab.)
> *Scappano di casa.* (= Sie laufen von zu Hause weg.)
> *Si drogano.* (= Sie nehmen Drogen.)

minore / minorile [mi'no:re / mino'ri:le]	**Jugend-**
lavoro minorile	Kinderarbeit
adulto [a'dulto]	**erwachsen; Erwachsene(r)**
una persona adulta	ein erwachsener Mensch
grande ['grande]	**erwachsen; groß**
Hanno due figli grandi.	Sie haben zwei große Söhne.
maturo [ma'tu:ro]	**reif; erwachsen**
È molto maturo per la sua età.	Er ist sehr reif für sein Alter.
immaturo [imma'tu:ro]	**unreif**
prematuro [prema'tu:ro]	**frühreif**

1.4 Kindheit und Jugend

1.5 Mezza età e vecchiaia
Mittlere Jahre und Alter

l'età [e'ta]	das Alter
l'età matura	das mittlere Lebensalter (ca. 40–65)
la terza età	Senioren
raggiungere un'età molto avanzata	ein hohes Alter erreichen
esperienza [esperi'ɛntsa]	Erfahrung
Nella vita bisogna maturare esperienze.	Man muss Erfahrungen im Leben sammeln.
speranza di vita [spe'rantsa di 'vi:ta]	Lebenserwartung
l'invecchiamento [invekkia'mento]	das Altern
invecchiare [invekki'a:re]	alt werden
Hai visto Lisa come è invecchiata?	Hast du Lisa gesehen, wie alt sie geworden ist?
anziano [antsi'a:no]	betagt; älter
la gente anziana – gli anziani	die alten Leute
casa di riposo ['ka:sa di ri'pɔ:so]	Altenheim; Altersheim
pensionato(-a) [pensio'na:to]	Rentner(in)
andare in pensione	in den Ruhestand treten
la vecchiaia [vekki'a:ia]	das Alter
vecchio [vɛk'kio]	alt
un uomo vecchio	ein alter Mann
longevità [londʒevi'ta]	Langlebigkeit
declino [de'kli:no]	Verfall
gli ultimi anni di vita [ʎi 'ultimi 'anni di 'vi:ta]	die letzten Lebensjahre
decrepito [de'kre:pito]	altersschwach
un vecchio decrepito	ein hinfälliger alter Mann

Adjektive, die Schwäche bzw. Gebrechlichkeit ausdrücken:
debole ['debole] (= schwach) • *fiacco* [fi'akko] (= matt / schwach) • *fragile* ['fra:dʒile] (= schwach / gebrechlich / zart) • *infermo* [in'fermo] (= gebrechlich / hinfällig).

---

senile – senilità [se'ni:le – senili'ta]	senil – Senilität
senior ['sɛnior]	Senior
casa di ricovero ['ka:sa di ri'kɔ:vero]	Pflegeheim
badante *m / f* [ba'dante]	Altenpfleger(in)

1.6 Personalità e comportamento
Persönlichkeit und Verhalten

comportamento [komporta'mento]	Benehmen
comportarsi bene/male [kompor'tarsi]	sich gut/schlecht **benehmen/verhalten**
Non si è comportato bene verso di me.	Er hat sich mir gegenüber schlecht benommen.
maniera [mani'ɛːra]	Benehmen
Che maniere sono?	Was ist denn das für ein Benehmen?
modo ['mɔːdo]	Art, Weise
Non sono d'accordo col tuo modo di comportarti.	Ich bin nicht einverstanden mit der Art, wie du dich benimmst.
personalità [personali'ta]	Persönlichkeit
carattere m [ka'rattere]	Wesen; Naturell
(Lei) ha un carattere simpatico.	Sie besitzt ein sympathisches Wesen.
temperamento [tempera'mento]	Temperament; Naturell
(Lei) ha un temperamento impetuoso.	Sie hat ein heftiges Naturell.
tipo ['tiːpo]	Typ; Kerl
Gino è un tipo molto timido.	Gino ist ein außerordentlich schüchterner Kerl.
principio [prin'tʃiːpio]	Prinzip
Maurizio ha dei saldi principi.	Maurizio hat feste Prinzipien.
abitudine f [abi'tuːdine]	Gewohnheit
(Lui) ha l'abitudine di appisolarsi nella poltrona.	Er hat die Angewohnheit, im Sessel einzunicken.
abituato [abitu'aːto]	gewohnt
Non sono abituato agli sbalzi di temperatura.	Ich bin Temperaturumschwünge nicht gewohnt.
tendenza [ten'dɛntsa]	Neigung
Purtroppo ho la tendenza a ingrassare.	Leider neige ich dazu, dick zu werden.
tendere a ['tɛndere a]	neigen zu
Purtroppo egli tende sempre a esagerare.	Leider neigt er immer dazu zu übertreiben.
essere solito (di) fare ['ɛssere 'sɔːlito (di) 'faːre]	gewöhnlich tun
Sono solito prepararmi un caffè dopo pranzo.	Ich mache mir gewöhnlich einen Kaffee nach dem Mittagessen.

tenerci a [te'ne:rtʃi a] — wichtig finden; Wert legen auf
Stasera devi proprio venire. Il capo ci tiene molto!
Heute Abend musst du einfach kommen. Der Chef legt großen Wert darauf!

lasciarsi andare [laʃʃarsi an'da:re] — sich gehen lassen
Non bisogna mai lasciarsi andare.
Man darf sich nie gehen lassen.

curiosità [kuriosi'ta] — Neugier(de)
Chiedo per pura curiosità.
Ich frage aus reiner Neugier.

curioso [kuri'o:so] — neugierig
Sono curioso di sapere chi ha vinto la partita.
Ich bin neugierig zu erfahren, wer das Spiel gewonnen hat.

timido ['ti:mido] — schüchtern

appassionato [appassio'na:to] — leidenschaftlich
Marco è un tifoso appassionato del Milan.
Marco ist ein leidenschaftlicher AC Mailand-Fan.

attivo [at'ti:vo] – **passivo** [pas'si:vo] — aktiv – passiv
Sei una persona attiva o passiva?
Bist du ein aktiver oder ein passiver Mensch?

silenzioso [silentsi'o:so] — leise, still
È un tipo silenzioso.
Er ist ein stiller Typ.

zitto ['tsitto] — still
Zitto! Ho sentito qualcosa!
Sei still! Ich habe etwas gehört!

Adjektive, die menschliche Eigenschaften ausdrücken:

(in)abile [(in)'a:bile]	(un)fähig
(in)affidabile [(in)affi'dabile]	(un)zuverlässig
(dis)attento [(dis)at'tɛnto]	(un)vorsichtig / (un)aufmerksam
(in)colto [(in)'kolto]	(un)kultiviert / (un)gebildet
(in)deciso [(in)de'tʃi:so]	(un)entschieden
(in)disponibile [(in)dispo'ni:bile]	abweisend – hilfsbereit
(in)esperto [(in)es'pɛrto]	(un)erfahren
(in)flessibile [(in)fles'si:bile]	(un)flexibel
(in)giusto [(in)'dʒusto]	(un)fair / (un)gerecht
(in)tollerante [(in)tolle'rante]	(un)duldsam / (in)tolerant
(im)paziente [(im)patsi'ɛnte]	(un)geduldig
(im)preciso [(im)pre'tʃi:zo]	(un)genau / (un)präzise
(ir)responsabile [(ir)respon'sa:bile]	verantwortungslos / -bewusst
(s)garbato [(z)gar'ba:to]	(un)höflich
(s)cortese [(s)kor'te:ze]	(un)höflich
(dis)onesto [(dis)o'nɛsto]	(un)ehrlich
(in)sincero [(in)sin'tʃɛ:ro]	(un)aufrichtig

bravo ['braːvo]	lieb; gut; tüchtig
Bambini, fate i bravi!	Kinder, seid lieb!
caro ['kaːro]	lieb
Rolando è un caro amico.	Rolando ist ein lieber Freund.
amichevole [amiˈkeːvole]	freundschaftlich
gentile [dʒenˈtiːle]	freundlich; nett
essere di maniere gentili	ein freundliches Benehmen haben
divertente [diverˈtɛnte]	unterhaltsam, amüsant
serio ['sɛːrio]	ernst
Mimmo è così divertente che non riesco a restare serio.	Mimmo ist so lustig, dass ich es nicht schaffe, ernst zu bleiben.
compassionevole – spietato [kompassioˈneːvole – spieˈtaːto]	mitfühlend – mitleidlos
onesto – corrotto [oˈnesto – korˈrotto]	ehrlich – korrupt/bestechlich
semplice ['semplitʃe]	schlicht

💡 Viele der hier aufgeführten Adjektive werden durch Anhängen von *-mente* zu häufig gebrauchten Adverbien:
Lui ha agito stoltamente / irresponsabilmente / scortesemente.
(= Er handelte töricht / verantwortungslos / unhöflich.)

diligente – pigro [diliˈdʒente – 'piːgro]	fleißig – faul/träge
astuto – stupido [asˈtuːto – 'stuːpido]	klug – dumm
una battuta stupida	eine dumme Bemerkung
sciocchezza [ʃokˈkettsa]	Dummheit; Blödsinn
Non dire sciocchezze!	Red' keinen Blödsinn!
sciocco ['ʃokko]	dumm, blöd, albern
Non essere così sciocco!	Sei nicht so albern!
matto ['matto]	verrückt; wahnsinnig
Roba da matti!	Wahnsinn/Unglaublich!
ridicolo [riˈdiːkolo]	lächerlich
Non essere ridicolo!	Mach' dich nicht lächerlich!
comico ['kɔːmiko]	komisch
Ieri sera abbiamo visto un film comico.	Gestern Abend haben wir einen komischen Film gesehen.
sbadato [zbaˈdaːto]	unachtsam; unüberlegt
agire in maniera sbadata	unüberlegt handeln
irritabile – equilibrato [irriˈtaːbile – ekuilibˈraːto]	leicht erregbar – ausgeglichen
temperamento irritabile	leicht erregbares Temperament
una persona equilibrata	ein ausgeglichener Mensch

conservatore – progressivo [konserva'to:re – progres'si:vo]	konservativ – progressiv
generoso – avaro / taccagno [dʒene'ro:so – a'va:ro / tak'kaɲo]	großzügig – geizig / knauserig
È un uomo dal cuore molto generoso.	Er ist ein sehr großzügiger Mensch.

 Das vollkommene Fehlen einer Eigenschaft kann durch *senza / privo di* ausgedrückt werden:
Lui è completamente privo di ambizioni / del senso dell'umorismo.
(= Es mangelt ihm vollkommen an Ehrgeiz / Humor.)

affascinante – privo di fascino [affaʃi'nante – 'pri:vo di 'faʃino]	charmant – ohne Charme
ottimistico – pessimistico [otti'mistiko – pessi'mistiko]	optimistisch – pessimistisch
comunicativo – riservato [komunika'ti:vo – riser'va:to]	kontaktfreudig – zurückhaltend
vantarsi di [van'ta:rsi di]	sich rühmen; sich hervortun
di buon umore – malinconico / abbattuto [di bu'ɔ:n u'mo:re – malin'kɔ:niko / abbat'tu:to]	gutgelaunt – trübsinnig / niedergeschlagen
lamentarsi [lamen'tarsi]	sich beklagen
forte – debole ['fɔrte – 'de:bole]	stark – schwach
essere forte / debole d'animo, di carattere	einen starken / schwachen Charakter haben
duro – remissivo ['du:ro – remis'si:vo]	(knall)hart / cool – gefügig
un tipo duro	ein knallharter Bursche
coraggioso – vigliacco [korad'dʒo:so – vi'ʎakko]	mutig – feige
rilassato – teso [rilas'sa:to – 'te:so]	entspannt – angespannt
calmo – agitato ['kalmo – adʒi'ta:to]	ruhig – aufgeregt
rispettoso – sfacciato [rispet'to:so – sfat'tʃa:to]	respektvoll – frech / unverschämt
crudele [kru'dɛ:le]	grausam
sensibile [sen'si:bile]	sensibel; empfindlich
Bice è molto sensibile ai rimproveri.	Bice reagiert sehr empfindlich auf Vorwürfe.
modesto – presuntuoso [mo'desto – prezuntu'o:so]	bescheiden – eingebildet / anmaßend
un giovane sciocco e presuntuoso	ein dummdreister junger Mann

1.7 Sensi e sensazioni
Sinne und Sinneseindrücke

senso ['sɛnso]	Sinn
i cinque sensi	die fünf Sinne
Non ha senso lavorare così.	Es hat keinen Sinn, so zu arbeiten.
sensazione *f* [sensatsi'o:ne]	Gefühl; Empfindung; Sinneseindruck
Ho la sensazione che perderemo il treno.	Ich habe das Gefühl, wir werden den Zug verpassen.
sete *f* ['se:te]	Durst
fame *f* ['fa:me]	Hunger
Mamma, ho sete! – E io ho fame!	Mami, ich habe Durst! – Und ich hab' Hunger!
vedere [ve'de:re]	sehen
Hai visto Michela?	Hast du Michela gesehen?
vista ['vista]	Sehvermögen; Sicht; Aussicht
È amore a prima vista.	Es ist Liebe auf den ersten Blick.
conoscersi di vista	sich vom Sehen / flüchtig kennen
una bella vista sulla città	ein schöner (Aus)Blick auf die Stadt
guardare [guar'da:re]	sehen; schauen
Hai guardato in cucina?	Hast du in der Küche nachgesehen?
Non guardo la televisione.	Ich schaue kein Fernsehen.
notare [no'ta:re]	bemerken; wahrnehmen
Nessuno ha notato il furto.	Niemand bemerkte den Diebstahl.
notevole [no'te:vole]	erkennbar; deutlich
un notevole incremento	eine deutliche Zunahme
osservare [os'serva:re]	beobachten; bemerken
sembrare [sem'bra:re]	scheinen; glauben
Sembra muoversi!	Es scheint sich zu bewegen!
Mi sembra che vengano.	Ich glaube, sie kommen.
miopia – miope [mio'pi:a – 'mi:ope]	Kurzsichtigkeit – kurzsichtig
presbite ['prɛzbite]	weitsichtig
Lui è presbite.	Er ist weitsichtig.
cieco ['tʃɛko] / non vedente	blind
occhiali *mpl* [okki'ali] da vista / da sole	Seh- / Sonnenbrille
lenti a contatto	Kontaktlinsen
visibile – invisibile [vi'zi:bile – invi'zi:bile]	sichtbar – unsichtbar

invisibile ad occhio nudo | mit bloßem Auge nicht erkennbar
sguardo [zgu'ardo] | (kurzer) **Blick**
Do uno sguardo al giornale. | Ich werfe einen Blick in die Zeitung.

occhiata [okki'a:ta] | **Blick**
Ho dato un'occhiata alle offerte di lavoro. | Ich habe einen Blick auf die Stellenangebote geworfen.
udito [u'di:to] | **Gehör(sinn)**
sentire [sen'ti:re] | **hören**
sentire bene / male | gut / schlecht hören
Hai sentito quel rumore? | Hast du dieses Geräusch gehört?
sordo ['sordo] | **taub**
un(-a) sordomuto(-a) | ein(e) Taubstumme(r)
ascoltare [askol'ta:re] | **(zu)hören**
ascoltare la radio | Radio hören
rumore m / suono – suonare | **Geräusch / Laut / Klang – klingen**
[ru'mo:re / su'ɔ:no – suo'na:re] |
Cos'era quel rumore? | Was war das für ein Geräusch?
Suona strano! | Das klingt komisch!
tono ['tɔno] | **Ton**
Non mi piace il tuo tono. | Dein Ton gefällt mir nicht.
alto / forte / ad alta voce | **laut**
['alto / 'fɔrte / 'ad 'alta 'vo:tʃe] |
Cerchi di parlare più forte. | Versuchen Sie, lauter zu sprechen.
volume m [vo'lu:me] | **Lautstärke**
alzare / abbassare il volume | das Gerät lauter / leiser stellen
chiasso [ki'asso] | **Geschrei; Lärm**
I ragazzi fanno chiasso in cortile. | Die Kinder lärmen im Hof.

Entsprechungen für „ruhig"

Viviamo in un quartiere tranquillo [traŋku'illo]. (= Wir wohnen in einer ruhigen Gegend.)
Il mare è calmo ['kalmo]. (= Das Meer ist ruhig.)
Lui è sempre taciturno [tatʃi'turno]. (= Er ist immer ruhig / still.)
Lui non riesce a stare seduto fermo ['fermo]. (= Es fällt ihm schwer, ruhig zu sitzen.)
Finalmente una serata in pace [in 'pa:tʃe] *a casa.* (= Endlich ein ruhiger Abend zu Hause.)

---

olfatto [ol'fatto] | **Geruchssinn**
odorare – odore m | **riechen – Geruch**
[odo'ra:re – o'do:re] |
La minestra ha un odore squisito. | Die Suppe riecht köstlich.

Le lenzuola odorano di fresco.	Die Betttücher riechen frisch.
annusare [annu'sa:re]	**riechen; schnuppern**
È bello annusare un fiore profumato.	Es ist schön, an einer duftenden Blume zu schnuppern.
puzzare – puzzo / puzza / fetore *m* [put'tsa:re – 'puttso / 'puttsa / fe'to:re]	**stinken – Geruch / Gestank**
Qui puzza di bruciato!	Hier riecht's angebrannt!
profumo [pro'fu:mo]	**Duft; Geruch; Parfüm**
il profumo di limoni	der Duft von Zitronen
aroma *m* [a'ro:ma]	**Aroma; Duft**
l'aroma del caffè	der Duft des Kaffees
gusto ['gusto]	**Geschmack(ssinn)**
senza gusto	ohne Geschmack; geschmacklos
gustare / sapere [gu'sta:re / sa'pe:re]	**schmecken**
Questo sugo non sa di niente!	Diese Soße schmeckt nach gar nichts!
Il raffreddore impedisce di gustare qualsiasi cosa.	Mit einem Schnupfen schmeckt man gar nichts mehr.
sapore *m* – **assaporare** [sa'po:re – assapo'ra:re]	**Geschmack – kosten**

> *Come può essere il sapore?* (= Wie kann der Geschmack sein?)
> **Dolce** ['doltʃe] (= süß), *dolciastro* [dol'tʃastro] (= süßlich),
> *agrodolce* [agro'doltʃe] (= süßsauer), *agro* ['a:gro] (= zitronensauer),
> *acido* ['a:tʃido] (= essigsauer), **amaro** [a'ma:ro] (= bitter).
> *Un cibo senza sapore è* *insipido* [in'si:pido] (= fad).

appetito [appe'ti:to]	**Appetit**
Buon appetito!	Guten Appetit!
tatto ['tatto]	**Berührung; Tastsinn; Takt**
La stoffa è morbida al tatto.	Der Stoff fühlt sich weich an.
È un uomo che non ha tatto.	Er ist ein taktloser Mensch.
toccare [tok'ka:re]	**berühren**
Si prega di non toccare.	Bitte nicht berühren.
toccare con le mani	anfassen; berühren
sentire [sen'ti:re]	**fühlen**

> Das Verb *sentire* hat verschiedene Bedeutungen:
> hören / empfinden / fühlen / riechen / schmecken / kosten / spüren.

Sento freddo.	Mir ist kalt.
Senta, scusi, mi sa dire dov'è Piazza Ciro?	Hören Sie bitte, können Sie mir sagen, wo die Piazza Ciro ist?

1.7 Sinne und Sinneseindrücke

1.8 Sentimenti e atteggiamenti
Gefühle und Einstellungen

atteggiamento [atteddʒa'mento]
il suo atteggiamento verso gli stranieri
sentimento [senti'mento]
sentire – **sentirsi** [sen'ti:re – sen'tirsi]
Si sentiva stanca e depressa.

provare [pro'va:re]
Provo pietà nei suoi confronti.

pietà [pie'ta]
emozione *f* [emotsi'o:ne]
arrossire per l'emozione
emozionale [emotsio'na:le]

stato emozionale
emotivo [emo'ti:vo]
È una donna emotiva.
emozionante [emotsio'nante]
un film emozionante
morale *m* [mo'ra:le]
Dopo il compito la classe è giù di morale.
ansioso [ansi'o:so]
Sono ansioso di fare il primo giro con la nuova moto.
avere paura di [a've:re pa'u:ra di]
Hai paura del cane?
temere [te'me:re]
Temo che così perderemo il bus.

preoccuparsi [preokku'parsi]
Non preoccuparti: risolvo io la faccenda.
preoccupato [preokku'pa:to]
A poco a poco sono un po' preoccupato.
spaventarsi [spaven'tarsi]

Einstellung; Haltung
ihre/seine Einstellung gegenüber Ausländern
Gefühl
(sich) fühlen

Sie fühlte sich müde und deprimiert.
fühlen; empfinden
Ich empfinde Mitleid ihm gegenüber.
Mitleid, Erbarmen
Gefühl; Erregung
vor Erregung erröten
emotionell; emotional; Erregungs-
Gemütszustand
emotional; gefühlsbetont
Sie ist eine gefühlsbetonte Frau.
spannend; aufregend
ein spannender Film
Stimmung
Nach der Klausur ist die Stimmung in der Klasse mies.
gespannt; beunruhigt
Ich bin gespannt auf die erste Tour mit dem neuen Motorrad.
Angst haben vor
Hast du Angst vor dem Hund?
(be)fürchten
Ich fürchte, dass wir so den Bus verpassen werden.
sich Sorgen machen
Mach' dir keine Sorgen, ich kläre die Angelegenheit.
beunruhigt, besorgt
Langsam mache ich mir ein wenig Sorgen.
erschrecken

Non spaventarti, sono i Carabinieri.
spavento [spa'vɛnto]
Che spavento che mi sono preso!
sorpresa – sorprendere [sor'pre:sa – sor'prɛndere]
Che sorpresa gradita!
stupire – stupirsi – stupito [stu'pi:re – stu'pirsi – stu'pi:to]
Ciò non mi stupisce.
passione f [passi'o:ne]
Lui fa il suo lavoro con passione.

vergogna [ver'goɲa]
È una vergogna come ti comporti!

punto di vista ['punto di 'vista]
Dal mio punto di vista non vale nemmeno la pena parlarne.
umore m [u'mo:re]
(Lui) era di buon/cattivo umore.
bisogno [bi'zoɲo]
Avrei un bisognino!
amore m – **amare** [a'mo:re – a'ma:re]
Amo l'opera lirica italiana.
innamorato [innamo'ra:to]
Lo sapevi che Fausto è innamorato di Rita?
tenero ['tɛ:nero]
Che tenero che sei!
volere bene [vo'le:re 'bɛ:ne]
Voglio molto bene a mia moglie.
cordiale [kordi'a:le]
Il nostro rapporto è molto cordiale.
dispiacere [dispia'tʃe:re]
Mi dispiace di aver fatto tardi.

Le dispiacerebbe spostarsi un po'?

piacere [pia'tʃe:re]

Il vino non mi piace.

Erschrick' nicht, es sind die Carabinieri.
Schreck
Bin ich erschrocken!
Überraschung – überraschen

Was für eine nette Überraschung!
(er)staunen – erstaunt, verblüfft

Das erstaunt mich nicht.
Leidenschaft
Er macht seine Arbeit mit Leidenschaft.
Schande
Es ist eine Schande, wie du dich benimmst!

Ansicht, Meinung, Standpunkt
Meiner Meinung nach ist das nicht einmal der Rede wert.
Laune
Er hatte gute/schlechte Laune.
Bedürfnis; Drang
Ich muss mal austreten!
Liebe – lieben

Ich liebe die italienische Oper.
verliebt
Wusstest du, dass Fausto in Rita verliebt ist?
zart, zärtlich
Bist du aber zärtlich!
lieb haben; mögen
Ich habe meine Frau sehr lieb.
herzlich
Unser Verhältnis ist sehr herzlich.
Leid tun; ausmachen
Es tut mir Leid, dass es so spät geworden ist.
Würde es Ihnen etwas ausmachen, ein wenig zu rücken?
mögen; gern haben; Freude; Genuss
Ich mag keinen Wein.

1.8 Gefühle und Einstellungen

godere [go'de:re]
Godo molto della tua compagnia.

affascinare [affaʃi'na:re]
adorare [ado'ra:re]
Lei adora Verdi.
desiderio - desiderare
[desi'dɛ:rio – deside'ra:re]
Desidera un altro caffè?
nostalgia [nostal'dʒi:a]
Quanta nostalgia di casa che ho!
interesse m – **interessante**
[inte'rɛsse – interes'sante]
(Lui) lo legge con grande interesse.
noia – noioso ['nɔ:ia – noi'o:so]
Ti sconsiglio questo libro:
  è noioso.
Che noia queste riunioni!
annoiarsi [annoi'arsi]
stancare [staŋ'ka:re]
I suoi continui consigli mi hanno
  stancato.
allegria [alle'gri:a] – **allegro**
[al'le:gro]
È una persona allegra.
tristezza [tris'tettsa]
triste ['triste]
Sono triste di dover partire.

disperato [dispe'ra:to]
Sono disperata: mi hanno rubato
  la macchina!
solo ['so:lo]
Senza la mia famiglia mi sento
  solo.
(in)felice [fe'li:tʃe]
È felice come una pasqua.

felicità [felitʃi'ta]
lieto [li'e:to]
Molto lieto di fare la Sua
  conoscenza.
(s)piacevole [(s)pia'tʃe:vole]

genießen
Ich bin sehr gern mit dir
  zusammen.
faszinieren
anbeten / schwärmen
Sie schwärmt für Verdi.
Wunsch / Begehren – wünschen,
  mögen / begehren
Mögen Sie noch einen Kaffee?
Sehnsucht; Heimweh
Hab' ich ein Heimweh!
Interesse – interessant

Er liest es mit großem Interesse.
Langeweile – langweilig
Ich rate dir von diesem Buch ab:
  es ist langweilig.
Sind diese Meetings nervig!
sich langweilen
ermüden; leid sein
Ich habe seine ständigen
  Ratschläge satt.
Fröhlichkeit – fröhlich; heiter

Sie ist ein fröhlicher Mensch.
Traurigkeit
traurig
Ich bin traurig, dass ich abreisen
  muss.
verzweifelt; hoffnungslos
Ich bin verzweifelt: Mein Auto
  ist gestohlen worden!
allein, einsam
Ohne meine Familie fühle ich
  mich einsam.
(un)glücklich
Er / Sie freut sich wie ein Schnee-
  könig.
Glück
froh; erfreut
Sehr erfreut, Sie kennen zu
  lernen.
(un)angenehm, (un)erfreulich

Edoardo è una persona piacevole. — Edoardo ist ein angenehmer Zeitgenosse.

preferire [prefe'ri:re] — (es) **vorziehen**
Preferisco i CD-ROM ai libri. — Ich ziehe CD-ROMs Büchern vor.
sopportare [soppor'ta:re] — **ertragen; leiden können**
Non lo sopporto. — Ich kann ihn nicht leiden.
non **poter soffrire** [po'te:r soff'ri:re] — nicht **ausstehen** können
Non lo posso soffrire. — Ich kann ihn nicht ausstehen.
accettare – tollerare [attʃet'ta:re – tolle'ra:re] — **sich abfinden mit – sich gefallen lassen**
odiare – odio [odi'a:re / 'ɔ:dio] — (es) **hassen – Hass**
Odio far tutto alla svelta. — Ich hasse es, wenn ich hetzen muss.

rabbia ['rabbia] — **Ärger, Wut, Zorn**
arrabbiarsi [arrabbi'arsi] — **zornig / wütend werden**
Il capo si arrabbia per ogni nonnulla. — Der Chef ärgert sich über jede Kleinigkeit.
arrabbiato [arrabbi'a:to] — **zornig, wütend; böse, sauer**
Perché sei arrabbiato con me? — Warum bist du sauer auf mich?
contrariato [kontrari'a:to] — **verärgert**
Sembri contrariato. Cos'è successo? — Du wirkst verärgert. Was ist los?
(s)contento [(s)kon'tɛnto] — **(un)zufrieden**
Spero che Lei sia contento del mio lavoro. — Ich hoffe, dass Sie mit meiner Arbeit zufrieden sind.
soddisfazione *f* [soddisfatsi'o:ne] — **Befriedigung; Genugtuung**
soddisfatto [soddis'fatto] — **befriedigt; zufrieden**
Sei finalmente soddisfatto? — Bist du nun endlich zufrieden?
entusiasmo [entuzi'azmo] — **Begeisterung, Enthusiasmus**
Se la gente è motivata, lavora con entusiasmo. — Wenn die Leute motiviert sind, arbeiten sie mit Begeisterung.
entusiasta [entuzi'asta] — **begeistert**
Sono veramente entusiasta di questo compito! — Ich bin wirklich begeistert von dieser Aufgabe!
far piacere ['far pia'tʃe:re] — **(sich) freuen**
Mi fa piacere che tu abbia trovato lavoro. — Ich freue mich, dass du eine Arbeit gefunden hast.
deluso [de'lu:so] — **enttäuscht**
delusione *f* [deluzi'o:ne] — **Enttäuschung**
Che delusione questo ristorante! — Was für eine Enttäuschung, dieses Restaurant!

offendersi [of'fɛndersi] — **beleidigt sein**
Non ti offendere, l'ho detto per scherzo! — Sei nicht beleidigt, das hab' ich zum Spaß gesagt!

sperare – speranza
[spe'ra:re – spe'rantsa]
Spero che le piaccia.
Si è rotto? – Spero di no.

hoffen – Hoffnung

Hoffentlich gefällt es ihr.
Ist es kaputt gegangen? –
  Ich hoffe nicht.

disperazione f – **disperare**
[disperatsi'o:ne – dispe'ra:re]
Questo compito mi fa disperare!

Verzweiflung – verzweifeln

Diese Aufgabe treibt mich
  zur Verzweiflung!

commovente [kommo'vɛnte]
un momento commovente
commuovere [kommu'ɔ:vere]
Quel film mi ha commosso.
pregiudizio – **prevenuto**
  [predʒu'ditsio – preve'nu:to]
pregiudizi contro gli stranieri
sentimentale [sentimen'ta:le]
un romanzo sentimentale
orgoglioso – **orgoglio**
  [orgo'ʎo:so – or'gɔʎo]
È molto orgoglioso dei suoi figli.
fiero [fi'ɛ:ro]
Sono molto fiero di te!
geloso – **gelosia**
  [dʒe'lo:so – dʒelo'si:a]
Sei geloso(-a) di lui?
invidia – **invidiare** [in'vi:dia –
  invidi'a:re]
Ti invidio per questo lavoro.
disprezzo – **disprezzare**
  [dis'prettso – dispre'ttsa:re]
pentirsi di [pen'tirsi di]
Ti penti di quello che hai fatto?
ridere ['ri:dere]
Perché ridi?
sorridere [sor'ri:dere]
Hai visto? Mi ha sorriso!

rührend; bewegend; ergreifend
ein bewegender Augenblick
bewegen, ergreifen, rühren
Dieser Film hat mich ergriffen.
Vorurteil – voreingenommen

Vorurteile gegen Ausländer
sentimental
ein sentimentaler Roman
stolz – Stolz

Er ist sehr stolz auf seine Kinder.
stolz
Ich bin sehr stolz auf dich!
eifersüchtig (auf) – Eifersucht

Bist du eifersüchtig auf ihn?
Neid – beneiden

Ich beneide dich um diesen Job.
Verachtung – verachten

bereuen
Bereust du das, was du getan hast?
lachen
Warum lachst du?
(an)lächeln
Hast du gesehen? Sie hat mich
  angelächelt.

sorriso [sor'ri:so]
Dai, regalami un sorriso!
piangere – **gridare**
  [pi'andʒere – gri'da:re]
Senti: il bimbo piange!

Lächeln
Komm', schenk' mir ein Lächeln!
weinen – schreien

Hör doch mal: Das Baby weint!

1.8 Sentimenti e atteggiamenti

1.9 Moralità e immoralità
Moral und Unmoral

morale *f* [mo'ra:le] — die Moral; die Lehre
(im)morale [(im)mo'ra:le] — (un)moralisch / (un)sittlich
il bene – il male — das Gute – das Schlechte / Böse
[il 'bɛ:ne – il 'ma:le]

Wie drückt man „gut" und „schlecht" aus?

buono Adjektiv [bu'ɔ:no] (= gut) • *cattivo* Adjektiv [kat'ti:vo] (= schlecht) • *migliore* [mi'ʎo:re] (= besser) • *peggiore* [ped'dʒo:re] (= schlimmer; schlechter) • *ottimo* ['ɔttimo] (= sehr gut, ausgezeichnet) • *pessimo* ['pɛssimo] (= sehr schlecht)
È un ottimo / pessimo ristorante, (non) te lo consiglio. (= Das ist ein ausgezeichnetes / mieses Restaurant, ich empfehle es dir (nicht).)

bene Adverb ['bɛ:ne] (= gut) • *male* Adverb ['ma:le] (= schlecht) • *meglio* ['mɛ:ʎo] (= besser) • *peggio* ['pɛddʒo] (= schlechter, schlimmer) • *benissimo* [be'nissimo] (= sehr gut; bestens) • *malissimo* [ma'lissimo] (= sehr, ganz schlecht)
Peggio non può diventare. (Schlimmer kann's nicht werden).

---

giusto – corretto ['dʒusto – kor'rɛtto] — richtig / recht – korrekt
Hai fatto la cosa giusta. — Du hast richtig / recht gehandelt.
falso ['falso] — falsch
una persona falsa — heuchlerische Person
sbagliato [zba'ʎa:to] — falsch; unrichtig; Fehl-
Questa risposta è sbagliata. — Diese Antwort ist verkehrt.
avere ragione / torto — Recht / Unrecht haben
[a've:re ra'dʒo:ne / 'tɔrto]
In questo hai ragione! — Da hast du Recht!
coscienza – coscienzioso — Gewissen – gewissenhaft
[ko'ʃɛntsa – koʃentsi'o:so]
ideale *m* [ide'a:le] — Ideal; ideal
qualità [kuali'ta] — (positive) Eigenschaft
(Lei) ha molte qualità. — Sie hat viele gute Eigenschaften.
(in)giustizia [(in)dʒus'titsia] — (Un)Gerechtigkeit
(in)giusto [(in)'dʒusto] — (un)gerecht
Questo lo trovo ingiusto. — Das finde ich ungerecht.
vergognarsi [vergoɲ'narsi] — sich schämen
Vergognati! — Schäm dich!

1.10 Mente e intelletto
Geist und Verstand

spirito – mente *f* ['spi:rito – 'mente] — Geist; Sinn
un uomo di spirito — ein geistreicher Mann
Ti ricordi il nome di quel tale? – No, non mi viene in mente. — Erinnerst du dich an den Namen von dem Typen? – Nein, er fällt mir nicht ein.

mentale [men'ta:le] — geistig; psychisch
Soffre di disturbi mentali. — Er leidet unter Geistesstörungen.

intelletto – cervello [intel'lɛtto – tʃer'vɛllo] — Verstand
Usa il tuo cervello! — Benutz' deinen Verstand!

buon senso [bu'ɔn 'sɛnso] — gesunder Menschenverstand
Paolo manca di buon senso. — Paolo mangelt es an gesundem Menschenverstand.

ragione *f* [ra'dʒo:ne] — Geist; Vernunft, Verstand; Grund
ridurre qualcuno alla ragione — jemanden zur Vernunft bringen
Ha dovuto licenziarsi per ragioni di salute. — Er hat aus gesundheitlichen Gründen kündigen müssen.

ragionare [radʒo'na:re] — (logisch) denken
Ragiona un po'! — Denk doch mal nach!

ragionevole [radʒo'ne:vole] — vernünftig
prezzi ragionevoli — vernünftige Preise

intelligenza [intelli'dʒɛntsa] — Intelligenz

intelligente [intelli'dʒɛnte] — intelligent
Ritengo molto intelligente tua figlia. — Ich halte deine Tochter für sehr intelligent.

ritenere [rite'ne:re] — halten für

figurarsi [figu'rarsi] — sich vorstellen
Simpatico il tuo fidanzato, ma me lo figuravo più snello. — Nett, dein Verlobter, aber ich hatte ihn mir schlanker vorgestellt.

> Die erstarrten Ausrufe *figurati*, *si figuri* und *figuriamoci* bedeuten soviel wie „gern geschehen", „macht doch nichts" oder „stell' dir vor, stellen Sie sich vor".

immaginazione *f* [immadʒinatsi'o:ne] — Fantasie, Einbildungskraft
Non si stimola l'immaginazione dei bambini con i videogiochi. — Man regt die Vorstellungskraft von Kindern mit Videospielen nicht an.

immaginare [immadʒi'na:re] sich vorstellen; annehmen
Immagino la tua sorpresa! Ich kann mir vorstellen, wie überrascht du warst!
Immagino che abbiate fame! Ich nehme an, ihr habt Hunger!
immagine f [im'ma:dʒine] Bild
impressione f [impressi'o:ne] Eindruck
La prima impressione non inganna. Der erste Eindruck trügt nicht.
idea [i'dɛ:a] Idee; Ahnung; Vorstellung
Che bella idea! Was für eine schöne Idee!
Non hai idea di come sia cambiato Marcello! Du hast keine Ahnung, wie sehr sich Marcello verändert hat!
parere m [pa're:re] Meinung, Ansicht
Qual è il Suo parere in merito? Welche Meinung haben Sie dazu?
concentrazione f [kontʃentratsi'o:ne] Konzentration
Ogni tanto mi manca la concentrazione. Manchmal fehlt es mir an Konzentration.
memoria [me'mɔ:ria] Gedächtnis, Erinnerung
Ogni tanto imparo a memoria una poesia. Ab und an lerne ich ein Gedicht auswendig.
ricordare [rikor'da:re] (sich) erinnern
Adesso non ricordo! Ich kann mich gerade nicht erinnern!
ricordarsi [rikor'darsi] sich erinnern; daran denken
Ti ricordi di nonno Brando? Erinnerst du dich an Opa Brando?
Ti ricordi di comprare un vasetto di marmellata? Denkst du daran, ein Glas Marmelade zu kaufen?
dimenticare [dimenti'ka:re] vergessen
Cielo, ho dimenticato la marmellata! Himmel, ich habe die Marmelade vergessen!
riflessione f [riflessi'o:ne] Überlegung; Nachdenken
riflettere [ri'flɛttere] nachdenken, sich überlegen
Fammi riflettere un attimo! Lass' mich einen Augenblick lang nachdenken!
pensiero [pensi'ɛ:ro] Gedanke
Che gentile pensiero! Was für ein netter Gedanke!
pensare [pen'sa:re] denken; glauben; meinen
Penso di sì / di no. Ich denke schon / nicht.
Penso che sarò di ritorno verso le otto. Ich glaube, dass ich gegen acht zurück sein werde.
Penso che questo sia il tono sbagliato. Ich meine, dass das der verkehrte Ton ist.
pensarci [pen'sartʃi] denken; nachdenken, sich überlegen

1.10 Geist und Verstand | 39

Non ci penso neanche!
Ci ho pensato a lungo, ma non so decidermi.

sapere [sa'pe:re]
Sai come si fa partire questo aggeggio?
Non so nuotare.
capire [ka'pi:re]
Non ho capito bene l'ultima parola.
comprendere [kom'prɛndere]
Non comprendo il suo modo di agire.
prendere in considerazione ['prɛndere in konsideratsi'o:ne]
Ha mai preso in considerazione di cambiare posto di lavoro?

considerare [konside'ra:re]

bisogna considerare che ...
accorgersi [ak'kɔrdʒersi]
Ti sei accorto che i vicini hanno una nuova moto?
interessarsi [interes'sarsi]
Di che cosa ti interessi?
chiedersi / domandarsi [ki'e:dersi / doman'darsi]
Mi chiedo se io non abbia torto.

confusione *f* [konfuzi'o:ne]
Dai, non fare confusione: La prozia si chiama Rosa.
confondere [kon'fondere]
Con la tua domanda lo hai confuso.
Scusi, l'ho confusa con una mia conoscente.
capace [ka'pa:tʃe]
furbo ['furbo]
Spesso le persone capaci sono anche furbe.

Ich denk' ja nicht daran!
Ich habe lange darüber nachgedacht, aber ich kann mich nicht entscheiden.

können; wissen
Weißt du, wie man dieses Ding zum Laufen bringt?
Ich kann nicht schwimmen.
begreifen; verstehen
Ich habe das letzte Wort nicht richtig verstanden.
verstehen
Ich verstehe seine Verhaltensweise nicht.
in Erwägung ziehen

Haben Sie je in Erwägung gezogen, Ihren Arbeitsplatz zu wechseln?
abwägen; berücksichtigen, bedenken
man muss bedenken, dass ...
bemerken
Hast du bemerkt, dass die Nachbarn ein neues Motorrad haben?
sich interessieren
Für was interessierst du dich?
sich fragen

Ich frage mich, ob ich nicht Unrecht habe.
Durcheinander; Unordnung
Bring' nichts durcheinander: Die Großtante heißt Rosa.
verwirren, verwechseln
Mit deiner Frage hast du ihn durcheinander gebracht.
Entschuldigen Sie, ich habe Sie mit einer Bekannten verwechselt!
fähig
schlau, clever
Oft sind fähige Leute auch clever.

1.11 Lingua e mezzi d'espressione
Sprache und Ausdrucksmittel

lingua ['liŋgua] — Sprache
Quante lingue parli? — Wie viele Sprachen sprichst du?
espressione *f* [espressi'o:ne] — Ausdruck
Non conosco questa espressione. — Ich kenne diesen Ausdruck nicht.
alfabeto [alfa'bɛ:to] — Alphabet
Nell'alfabeto italiano manca la lettera "kappa". — Im italienischen Alphabet fehlt der Buchstabe „ka".
parola [pa'rɔ:la] — Wort
femminile [femmi'ni:le] — weiblich
maschile [mas'ki:le] — männlich
La parola "moto" è maschile o femminile? – È femminile. — Ist das Wort „moto" männlich oder weiblich? – Es ist weiblich.
singolare *m* [siŋgo'la:re] — Singular, Einzahl
plurale *m* [plu'ra:le] — Plural, Mehrzahl
Com'è il plurale di "la città"? – È "le città". — Wie lautet der Plural von „die Stadt"? – Er lautet „die Städte".
grammatica [gram'ma:tika] — Grammatik
Senza grammatica non si può parlare una lingua. — Ohne Grammatik kann man keine Sprache sprechen.
frase *f* ['fra:ze] — Satz
sostantivo [sostan'ti:vo] — Substantiv
verbo ['vɛrbo] — Verb
aggettivo [addʒet'ti:vo] — Adjektiv
avverbio [av'vɛrbio] — Adverb

> *Nella frase "in quella suggestiva locanda si mangia bene" "locanda" è un sostantivo, "mangia" è un verbo, "suggestiva" è un aggettivo e "bene" è un avverbio.* (= In dem Satz „In diesem reizenden Gasthof isst man gut" ist „Gasthof" ein Substantiv, „isst" ein Verb, „reizend" ein Adjektiv und „gut" ein Adverb.)

pronuncia [pro'nuntʃa] — Aussprache
La tua pronuncia è perfetta. — Deine Aussprache ist perfekt.
perfetto [per'fetto] — perfekt, vollkommen
pronunciare [pronun'tʃa:re] — aussprechen
Come si pronuncia la parola „gnocchi"? — Wie spricht man das Wort "gnocchi" aus?
accento [at'tʃento] — Akzent
senza accento — akzentfrei

esprimere – esprimersi
[es'pri:mere – es'pri:mersi]
Ti esprimi già molto bene.

opinione f [opini'o:ne]
Non vuoi esprimere anche la tua opinione?

conversazione f [konversatsi'o:ne]
È sgarbato escludere qualcuno da una conversazione.

parlare [par'la:re]
Parla per caso il tedesco?

dire ['di:re]
Come si dice in italiano?

bugia [bu'dʒi:a]
Non bisogna dire bugie.

mentire [men'ti:re]
Mi hai mentito!

bugiardo(-a) [bu'dʒardo]
È un maledetto bugiardo.

essere d'accordo ['ɛssere dak'kɔrdo]
mettersi d'accordo
['mettersi dak'kɔrdo]
mettersi d'accordo su ...

chiacchierare [kiakkie'ra:re]
fare quattro chiacchiere
['fa:re ku'attro ki'akkiere]
Ieri sera abbiamo fatto quattro chiacchiere in piazza.

chiacchiere fpl [ki'akkiere]
Gigi e Magda divorziano? – Ma sono chiacchiere!

pettegolezzo [pettego'lettso]
In estate i giornali sono pieni di pettegolezzi.

domandare/chiedere
[doman'da:re / ki'e:dere]
Deve chiedere all'autista.

rispondere [ris'pondere]
Tu rispondi subito alle lettere?

risposta [ris'posta]
La mia risposta è no.

intendere [in'tɛndere]

ausdrücken – sich ausdrücken

Du drückst dich schon sehr gut aus.
Meinung
Willst du deine Meinung nicht auch zum Ausdruck bringen?
Gespräch
Es ist unhöflich, jemanden von einem Gespräch auszuschließen.
sprechen
Sprechen Sie zufällig Deutsch?
sagen
Wie sagt man auf Italienisch?
Lüge
Man darf nicht lügen.
lügen
Du hast mich angelogen!
Lügner(in) – verlogen
Er ist ein verdammter Lügner.
einverstanden sein
sich einigen

sich auf ... einigen
sich unterhalten, plaudern
sich unterhalten, plaudern

Gestern Abend haben wir uns auf der Piazza unterhalten.
Gerede
Gigi und Magda lassen sich scheiden? – Das ist doch bloß Gerede!
Klatsch
Im Sommer sind die Zeitungen voller Klatsch und Tratsch.
fragen

Da müssen Sie den Fahrer fragen.
antworten
Beantwortest du Briefe gleich?
Antwort
Meine Antwort lautet nein.
meinen

Cosa intendi dire con ciò? — Was meinst du damit?
raccontare [rakkon'ta:re] — erzählen
Adesso ti racconto una barzelletta. — Jetzt erzähle ich dir einen Witz.
dichiarare [dikia'ra:re] — erklären
Il direttore ha dichiarato che gli affari vanno bene. — Der Direktor hat erklärt, dass die Geschäfte gut gehen.
spiegare [spiega:re] — erklären
Mi spieghi il significato di questa parola? — Erklärst du mir die Bedeutung dieses Wortes?
avere ragione [a've:re ra'dʒo:ne] — **Recht haben**
Va bene, hai ragione. — Na schön, du hast Recht.
avere torto [a've:re 'tɔrto] — **Unrecht haben**
Secondo me hai torto. — Meiner Meinung nach hast du Unrecht.

urlare [ur'la:re] — schreien
Non devi urlare, ti sento molto bene. — Du brauchst nicht zu schreien, ich höre dich sehr wohl.
strillare [stril'la:re] — schreien
Vai a guardare che il bimbo strilla? — Schaust du mal nach? Das Kind schreit.
sussurrare [sussur'ra:re] — flüstern
Mi ha sussurrato qualcosa all'orecchio. — Sie hat mir etwas ins Ohr geflüstert.
voce *f* ['vo:tʃe] — **Stimme**
Hai proprio una "voce da telefono"! — Du hast wirklich eine Telefonstimme!
meritare [meri'ta:re] — verdienen
La tua decisione merita rispetto. — Deine Entscheidung verdient Respekt.

ovvio ['ɔvvio] — offensichtlich; klar
È ovvio che ci ha fregati. — Es ist klar, dass er uns reingelegt hat.

stupendo [stu'pɛndo] — herrlich; wunderbar; toll
Che giornata stupenda! — Was für ein herrlicher Tag!
magnifico [ma'ɲi:fiko] — herrlich; toll; super
Magnifico! Allora vengo. — Toll! Dann komme ich.
meraviglioso [meraviʎo:so] — wunderbar, wunderschön
Che paesaggio meraviglioso! — Was für eine wunderschöne Landschaft!

terribile [ter'ri:bile] — schrecklich, furchtbar
Ma è terribile! — Aber das ist ja schrecklich!
dannato [dan'na:to] — verdammt
Dannati vocaboli! — Verdammte Vokabeln!

1.11 Sprache und Ausdrucksmittel

1.12 Rapporti umani
Menschliche Beziehungen

rapporti *mpl* [rap'pɔrti] — Beziehungen
Sono in buoni rapporti con lui. — Ich stehe gut mit ihm.
relazione *f* [relatsi'o:ne] — Beziehung
le sue relazioni con gli uomini — ihre Beziehungen zu Männern
frequentare [frekuen'ta:re] — Umgang haben
frequentare gli amici — mit Freunden Umgang haben
andare d'accordo [an'da:re dak'kɔrdo] — auskommen; sich verstehen
(Lei) va d'accordo con lui. — Sie kommt gut mit ihm aus.
intendersi [in'tɛndersi] — sich verstehen; auskommen
intendersi ad occhi chiusi — sich blind verstehen
folla ['fɔlla] — (Menschen)Menge
la folla davanti allo sportello — die Menschenmenge vor dem Schalter

gruppo ['gruppo] — Gruppe
tutti i membri del gruppo — alle Mitglieder der Gruppe
classe *f* ['klasse] — Klasse
Frequentavamo la stessa classe. — Wir waren in derselben Klasse.
club *m* / circolo ['klub / 'tʃirkolo] — Klub; Verein
iscriversi a un club — sich bei einem Klub anmelden
coppia ['kɔppia] — Paar
Loro due sono una bella coppia. — Die beiden sind ein schönes Paar.
(avere) in comune [in ko'mu:ne] — gemein (haben)
Hanno molto in comune. — Sie haben viel gemein.
membro ['membro] — Mitglied
per soli membri — Nur für Mitglieder
socio(-a) ['sotʃo] — Partner(in)
capo – direzione *f* ['ka:po – diretsi'o:ne] — (An-)Führer(in) – Führung
amico(-a) [a'mi:ko] — Freund(in)
Sono molto amici. — Sie sind eng befreundet.
ragazzo – ragazza [ra'gattso] — Freund – Freundin
(Lui) non ha una ragazza fissa. — Er hat keine feste Freundin.
bacio ['ba:tʃo] — Kuss
Dai il bacio della buonanotte al papà e poi a letto! — Gib' dem Papa den Gutenachtkuss und dann ab ins Bett!
baciare [ba'tʃa:re] – baciarsi [ba'tʃarsi] — küssen – sich küssen
Vedi quei due? Si baciano tutto il giorno! — Siehst du die beiden? Die küssen sich den lieben langen Tag!

amicizia [ami'tʃitsia] — Freundschaft
un'amicizia intima / cordiale — eine enge / herzliche Freundschaft
fare amicizia ['fa:re ami'tʃi:tsia] — **sich anfreunden**
Ho fatto amicizia con un simpatico veronese. — Ich habe mich mit einem netten Veroneser angefreundet.

Die verschiedenen Bedeutungen von „compagno" [kom'pa:ɲo]
compagno(-a) (= Kamerad, Gefährte, Kumpel) • *compagno(a) di giochi / di scuola* [di 'dʒɔ:ki / di sku'ɔ:la] (= Spiel-, Schulkamerad(in)) • *compagno(a) di vita* [di 'vi:ta] (= Lebensgefährte(-tin))

compagnia [kompa'ɲi:a] — Gesellschaft
(Lei) gli fa compagnia. — Sie leistet ihm Gesellschaft.
conoscenza – conoscente *m / f* — **Bekanntschaft – Bekannte(r)**
[kono'ʃɛntsa – kono'ʃente]
Piacere di fare la Sua conoscenza! — Erfreut, Sie kennen zu lernen!
Lei è una mia conoscente. — Sie ist eine Bekannte von mir.
conoscere – conoscersi — **(sich) kennen (lernen)**
[ko'noʃʃere – ko'noʃʃersi]
Ci siamo conosciuti durante la guerra. — Wir lernten uns im Krieg kennen.

Wenn Nomina auf *-ante* und *-ente* Personen bezeichnen, wird ihr grammatisches Geschlecht durch das natürliche Geschlecht bestimmt:
il cantante (= der Sänger) – *la cantante* (= die Sängerin),
il conoscente (= der Bekannte) – *la conoscente* (= die Bekannte).

vicino(-a) [vi'tʃi:no] — Nachbar(in)
I nostri vicini sono molto gentili. — Unsere Nachbarn sind sehr nett.
stretto ['stretto] — **nahe; eng**
(Lei) è una mia amica stretta. — Sie ist eine enge Freundin von mir.

appoggiare [appod'dʒa:re] — unterstützen
Loro ci hanno sempre appoggiati. — Sie haben uns stets unterstützt.
collaborazione *f* – **collaborare** — **Zusammenarbeit – zusammenarbeiten**
[kollaboratsi'o:ne – kollabo'ra:re]
accordo – disaccordo — **Einvernehmen – Uneinigkeit**
[ak'kɔ:rdo – dizak'kɔ:rdo]
D'accordo? — Einverstanden?
conflitto [konf'litto] — **Konflikt**
venire a conflitto — in Streit / Konflikt geraten
lite *f* – **litigare** ['li:te – liti'ga:re] — **Streit – sich streiten**

1.12 Menschliche Beziehungen

Loro litigavano spesso.	Sie stritten sich oft.
ostile – ostilità [os'ti:le – ostili'ta]	**feindselig – Feindseligkeit**
nemico(-a) [ne'mi:ko]	**Feind(in)**
avversario(-a) [avver'sa:rio]	**Gegner(in)**
concorrente *m/f* [koŋkor'rɛnte]	**Konkurrent(in); Bewerber(in)**
Ci sono molti concorrenti per quel posto.	Es gibt viele Bewerber für den Posten.
contatto [kon'tatto]	**Kontakt, Verbindung**
Dobbiamo restare in contatto.	Wir müssen in Kontakt bleiben.
discussione *f* – **discutere** [diskussi'o:ne – dis'ku:tere]	**Diskussion – diskutieren**
Dobbiamo discuterne / parlarne.	Wir müssen uns darüber unterhalten.
contare su [kon'ta:re su]	**zählen auf, sich verlassen auf**
Conto su di te!	Ich zähle auf dich!
fidarsi di [fi'darsi di]	**vertrauen**
È meglio non fidarsi di lui.	Ihm vertraut man besser nicht.
fiducia [fi'du:tʃa]	**Vertrauen**
Ho fiducia in te.	Ich vertraue dir.
imbrogliare [imbroʎ'ʎa:re]	**betrügen**
Guarda bene lo scontrino. Mi hanno già imbrogliato.	Sieh' dir den Bon genau an. Ich bin schon betrogen worden.
influenza [influ'ɛntsa]	**Einfluss**
I media esercitano una grande influenza sulla gente.	Die Medien üben einen großen Einfluss auf die Leute aus.
influenzare [influen'tsa:re]	**beeinflussen**
Se non si accende la tv non ci si fa influenzare.	Wenn man den Fernseher nicht anmacht, wird man nicht beeinflusst.
informare [infor'ma:re]	**informieren, mitteilen**
Dobbiamo informarLa che …	Wir müssen Ihnen mitteilen, dass …
informarsi [infor'marsi]	**sich informieren**
Ti puoi informare in Internet.	Du kannst dich im Internet informieren.
insultare [insul'ta:re]	**beschimpfen, beleidigen**
Attenzione, non insultarlo che è molto permaloso!	Vorsicht, beschimpf' ihn nicht, er ist sehr nachtragend!
offendere [of'fɛndere]	**beleidigen**
Non intendevo offenderti.	Ich wollte dich nicht beleidigen.
minacciare ['minattʃa:re]	**bedrohen, drohen**
Ha minacciato di tornare.	Er hat damit gedroht, wiederzukommen.

onore m [o'noːre]
Ti do la mia parola d'onore.
perdonare [perdo'naːre]
La sua ragazza lo ha perdonato.

persuadere [persua'deːre]
Mi sono fatto persuadere a comprare questa cretinata.

prendere per ['prendere per]

Ah, è un borsellino? L'avrei preso per un portachiavi.

scambiare per [skambi'aːre per]
Mi scusi, l'ho scambiata per una mia conoscente.
promettere [pro'mettere]
Lui mi ha promesso di scrivere.

rendere ['rɛndere]
Quando pensi di rendermi i miei 200 euro?
gesto ['dʒɛsto]
Che bei fiori! Che gesto gentile!

complimento [kompli'mento]
I miei complimenti allo chef!

convincere [kon'vintʃere]
favore m [fa'voːre]
Mi potrebbe fare un favore?

dar fastidio ['dar fas'tiːdio]
Do fastidio? – No, entri pure.

imitare [imi'taːre]
Lui sa imitare i versi di molti animali.
incoraggiare [iŋkorad'dʒaːre]
Bisogna incoraggiare i giovani.

reazione f [reatsi'oːne]

Ehre
Ich gebe dir mein Ehrenwort.
verzeihen
Seine Freundin hat ihm verziehen.
überreden
Ich habe mich dazu überreden lassen, diesen Schwachsinn zu kaufen.
(irrtümlich) halten für, verwechseln mit
Ach, das ist eine Geldbörse? Ich hätte es für ein Schlüsseletui gehalten.
verwechseln mit
Entschuldigen Sie, ich habe Sie für eine Bekannte gehalten.
versprechen
Er hat mir versprochen zu schreiben.
zurückgeben
Wann gedenkst du, mir meine 200 Euro zurückzugeben?
Geste
Was für schöne Blumen! Was für eine nette Geste!
Kompliment
Mein Kompliment an den Küchenchef!
überzeugen
Gefallen
Könnten Sie mir einen Gefallen tun?
stören
Störe ich? – Nein, kommen Sie nur herein.
nachahmen
Er kann viele Tierstimmen nachahmen.
ermutigen
Man muss jungen Leuten Mut machen.
Reaktion

1.12 Menschliche Beziehungen | 47

provocare [provo'ka:re]

Per carità, non provocarlo!
È molto irascibile.

rispettare [rispet'ta:re]
Non tutti rispettano le leggi.

provozieren, reizen; hervorrufen, verursachen

Um Himmelswillen, reiz' ihn nicht! Er ist sehr aufbrausend.

respektieren, achten
Nicht alle respektieren die Gesetze.

seccare [sek'ka:re]
Quello lì continua a seccare ...

seguire [segu'i:re]
Bambini, seguite la nonna, qui c'è traffico.

ricordare [rikor'da:re]
Le ricorda che domani ha un appuntamento col parrucchiere?

stören, belästigen
Der da nervt weiter ...

folgen
Kinder, folgt der Oma, hier herrscht Verkehr.

erinnern
Erinnern Sie sie daran, dass sie morgen einen Friseurtermin hat?

Seguire ist anders als im Deutschen transitiv, steht also mit Akkusativ; *ricordare* dagegen ist – wieder anders als im Deutschen – intransitiv und steht mit Dativ!

tacere [ta'tʃe:re]
Chi tace acconsente.

tesoro [te'zɔ:ro]
Sei un tesoro!

trattare [trat'ta:re]
Trattala con delicatezza, è molto suscettibile.
Questo libro tratta i temi più svariati.

scusa ['sku:za]
Le chiedo scusa, ma quel posto è mio.
Sono tutte scuse!

scusare [sku'za:re]
scusarsi [sku'zarsi]

schweigen
Wer schweigt, stimmt zu.

Schatz
Du bist ein Schatz!

behandeln
Behandle sie mit Feingefühl, sie ist sehr empfindlich.
Dieses Buch behandelt die verschiedensten Themen.

Ausrede; Entschuldigung
Entschuldigung, aber das ist mein Platz.
Das sind alles Ausreden!

entschuldigen
sich entschuldigen

Wie entschuldigt man sich auf Italienisch?
Vertraulich: *Scusa / Scusami, puoi aiutarmi?* (= Entschuldige, kannst du mir helfen?)
Förmlich Einzahl: *Scusi / Mi scusi, sa che ore sono?* (= Entschuldigen Sie, wissen Sie, wie spät es ist?)
Förmlich Mehrzahl: *Scusate se vi interrompo.* (= Entschuldigen Sie, wenn ich Sie unterbreche.)

1.13 Sessualità
Sexualität

sesso – **sessualità**	Geschlecht / Sex – Sexualität
['sɛsso – sessuali'ta]	
l'altro sesso	das andere Geschlecht
sessuale [sessu'a:le]	**sexuell; Sexual-; Geschlechts-**
molestie sessuali *fpl*	sexuelle Belästigung
abuso sessuale	sexueller Missbrauch
delitto (a sfondo) sessuale	Sexualverbrechen
sexy ['sɛksi]	**sexuell attraktiv**
maschile / femminile [mas'ki:le / femmi'ni:le]	**männlich / weiblich**
eterosessuale *m / f* [eterosessu'a:le]	**heterosexuell; Heterosexuelle(r)**
omosessuale *m / f* [omosessu'a:le]	**homosexuell; Homosexuelle(r)**
frocio / finocchio / gay	**schwul; Schwule(r)**
['frɔ:tʃo / fi'nɔkkio / 'gei]	
lesbica ['lɛzbika]	**lesbisch; Lesbierin / Lesbe**

> Ausdrücke für *rapporti sessuali* (= Geschlechtsverkehr)
> *fare l'amore* ['fa:re la'mo:re] *con qualcuno* (= mit jemandem schlafen), *andare a letto con qualcuno, avere un rapporto sessuale con qualcuno* (= mit jemandem ins Bett gehen), *avere una relazione intima con qualcuno* (= mit jemandem intim sein)

eccitare – **eccitazione** *f*	(sexuell) **erregen** – **Erregung**
[ettʃi'ta:re – ettʃitatsi'o:ne]	
eccitato [ettʃi'ta:to]	**aufgeregt, erregt**
Ma sei tutto eccitato!	Du bist ja ganz erregt!
inibito – **inibizioni** *fpl*	**gehemmt** – **Hemmungen**
[ini'bi:to – inibitsi'o:ne]	
impotente – **impotenza**	**impotent** – **Impotenz**
[impo'tɛnte – impo'tɛntsa]	
masturbazione *f* [masturbatsi'o:ne]	**Masturbation; Selbstbefriedigung**
masturbarsi	masturbieren; onanieren
prostituta – **prostituzione** *f*	**Prostituierte** – **Prostitution**
[prosti'tu:ta – prostitutsi'o:ne]	
ragazza squillo [ra'gattsa sku'illo]	**Callgirl**
ragazzo di vita / marchetta	**Strichjunge; Stricher**
[ra'gattso di 'vi:ta / mar'ketta]	
bordello / casa di tolleranza	**Bordell; Puff**
[bor'dɛllo / 'ka:za di tolle'rantsa]	

1.14 Igiene del corpo
Körperpflege

igiene f [i'dʒɛːne]	Hygiene
igiene del corpo	Körperpflege
pulizia [puli'tsiːa]	Reinlichkeit
pulizia del viso	Gesichtswäsche
lavarsi [la'varsi]	**sich waschen; sich putzen**
Ti sei lavato(-a) le mani?	Hast du dir die Hände gewaschen?
Ti sei lavato(-a) i denti?	Hast du dir die Zähne geputzt?
dentifricio [dɛnti'friːtʃo]	Zahnpasta
sapone m [sa'poːne]	Seife
saponetta	ein Stück Seife
spazzola – spazzolare ['spattsola – spattso'laːre]	Bürste – bürsten
spazzola per i capelli	Haarbürste
spazzolino (da denti) [spattso'liːno da 'dɛnti]	Zahnbürste
Hai pensato agli spazzolini?	Hast du an die Zahnbürsten gedacht?
bagno ['baɲɲo]	**Bad / Badezimmer**
Hai fatto il bagno?	Hast du gebadet?
doccia – fare la doccia ['dɔttʃa – 'faːre la 'dɔttʃa]	**Dusche – sich duschen**
Aspetta che sto facendo la doccia!	Warte, ich dusche gerade!
spugna ['spuɲɲa]	Schwamm / Frottee
guanto di spugna (per lavarsi)	Waschlappen
asciugamano – asciugarsi [aʃuga'maːno – aʃu'garsi]	**Handtuch – sich abtrocknen**
Aspetta un attimo che mi asciugo.	Warte, ich trockne mich nur noch ab.
collutorio [kollu'tɔːrio]	Mundwasser
farsi la barba ['farsi la 'barba]	sich rasieren
Lui si fa la barba ogni due giorni.	Er rasiert sich jeden zweiten Tag.
rasoio [ra'soːio]	Rasierer
La lametta del rasoio è consumata.	Die Klinge des Rasierers ist abgenutzt.
schiuma da barba ['skiuːma da 'barba]	Rasiercreme
dopobarba m	Rasierwasser (für nach der Rasur)
shampoo ['ʃampo]	Haarwaschmittel; Haarwäsche

asciugacapelli *m* [aʃugaka'pelli]	Haartrockner; Fön
pettine *m* – **pettinare** ['pɛttine – petti'naːre]	Kamm – kämmen
pettinarsi [petti'narsi]	sich kämmen
Mi passi il pettine che devo pettinarmi?	Reichst du mir den Kamm? Ich muss mich kämmen.
parrucchiere *m* [parrukki'ɛːre]	**Friseur**
Vado dal parrucchiere.	Ich gehe zum Friseur.
barbiere *m* [barbi'ɛːre]	(Herren-)**Friseur**
taglio ['taːʎo]	**Schnitt**
Questo taglio ti sta molto bene.	Dieser Schnitt steht dir sehr gut.
farsi tagliare i capelli	sich die Haare schneiden lassen
trucco ['trukko]	**Make-up; Schminke**
Vuole provare con questo trucco?	Wollen sie dieses Make-up ausprobieren?
truccarsi [truk'karsi]	**sich schminken**
truccarsi il viso	sich das Gesicht schminken
struccarsi – togliersi il trucco	sich abschminken

Alcuni prodotti cosmetici (= Einige Kosmetika)

crema ['krɛːma] (= Creme) • *crema detergente / idratante* ['krɛːma deter'dʒɛnte / idra'tante] (= Reinigungs- / Feuchtigkeitscreme) • *cipria* ['tʃiːpria] (= Gesichtspuder) • *rossetto* [ros'setto] (= Lippenstift) • *rimmel m* ['rimmel] (= Wimperntusche) • *ombretto* [om'bretto] (= Lidschatten) • *fard m* [far] (= Rouge) • profumo [pro'fuːmo] (= Parfüm) • *deodorante m* [deodo'rante] (= Deodorant) • *smalto per unghie* ['zmalto per 'uŋgie] (= Nagellack).
Eine *lozione f* [lotsi'oːne] ist eine Pflegeflüssigkeit für die Haut: *lozione per il corpo* (= Körper), *per il viso* (= Gesicht), *per le mani* (= Hände), *lozione dopobarba* (= Rasierwasser), *lozione solare* (= Sonnenöl) etc.

---

ovatta [o'vatta]	**Watte**
fazzoletto [fattso'letto]	**Taschentuch**
fazzoletto di carta	Papier- / Tempo™-Taschentuch
soffiare [soffi'aːre]	**blasen;** (Nase) **putzen**
Un attimo che mi soffio il naso.	Augenblick, ich putz' mir die Nase.
assorbente *m* [assor'bɛnte]	(Damen-)**Binde**
carta igienica ['karta i'dʒɛnika]	**Toilettenpapier**
gabinetto [gabi'netto]	**Toilette; Klo**
Laura è al gabinetto.	Laura ist auf dem Klo.

1.14 Körperpflege

1.15 Morte
Tod

morte *f* ['mɔrte]	**Tod**
Non hai paura della morte?	Hast du keine Angst vor dem Tod?
morire [mo'riːre]	**sterben**
(Lui) è morto di cancro / vecchiaia.	Er starb an Krebs / Altersschwäche.
morto(-a) ['mɔrto]	**tot; Tote(r)**
deceduto / defunto	**verstorben**
[detʃe'duːto / de'funto]	
la vedova del defunto	die Witwe des Verstorbenen
cadavere *m* [ka'daːvere]	**Leiche**
bara – urna (cineraria)	**Sarg – Urne**
['baːra – 'urna (tʃine'raːria)]	
funerale *m* / **sepoltura**	**Begräbnis; Beerdigung;**
[fune'raːle / sepol'tuːra]	**Beisetzung**
Sono stato al funerale.	Ich war auf der Beerdigung.
funebre ['funebre]	**Leichen-; Toten-; Trauer-**
carro funebre	Leichenwagen
istituto di pompe funebri	Bestattungsinstitut
cimitero [tʃimi'tɛːro]	**Friedhof**
seppellire [seppel'liːre]	**begraben**
Dove è sepolto?	Wo liegt er begraben?
crematorio	Krematorium
tomba ['tomba]	**Grab**
mortale [mor'taːle]	**sterblich / tödlich**
ferita mortale	tödliche Verletzung
anima ['aːnima]	**Seele**
lutto ['lutto] – essere in lutto	**Trauer** – (be)trauern
suicidio [sui'tʃiːdio]	**Selbstmord; Selbsttötung; Freitod**
(Lei) si è suicidata.	Sie beging Selbstmord.
uccidere / **assassinare qualcuno**	**jemanden töten / umbringen**
[ut'tʃiːdere / assassi'naːre kual'kuːno]	
È stato ucciso a colpi d'arma da fuoco.	Er wurde erschossen.
testamento [testa'mento]	**Testament**
la mia ultima volontà	mein letzter Wille
condoglianze *fpl* [kondo'ʎantse]	**Beileid**
Desidero esprimere le più sincere condoglianze a Lei e alla Sua famiglia.	Ich möchte Ihnen und Ihrer Familie mein aufrichtiges Beileid aussprechen.

Kapitel 2

2.1 Rapporti familiari
Verwandtschaftliche Beziehungen

Die Familie

parente *m / f* [pa'rɛnte]
(Lei) non è una mia parente.
Ho parenti in America.
origine *f* [o'ri:dʒine]
Loro sono di origine bavarese.
famiglia [fa'miʎa]
Pensiamo di metter su famiglia.

Verwandte(r) – verwandt
Sie ist nicht mit mir verwandt.
Ich habe Verwandte in Amerika.
Herkunft
Sie sind bayerischer Abstammung.
Familie
Wir wollen uns jetzt Kinder zulegen.

i miei *mpl* [i mi'ɛ:i]
padre *m* – **madre** *f* ['pa:dre – 'ma:dre]
patrigno – matrigna
figlio – **figlia** ['fi:ʎo – 'fi:ʎa]
fratello – **sorella** [fra'tɛllo – so'rɛlla]
Siamo 4 fratelli, due ragazzi e due ragazze.

meine Leute / Verwandten / Familie
Vater – Mutter

Stiefvater – Stiefmutter
Sohn – Tochter
Bruder – Schwester

Wir sind 4 Geschwister, zwei Jungen und zwei Mädchen.

> *Parenti acquisiti* [pa'rɛnti akkui'zi:ti] **(= angeheiratete Verwandte)**
> *suocero – suocera* [su'ɔ:tʃero] (= Schwiegervater, -mutter) • *suoceri* [su'ɔ:tʃeri] (= Schwiegereltern) • *genero* ['dʒɛ:nero] (= Schwiegersohn) • *nuora* [nu'ɔ:ra] (= Schwiegertochter) • *cognato – cognata* [ko'ɲa:to] (= Schwager, Schwägerin)

zio – **zia** [ts'i:o - ts'i:a]
gli zii [ʎi ts'i:i]
nipote *m / f* [ni'po:te]
cugino – **cugina** [ku'dʒi:no]
Cinzia è una mia cugina.
nonno – **nonna** ['nɔnno – 'nɔnna]
nonni *mpl* ['nɔnni]
prendersi cura di ['prɛndersi 'ku:ra di]
Chi si prende cura dei nonni?

Onkel – Tante
Onkel und Tante
Neffe / Nichte; Enkel(in)
Cousin / Vetter – Cousine / Base
Cinzia ist eine Cousine von mir.
Großvater – Großmutter
Großeltern
sich kümmern um
Wer kümmert sich um die Großeltern?

ereditare [eredi'ta:re]
Ha ereditato una fortuna dai nonni.

erben
Er hat ein Vermögen von seinen Großeltern geerbt.

2.2 Matrimonio e divorzio
Ehe und Ehescheidung

matrimonio [matri'mɔ:nio]	**Ehe; Heirat**
Il matrimonio si è celebrato in chiesa.	Die Hochzeit fand in der Kirche statt.
matrimonio civile	standesamtliche Trauung
matrimonio religioso	kirchliche Trauung
certificato di matrimonio	Trauschein; Heiratsurkunde
Le ha fatto una proposta di matrimonio.	Er machte ihr einen Heiratsantrag.
matrimoniale	**ehelich; Ehe-**
consulente *m/f* matrimoniale	Eheberater(in)
anniversario di matrimonio	Hochzeitstag
sposo – sposa ['spɔ:zo – 'spɔ:za]	**Bräutigam – Braut**
abito da sposa	Hochzeitskleid
fede *f* / **vera** ['fe:de / 've:ra]	**Trauring; Ehering**
scambiarsi le fedi	die Ringe austauschen
sposare(-arsi) [spo'za:re]	**heiraten; trauen**
Vuoi sposarmi?	Willst du mich heiraten?
Vogliono sposarsi in chiesa.	Sie möchten kirchlich heiraten.
Sono stati sposati dal vescovo.	Sie wurden vom Bischof getraut.
(Lei) è sposata con un artista.	Sie ist mit einem Künstler verheiratet.
Si sono sposati nel 2002.	Sie haben 2002 geheiratet.
Si sono dovuti sposare.	Sie mussten heiraten.
coniugi *mpl* ['kɔ:niudʒi]	**Eheleute; Ehepaar**
coppia di coniugi	Ehepaar
coniugale	ehelich; Ehe-
fidanzato – fidanzata [fidan'tsa:to]	**(der) Verlobte – (die) Verlobte**
Si sono appena fidanzati.	Sie haben sich gerade verlobt.
fidanzamento	Verlobung
anello di fidanzamento	Verlobungsring
nozze *fpl* ['nɔttse]	**Trauung; Hochzeit**
nozze d'argento / d'oro	silberne / goldene Hochzeit
festeggiare le nozze d'argento	Silberhochzeit feiern
viaggio di nozze	Hochzeitsreise
luna di miele ['lu:na di mi'ɛ:le]	**Flitterwochen**
In luna di miele gli sposi sono stati a Roma.	Ihre Flitterwochen verbrachten die Neuvermählten in Rom.
ufficio anagrafico [uf'fi:tʃo anag'ra:fiko]	**Standesamt**

testimone *m/f* (di nozze) [testi'mo:ne] — Trauzeuge / Trauzeugin

marito e moglie [ma'ri:to e 'mo:ʎe] — (Ehe-)**Mann** und (Ehe-)**Frau**

il suo ex marito — ihr Exmann

partner *m/f* – **compagno(-a) di vita** ['partnɛr – kom'paɲo di 'vi:ta] — **Partner(in)** – **Lebensgefährte / -gefährtin**

Marco e la sua compagna — Marco und seine Lebensgefährtin

portare i calzoni [por'ta:re i kal'tso:ni] — **die Hosen anhaben**

È lei a portare i calzoni. — Sie ist es, die die Hosen anhat.

(il)legittimo [(il)le'dʒittimo] — **(nicht)ehelich**

figli legittimi ed illegittimi — eheliche und nichteheliche Kinder

infedeltà [infedel'ta] — **Untreue** (*in Ehe bzw. Partnerschaft*)

fedele – infedele — **treu – untreu**

Non ti sono mai stato infedele. — Ich bin dir nie untreu geworden.

adulterio [adul'tɛ:rio] — **Ehebruch**

commettere adulterio — Ehebruch begehen

mettere le corna *fpl* al marito / alla moglie ['mettere le 'kɔrna] — dem Ehemann / der Ehefrau **Hörner aufsetzen**

una relazione extraconiugale ['u:na relatsi'one ekstrakoniu'ga:le] — **ein außereheliches (Liebes-)Verhältnis**

Che abbia avuto una relazione con lei? — Ob er wohl ein Verhältnis mit ihr hatte?

amante *m/f* [a'mante] — **Geliebte(r) / Liebhaber**

Sua moglie ha un amante. — Seine Frau hat einen Liebhaber.

donnaiolo [donnai'ɔ:lo] — **Schürzenjäger; Frauenheld**

separarsi [sepa'rarsi] — **sich trennen**

I suoi genitori sono separati. — Ihre / Seine Eltern leben getrennt.

(Lei) vuole separarsi da lui. — Sie will sich von ihm trennen.

separazione *f* — **Trennung**

fallire [fal'li:re] — **in die Brüche gehen; scheitern**

Molti matrimoni falliscono. — Viele Ehen scheitern.

divorzio [di'vɔrtsio] — **(Ehe-)Scheidung**

Valeria ha chiesto il divorzio. — Valeria hat die Scheidung eingereicht.

divorziare [divɔrtsi'a:re] — **sich scheiden lassen**

Riccardo vuole divorziare. — Riccardo will sich scheiden lassen.

(Loro) hanno divorziato. — Sie ließen sich scheiden.

alimenti *mpl* [ali'menti] — **Unterhalt** (nach der Scheidung)

(Lui) deve corrispondere gli alimenti alla ex moglie. — Er muss seiner früheren Frau Unterhalt zahlen.

vedova – vedovo ['ve:dova] — **Witwe   Witwer**

2.2 Ehe und Ehescheidung

2.3 Genitori e figli
Eltern und Kinder

genitori *mpl* – **figli** *mpl* [dʒeni'to:ri – 'fi:ʎi]	Eltern – Kinder
Molti genitori hanno un figlio e una figlia.	Viele Eltern haben einen Sohn und eine Tochter.
figlio – **figlia** ['fi:ʎo – 'fi:ʎa]	Sohn / Kind – Tochter

> Dass eine Frau **schwanger** (= *incinta* [in'tʃinta]) ist, kann auf unterschiedliche Weise ausgedrückt werden: *lei aspetta un bambino, lei è in stato interessante. Una futura madre* ist eine werdende Mutter.

nascita ['naʃita]	Geburt
dare alla luce un bambino	ein Kind zur Welt bringen
certificato di nascita	Geburtsurkunde
nascere ['naʃere]	geboren werden
Dove è nato?	Wo sind Sie geboren?
avvisare [avvi'za:re]	**sagen, benachrichtigen; warnen**
Hanno avvisato la futura madre che dovranno effettuare un taglio cesareo.	Die werdende Mutter ist gewarnt worden, dass ein Kaiserschnitt gemacht werden muss.
gemello(-i / -e) [dʒe'mɛllo]	**Zwilling(e)**
battesimo [bat'te:zimo]	**Taufe**
figlioccio(-a) [fi:'ʎɔttʃo]	**Patenkind**
padrino – **madrina** [pa'dri:no – ma'dri:na]	**Patenonkel – Patentante**

> **Kosewörter (=** *vezzeggiativi***)**
> Für *padre m* ['pa:dre] (= Vater): *papà – babbo* [pa'pa – 'babbo] (= Papa, Papi).
> Für *madre f* ['ma:dre] (= Mutter): *mamma* ['mamma] (= Mama), *mammina* [mam'mi:na] (= Mami).
> Für *bambino(-a)* [bam'bi:no] (= Kind): *bimbo – piccolo* ['bimbo – 'pikkolo] (= Kleine), *ragazzo(-a)* [ra'gattso] (= Junge – Mädchen), *tesoro* [te'zɔ:ro] (= Schatz).

dare il biberon ['da:re il bibe'rɔn]	das Fläschchen geben
allattare [allat'ta:re]	stillen
calmare – **calmarsi** [kal'ma:re – kal'marsi]	beruhigen – sich beruhigen

Il bébé piange da mezz'ora. Forse i dentini?
Das Baby weint seit einer halben Stunde. Vielleicht die Zähnchen?
ciuccio ['tʃuttʃo]
Schnuller
Ah, ha perso il ciuccio!
Ach, es hat den Schnuller verloren!

pannolino [panno'li:no]
Windel
fasciare il bambino
das Baby wickeln
vasetto [va'zetto]
Töpfchen
Hai fatto la pupù?
Hast du Aa gemacht?
fare il bagno al bimbo ['fa:re il ba:ɲo]
das Baby **baden**

ninnananna ['ninnananna]
Wiegenlied; Schlaflied
storia della buona notte
Gutenachtgeschichte
racconto – raccontare [rak'konto – rak'konta:re]
Erzählung – erzählen
Prima di dormire il babbo racconta una fiaba ai bimbi.
Vor dem Schlafen erzählt der Papa den Kleinen ein Märchen.
cura ['ku:ra]
Obhut; Pflege
adottare [adot'ta:re]
adoptieren
figlio adottivo
ein adoptiertes Kind / Adoptivkind
dare in adozione un bambino
ein Kind zur Adoption freigeben
orfano(-a) – orfanotrofio ['ɔrfano – orfano'trɔ:fio]
Waise(nkind) – Waisenhaus
crescere un figlio ['kre:ʃere]
ein Kind **großziehen**
educazione f [edukatsi'o:ne]
Erziehung; Kinderstube
Ha avuto un'educazione severa.
Er/Sie wurde streng erzogen.
educare [edu'ka:re]
erziehen; bilden
Lei è stata educata in casa.
Sie wurde zu Hause unterrichtet.
bisognare [bizo'ɲa:re]
müssen; nötig sein
Bisogna educare i figli con amore e pazienza.
Man muss Kinder mit Liebe und Geduld erziehen.
Bisogna che qualcuno prepari la pappa ai bimbi.
Es ist nötig, dass jemand den Kleinen das Happa macht.

 Bisognare wird im Sinne von „müssen, erforderlich sein" **nur in der 3. Person Einzahl** gebraucht. Es steht mit einem Infinitiv oder mit der Konjunktion „*che*". Dann ist ein Konjunktiv erforderlich.

ubbidire [ubbi'di:re]
gehorchen, (be)folgen
Pierino, mi raccomando, ubbidisci al nonno!
Peterchen, hör' mir zu, gehorch' dem Opa!
permettere [per'me:ttere]
erlauben, gestatten, zulassen

Non ti permetto di parlare così con tua madre!
Ich erlaube dir nicht, so mit deiner Mutter zu sprechen!

proibire [proi'biːre]
verbieten
Ti proibisco di uscire stasera!
Ich verbiete dir, heute Abend auszugehen!

vietare [vie'taːre]
verbieten, untersagen
Questo film è vietato ai minori di 16 anni.
Dieser Film ist für Jugendliche unter 16 Jahren verboten.

ottenere [otte'neːre]
erreichen, erhalten
Molti bambini ottengono tutto quello che vogliono.
Viele Kinder erhalten alles, was sie wollen.

assomigliare [assomi'ʎaːre]
ähnlich sein / sehen
Lei assomiglia alla madre.
Sie sieht ihrer Mutter ähnlich.

paghetta [pa'ghetta]
Taschengeld
Gli abbiamo aumentato la paghetta.
Wir haben sein Taschengeld erhöht.

insistere [in'sistere]
bestehen auf, beharren auf
Carlino insiste su un aumento della paghetta.
Karlchen besteht auf einer Erhöhung des Taschengelds.

accontentarsi [akkonten'tarsi]
sich zufrieden geben mit
No, si accontenterà di quello che ha.
Nein, er wird sich mit dem zufrieden geben, was er hat.

accontentare [akkonten'taːre]
zufrieden stellen

guaio [gu'aːio]
Schwierigkeit, Ärger
Ragazzi, il vetro è rotto. Siamo nei guai!
Jungs, die Scheibe ist kaputt. Wir stecken in Schwierigkeiten!

combinare [kombi'naːre]
anstellen, anrichten
Bambini, che guai avete combinato oggi?
Kinder, was habt ihr heute wieder angestellt?

sgridare qualcuno [zgri'daːre]
jemanden **ausschimpfen**
(Lei) lo ha sgridato.
Sie hat ihn ausgeschimpft.

rimprovero [rim'prɔːvero]
Vorwurf; Schelte

rimproverare un bambino [rimprove'raːre]
ein Kind **ausschimpfen / schelten**

picchiare un bambino [pikki'aːre]
ein Kind **hauen**

viziare un bambino [vitsi'aːre]
ein Kind **verziehen / verwöhnen**

trascurare un bambino [trasku'raːre]
ein Kind **vernachlässigen**

maltrattare un bambino [maltrat'taːre]
ein Kind **misshandeln**

mammone *m* [mam'moːne]
Muttersöhnchen
Che mammone! A 35 anni vive ancora a casa!
Was für ein Muttersöhnchen! Mit 35 Jahren lebt er noch zuhause!

Kapitel 3

3.1 Alimenti
Nahrungsmittel

Essen, Trinken, Kleidung

alimentazione f [alimentatsi'o:ne] (= Nahrung / Essen / Kost) • *cibo* ['tʃi:bo] (= Nahrung, Essen) • *alimentazione dietetica* [alimentatsi'o:ne die'tɛ:tika] (= Reformkost) • *fast food* ['fast 'fu:d] (= Schnellgerichte) • *piatto pronto* [pi'atto 'pronto] (= Fertiggericht) • *surgelati mpl* [surdʒe'la:ti] (= Tiefkühlkost)

|latte| *m* ['latte] (= Milch) • *latte intero* [in'te:ro] (= Vollmilch) • *latte parzialmente scremato* [partsial'mente skre'ma:to] (= fettarme Milch) • *latte a lunga conservazione* [a lunga konservatsi'o:ne] (= H-Milch)

|burro| ['burro] (= Butter) • *panna* ['panna] (= Sahne) • *panna acida* ['panna 'a:tʃida] (= saure Sahne) • *panna montata* ['panna mon'ta:ta] (= Schlagsahne) • |gelato| [dʒe'la:to] (= Speiseeis) • *yogurt* [i'ɔ:gurt] (= Joghurt)

|formaggio| [for'maddʒo] (= Käse) • *formaggio caprino* [for'maddʒo ka'pri:no] (= Ziegenkäse) • *pecorino* [peko'ri:no] (= Schafskäse) • *parmigiano* [parmi'dʒa:no] (= Parmesan) • *Bel Paese* [bɛlpa'e:ze] (= Butterkäse) • *mozzarella di bufala* [mottsa'rɛlla di 'bu:fala] (= Büffelkäse) • *robiola* [robi'ɔ:la] (= Weichkäse)

|uovo| [u'ɔ:vo] (= Ei) • *uovo alla coque* [u'ɔ:vo alla 'kɔ:k] (= weich gekochtes Ei) • *uovo sodo* [u'ɔ:vo 'sɔ:do] (= hartes Ei) • *uova all'occhio di bue* [u'ɔ:va all'ɔkkio di 'bu:e] (= Spiegeleier) • *uova strapazzate* [u'ɔ:va strapat'tsa:te] (= Rühreier). Das Wort „Ei" ändert im Plural das Geschlecht: *l'uovo m - le uova fpl.*

|pane| *m* ['pa:ne] (= Brot) • *pane bianco* ['pa:ne bi'anko] (= Weißbrot) • *pane nero* ['pa:ne 'ne:ro] (= Schwarzbrot) • *pane di segale* ['pa:ne 'se:gale] (= Roggenbrot) • *pane integrale* ['pa:ne inte'gra:le] (= Vollkornbrot) • |panino| [pa'ni:no] (= Brötchen) • *brioche f* [bri'ɔ:ʃ] (= Kuchenbrötchen) • *pane a cassetta / pan carrè m* ['pa:ne a kas'setta / 'pan kar'rɛ] (= Toastbrot) • *grissini* [gris'si:ni] (= dünne Weißbrotstangen) • *tramezzino* [tramed'dzi:no] (= Sandwich) • *panino imbottito* [pa'ni:no imbot'ti:to] (= belegtes Brötchen) • *focaccia* [fo'kattʃa] (= süßer oder salziger Fladen) • *pane biscottato* ['pa:ne biskot'ta:to] (= Zwieback)

dolci **mpl** ['doltʃi] (= Gebäck) • *torta* ['torta] (= Kuchen) • *crostata alla frutta* [kro'sta:ta 'alla 'frutta] (= Obstkuchen) • *biscotto* [bis'kɔtto] (= Keks) • *pasticcini* **mpl** [pastit'tʃi:ni] (= Feingebäck) • *frollini* **mpl** [frol'li:ni] (= Spritzgebäck) • *bignè* **m** [bi'ɲɛ] (= Beignet / leichtes Gebäck, oft mit Cremefüllung)

cereali **mpl** [tʃere'a:li] (= Getreide) • *segale* **m** ['se:gale] (= Roggen) • *frumento* [fru'mento] (= Weizen) • *orzo* ['ɔrdzo] (= Gerste) • *granoturco / mais* **m** [grano'turko / 'mais] (= Mais) • *orzo perlato* [per'la:to] (= Perlgraupe(n)) • *farina* [fa'ri:na] (= Mehl) • *crusca* ['kruska] (= Kleie) • *avena* [a've:na] (= Hafer) • *riso* ['ri:so] (= Reis) • *polenta* [po'lenta] (= Maisbrei)

dolciumi **mpl** [dol'tʃu:mi] (= Süßigkeiten) • *caramelle* [kara'mɛlle] (= Bonbons) • *mentine* [men'ti:ne] (= Pfefferminzbonbons) • *lecca-lecca* **m** [lekka'lekka] (= Lutscher) • *cioccolata* [tʃokko'la:ta] (= Schokolade) • *la barretta / tavoletta di cioccolata* [la ba'rretta / tavo'letta di 'tʃokkola:ta] (= ein Riegel / eine Tafel Schokolade)

pasta ['pasta] (= Teigwaren / Nudeln) • *impasto* [im'pasto] (= Teig) • *pasta di grano duro* [di 'gra:no 'du:ro] (= Hartweizennudeln) • *pasta all'uovo* [allu'ɔ:vo] (= Eiernudeln) • *pasta fatta in casa* ['fatta in 'ka:sa] (= hausgemachte Nudeln) • *al dente* [al 'dɛnte] (= bissfest)

spaghetti [spa'getti] • *maccheroni* [makke'ro:ni] • *lasagne* [la'sa:ɲe] (= Nudelteigplatten) • *ravioli* [ravi'ɔ:li] (= gefüllte Nudeltaschen) • *vermicelli* [vermi'tʃelli] (= Fadennudeln) • *tagliatelle verdi* [taʎa'tɛlle 'verdi] (= Spinatbandnudeln) • *fusilli* [fu'silli] (= spiralförmige Nudeln) • *fettuccine* [fettut'tʃi:ne] (= Eierbandnudeln) • *rigatoni* [riga'to:ni] (= Rillennudeln) • *orecchiette* [orek'kiette] (= „Öhrchen")

carne **f** ['karne] (= Fleisch) • *carne di manzo* ['karne di 'mandzo] (= Rindfleisch) • *carne di maiale* ['karne di mai'a:le] (= Schweinefleisch) • *carne di vitello* ['karne di vi'tɛllo] (= Kalbfleisch) • *agnello* [a'ɲɛllo] (= Lammfleisch) • *montone* **m** / *castrato* [mon'to:ne / kas'tra:to] (= Hammelfleisch) • *bistecca* [bis'tɛkka] (= Steak; Schnitzel) • *pancetta* [pan'tʃetta] (= durchwachsener Speck)

pollame **m** [pol'la:me] (= Geflügel) • *pollo* ['pollo] (= Huhn / Hähnchen) • *anatra* ['a:natra] (= Ente) • *oca* ['ɔka] (= Gans) • *tacchino* [tak'ki:no] (= Truthahn / Pute) • *faraona* [fara'o:na] (= Perlhuhn) *selvaggina* [selvad'dʒiːna] (= Wild) • *capriolo* [kapri'ɔːlo] (= Reh) • *lepre* f ['lɛpre] (= Hase) • *coniglio* [ko'niːʎo] (= Kaninchen) • *cinghiale* m [tʃingi'aːle] (= Wildschwein) • *fagiano* [fa'dʒaːno] (= Fasan)

salumi mpl [sa'luːmi] (= Wurst) • *salame* m [sa'laːme] (= Salami) • *mortadella* [morta'dɛlla] (= Wurst aus Schweinefleisch mit Pistazien) • *prosciutto crudo* [pro'ʃutto 'kruːdo] (= roher Schinken) • *prosciutto cotto* [pro'ʃutto 'kɔtto] (= gekochter Schinken)

frutti di mare ['frutti di maːre] (= Meeresfrüchte) e *pesce* m ['peːʃe] (= Fisch) • *baccalà* m [bakka'la] (= Stockfisch) • *pescespada* m [peːʃe'spaːda] (= Schwertfisch) • *passera di mare* ['passera di 'maːre] (= Scholle) • *salmone* m [sal'moːne] (= Lachs) • *salmone affumicato* [affumi'kaːto] (= Räucherlachs) • *sogliola* ['sɔːʎola] (= Seezunge) • *trota* [trɔːta] (= Forelle) • *tonno* ['tonno] (= Thunfisch) • *sgombro* ['sgombro] (= Makrele) • *crostacei* [kro'staːtʃei] (= Schalentiere) • *astice* m ['astitʃe] (= Hummer) • *aragosta* [ara'gɔsta] (= Languste) • *gamberetti* [gambe'reːtti] (= Krabben / Garnelen) • *seppie* ['seppie] (= Tintenfische) • *vongola* ['vongola] (= Venusmuschel)

minestra [mi'nɛstra] (= Suppe) • *minestrone* m [mines'troːne] (= dicke Gemüsesuppe mit Teigwaren) • *brodo ristretto* ['brɔːdo ris'tretto] (= Kraftbrühe) • *pastina in brodo* [pas'tiːna in 'brɔːdo] (= Nudelsuppe) • *brodo* ['brɔːdo] (= Brühe)

salsa ['salsa] (= Soße) e *sugo* ['suːgo] (= Nudelsoße) • *pesto* ['pesto] (= Genueser grüne Sauce) • *besciamella* [beʃa'mɛlla] (= Bechamelsauce) • *sugo di pomodoro* ['suːgo di pomo'dɔːro] (= Tomatensauce) • *ragù* m [ra'gu] (= Fleischsoße)

grassi ['grassi] (= Fette) • *grasso* ['grasso] (= Fett) • *olio* ['ɔːlio] (= Öl) • *margarina* [marga'riːna] (= Margarine) • *burro* ['burro] (= Butter)

verdure ed ortaggi [ver'duːre e or'taddʒi] (= Gemüse) • *asparago* [as'paːrago] (= Spargel) • *fagioli* [fa'dʒɔːli] (= Bohnen) • *fagiolini* [fadʒɔ'liːni] (= grüne Bohnen) • *piselli* [pi'sɛlli] (= Erbsen) • *cavolo* ['kaːvolo] (= Kohl) • *cavolini di Bruxelles* [kavo'liːni di bru'ssɛl] (= Rosenkohl) • *cavolfiore* m [kavolfi'oːre] (= Blumenkohl) • *spinaci* [spi'naːtʃi] (= Spinat) • *fungo* ['fungo] (= Speisepilz) • *pomodoro* [pomo'dɔːro] (= Tomate) • *cetriolo* [tʃetri'ɔːlo] (= Gurke) • *cipolla* [tʃi'polla] (= Zwiebel) • *ravanelli* [rava'nɛːlli] (= Radieschen) •

carciofi [kar'tʃɔ:fi] (= Artischocken) • *lattuga* [lat'tu:ga] (= Kopfsalat) • *peperone m* [pepe'ro:ne] (= Paprikaschote) • *zucchine* [tsuk'ki:ne] (= Zucchini) • *melanzane* [melan'tsa:ne] (= Auberginen) • *carota* [ka'rɔ:ta] (= Karotte) • *oliva* [o'li:va] (= Olive) • *patata* [pa'ta:ta] (= Kartoffel) • *zucca* ['tsukka] (= Kürbis) • *radicchio* [ra'dikkio]

insalata [insa'la:ta] (= Salat) • *rucola* ['ru:kola] (= Gartenrauke) • *insalata mista* [insa'la:ta 'mista] (= gemischter Salat) • *insalata verde* [insa'la:ta 'verde] (= grüner Salat) • *insalata di pomodori* [insa'la:ta di pomo'dɔ:ri] (= Tomatensalat) • *macedonia* (= Obstsalat) [matʃe'dɔ:nia]

frutta ['frutta] (= Obst) • *mela* ['me:la] (= Apfel) • *pera* ['pe:ra] (= Birne) • *ciliegia* [tʃili'e:dʒa] (= Kirsche) • *prugna* ['pru:ɲa] (= Pflaume) • *pesca* ['pɛska] (= Pfirsich) • *uva* ['u:va] (= Weintrauben) • *nespole* ['nɛspole] (= Mispeln) • *fragole* ['fra:gole] (= Erdbeeren) • *more* ['mɔ:re] (= Brombeeren) • *lamponi* [lam'po:ni] (= Himbeeren) • *mirtilli* [mir'tilli] (= Blaubeeren) • *melograno* [melo'gra:no] (= Granatapfel) • *ribes* ['ribes] (= Johannisbeeren) • *uvetta* [u'vetta] (= Rosinen) • *banana* [ba'na:na] (= Banane) • *arancia* [a'rantʃa] (= Apfelsine) • *pompelmo* [pom'pɛlmo] (= Grapefruit) • *limone m* [li'mo:ne] (= Zitrone) • *ananas* ['ananas] (= Ananas) • *dattero* ['dattero] (= Dattel) • *albicocca* [albi'kɔkka] (= Aprikose) • *cocomero – anguria* [ko'kɔ:mero – an'gu:ria] (= Wassermelone) • *melone m* [me'lo:ne] (= Honigmelone)

frutta con guscio ['frutta kon 'gu:ʃo] (= Schalenobst) • *noce f* ['no:ce] (= Walnuss) • *nocciola* [not'tʃɔ:la] (= Haselnuss) • *arachide f* [a'ra:kide] (= Erdnuss) • *castagna* [ka'sta:ɲa] (= Kastanie)

erbe aromatiche ['ɛrbe aro'ma:tike] (= Gewürzkräuter) *e spezie* ['spɛ:tsie] (= Gewürze) • *pepe m* ['pe:pe] (= Pfeffer) • *curry* ['kərri] • *senape f* ['sɛ:nape] (= Senf) • *aglio* ['a:ʎo] (= Knoblauch) • *prezzemolo* [pret-'tse:molo] (= Petersilie) • *rosmarino* [rosma'ri:no] (= Rosmarin) • *alloro* [al'lɔ:ro] (= Lorbeer) • *maggiorana* [maddʒo'ra:na] (= Majoran) • *origano* [o'ri:gano] (= Oregano) • *basilico* [ba'si:liko] (= Basilikum) • *salvia* ['salvia] (= Salbei) • *erba cipollina* ['ɛrba tʃipol'li:na] (= Schnittlauch) • *menta* ['menta] (= Minze) • *timo* ['ti:mo] (= Thymian)

condimenti [kondi'menti] (= Salatwürze) • *olio d'oliva* ['ɔ:lio do'li:va] (= Olivenöl) • *olio di semi* ['ɔ:lio di 'se:mi] (= Pflanzenöl) • *aceto di vino* [a'tʃe:to di 'vino] (= Weinessig) • *aceto balsamico* [a'tʃe:to bal-'sa:miko] (= Balsamessig) • *sale m* ['sa:le] (= Salz) • *pepe m* ['pe:pe] (= Pfeffer) • *marmellata* [marmel'la:ta] (= Marmelade) • *miele m* [mi'ɛ:le] (= Honig) • *zucchero* ['tsukkero] (= Zucker)

3.2 Bevande
Getränke

bere (– bevvi – bevuto) [ˈbeːre]	trinken
Bevi qualcosa?	Magst du etwas zu trinken?
bevanda alcolica / analcolica [beˈvanda alˈkɔːlika / analˈkɔːlika]	alkoholisches / alkoholfreies **Getränk**
bibita [ˈbiːbita]	**Getränk**
aperitivo [aperiˈtiːvo]	**Aperitif**
Prendiamo un aperitivo?	Trinken wir einen Aperitif?
acqua minerale [ˈakkua mineˈraːle]	(Mineral-)**Wasser**
acqua naturale / liscia	stilles Mineral- / Tafelwasser
acqua minerale gassata / frizzante	Sprudel
limonata [limoˈnaːta]	(Zitronen-)**Limonade**
aranciata [aranˈtʃaːta]	**Orangenlimonade**
succo di frutta [ˈsukko di ˈfrutta]	(Frucht-)**Saft**
succo di mela / di pera	Apfel- / Birnensaft
spremuta d'arancia	frisch ausgepresster Orangensaft
birra [ˈbirra]	**Bier**
Preferisco la birra alla spina.	Ich trinke lieber Bier vom Fass.
vino (bianco / rosso / rosé) [ˈviːno (biˈanko / ˈrosso / roˈzeː)]	(Weiß- / Rot- / Rosé-)**Wein**
spumante *m* [spuˈmante]	**Schaumwein; Sekt**
grappa [ˈgrappa]	**Tresterschnaps**
liquore *m* [likkˈore]	**Likör**
superalcolico [superalˈkɔːliko]	**hochprozentig**
amaro [aˈmaro]	**(Magen)Bitter; Digestif**
latte *m* [ˈlatte]	**Milch**
caffè *m* [kafˈfɛ]	**Kaffee**

i In Italien ist das Kaffeetrinken ein Ritus. Es gibt: *caffè decaffeinato* (= koffeinfrei), *caffè macchiato* (= mit einem Schuss Milch), *caffellatte* (= Milchkaffee), *caffè corretto* (= mit etwas Grappa), *caffè lungo* (= mit mehr Wasser) oder *caffè ristretto* (= konzentriert). Schließlich gibt es den *cappuccino* (= mit aufgeschäumter Milch), den Italiener nur bis mittags (!) trinken.

tè *m* [ˈtɛ]	**Tee**
tè col latte / col limone	Tee mit Milch / mit Zitrone
tisana / infuso [tiˈzaːna / inˈfuːzo]	**Kräutertee**
una cioccolata calda [ˈuːna tʃokkoˈlaːta ˈkalda]	**heiße (Trink-)Schokolade; Kakao**

3.3 Cucinare e cucina
Küche und Kochen

cucinare – cucina [kutʃiˈnaːre – kuˈtʃiːna]
kochen / zubereiten – Küche

Cucinare è il mio hobby.
Kochen ist mein Hobby.

libro di cucina / ricettario
Kochbuch

piatto [piˈatto]
Gericht; Gang; Teller

tipico [ˈtiːpiko]
typisch

La pizza è un piatto tipico di Napoli.
Pizza ist ein typisch neapolitanisches Gericht.

preparare – prepararsi [prepaˈraːre – prepaˈrarsi]
vor-, zubereiten – sich vor-, zubereiten

Mi prepari il mio piatto preferito?
Bereitest du mir mein Lieblingsgericht zu?

cuocere [kuˈɔːtʃere]
kochen (lassen)

cuocere al forno una torta
einen Kuchen backen

pulire la verdura [puˈliːre]
das Gemüse putzen

pelare le patate [peˈlaːre le paˈtaːte]
die Kartoffeln schälen

condire l'insalata [konˈdiːre]
den Salat anmachen

colare [koˈlaːre]
sieben; abseihen

mescolare [meskoˈlaːre]
(um)rühren

sbattere / montare [ˈzbattere / monˈtaːre]
(Ei / Sahne) schlagen

fetta [ˈfetta]
Scheibe

spesso – sottile [soˈttiːle]
dick – dünn

tagliare [taˈʎaːre] a fette
in Scheiben schneiden

una fetta di salame
eine Scheibe Salami

tagliuzzare [taʎutˈtsaːre]
klein schneiden

tritare [triˈtaːre]
durch den Fleischwolf drehen

carne trita
Hackfleisch; Gehacktes

macinare [matʃiˈnaːre]
(z. B. *Kaffee*) mahlen

battere [ˈbattere]
schlagen; klopfen

Batto sempre la carne. Così è più tenera.
Ich klopfe das Fleisch immer. So ist es zarter.

agitare [adʒiˈtaːre]
schütteln

agitare bene
kräftig schütteln

pressare [presˈsaːre]
(aus)drücken

Le olive si pressano nel frantoio.
Oliven werden in der Ölmühle gepresst.

spremere [ˈsprɛːmere] — (aus)pressen
Spremiamo qualche arancia? — Pressen wir ein paar Orangen aus?
schiacciare [skiatˈtʃaːre] — zerdrücken; knacken
Perché hai schiacciato tutte queste noci? — Warum hast du all diese Nüsse geknackt?
scolare [skoˈlaːre] — abgießen
a cottura terminata scolare — nach dem Kochen abschütten
separare [sepaˈraːre] — trennen
separare il tuorlo dall'albume — Eigelb von Eiweiß trennen
spalmare [spalˈmaːre] — (be)streichen
Ti spalmo burro sul pane o no? — Streiche ich dir Butter aufs Brot oder nicht?

aggiungere [adˈdʒundʒere] — hinzufügen, ergänzen
Io aggiungerei un po' di sale. — Ich würde etwas Salz hinzufügen.
mancare [maŋˈkaːre] — fehlen
Secondo me manca un pizzico di pepe. — Meiner Ansicht nach fehlt eine Prise Pfeffer.
pieno – **vuoto** [piˈɛːno – vuˈɔːto] — voll – leer
riempire [riemˈpiːre] — (auf)füllen; ausfüllen
Il tuo bicchiere è vuoto. Te lo riempio un'altra volta? — Dein Glas ist leer. Soll ich es dir noch einmal füllen?
versare [verˈsaːre] — gießen; einschenken; (ver)schütten
Le verso un altro goccio? — Darf ich Ihnen noch einen Tropfen einschenken?

bollire [bolˈliːre] — kochen; sieden
far bollire a fiamma viva — auf großer Flamme zum Kochen bringen
friggere [ˈfriddʒere] — (in Fett) braten
frittata [fritˈtaːta] — Eierkuchen
stufare [stuˈfaːre] — (*Fleisch*) schmoren
arrostire [arroˈstiːre] — braten
arrosto di maiale / di vitello — Schweine-/Kalbsbraten
fare ai ferri [ˈfaːre ˈai ˈfɛrri] — grillen
fare una bistecca ai ferri / alla griglia — ein Steak grillen
rosolare [rozoˈlaːre] — anbraten
coprire [koˈpriːre] — (zu-, ab)decken
Copri la carne che si scuoce! — Deck' das Fleisch ab, sonst verkocht es!

cotto – **crudo** [ˈkɔtto – ˈkruːdo] — gar; gekocht; gebraten – roh
Le verdure si mangiano cotte o crude. — Gemüse isst man gekocht oder roh.

3.3 Küche und Kochen

lesso ['lesso]	gekocht; gesotten
toast – tostare – tostapane *m*	Toast – toasten – Toaster
['tɔst – to'sta:re – tosta'pa:ne]	
vasetto [va'zetto]	Glas; Gefäß (*aus Glas, Plastik etc.*)
un vasetto di marmellata	ein Glas Marmelade
piselli in scatola	Erbsen in der **Dose/Büchse**
mettere **sott'aceto** [sotta'tʃe:to]	in Essig einlegen
mettere **sott'olio** [sott'ɔ:lio]	in Öl einlegen
avvolgere [av'vɔldʒere]	(ein)wickeln
conservare – conservarsi	aufbewahren; lagern –
[konser'va:re – konser'varsi]	(sich) halten
Avvolgo i resti in pellicola. Così	Ich wickele die Reste in Klarsicht-
si conservano fino a domani.	folie. So halten sie bis morgen.
scadere [ska'de:re]	ablaufen, fällig werden
Riesci a leggere quando scade	Kannst du lesen, wann dieses
questo yogurt?	Yoghurt abläuft?

Stoviglie fpl [sto'vi:ʎe], **posate** *fpl* [po'sa:te] *e* **utensili** *mpl* [uten'si:li] *da cucina* (= Geschirr, Besteck und Küchengeräte)

piatto [pi'atto] (= Teller) • *tazza e piattino* ['tattsa e piat'ti:no] (= Tasse und Untertasse) • *teiera e bricco del caffè* [tei'ɛ:ra e 'brikko del kaf'fe] (= Tee- und Kaffeekanne) • *bicchiere m* [bikki'ɛ:re] (= Glas) • *zucche- riera* [tsukkeri'ɛ:ra] (= Zuckerdose) • *brocca* ['brɔkka] (= Kanne/Krug) *scodella* [sko'dɛlla] (= Schüssel/Schale) • *terrina* [ter'ri:na] (= Schüs- sel) • *zuppiera e insalatiera* [tsuppi'ɛ:ra e insalati'ɛ:ra] (= Suppen- und Salatschüssel) • *macinapepe m* [matʃina'pe:pe] (= Pfeffermühle) • coltello [kol'tɛllo] (= Messer) • forchetta [for'ketta] (= Gabel) • cucchiaio [kukki'a:io] (= Löffel) • cucchiaino [kukkia'i:no] (= Kaffee-/ Teelöffel) • *padella* [pa'dɛlla] (= Pfanne) • pentola ['pentola] (= Topf) • *coperchio* [ko'pɛrkio] (= Deckel) • *tegame m* [te'ga:me] (= Brat-/ Backform) • *colino* [ko'li:no] (= Sieb) • *misurino* [mizu'ri:no] (= Mess- becher) • *cavatappi m / cavaturaccioli m* [kava'tappi – kavatu'rattʃoli] (= Korkenzieher) • *apribottiglie m* [apribot'ti:ʎe] (= Flaschenöffner) • *apriscatole m* [apris'ka:tole] (= Dosenöffner) • *schiaccianoci m* [skiattʃa'no:tʃi] (= Nussknacker)

---

fornello [for'nɛllo]	(Koch-)**Herd**
forno ['forno]	**Backofen**
forno a microonde	Mikrowelle(nherd)
caffettiera [kaffetti'ɛ:ra]	**Kaffeemaschine**
la moca	Espressomaschine für den Herd
vassoio [vas'so:io]	**Tablett**

3.4 Pasti
Mahlzeiten

colazione f [kolatsi'o:ne]
Quando facciamo colazione?
A colazione bevo caffè.

Frühstück / Mittagessen
Wann frühstücken wir?
Ich trinke zum Frühstück Kaffee.

i Zum Frühstück (= [*prima*] *colazione*) isst man in Italien wenig: Eine Tasse *cappuccino* oder *tè*, in die Kekse (= *biscotti*) eingetunkt (= *intingere*) werden können. Allerdings geht man noch vor dem Mittagessen (= [*seconda*] *colazione*/*pranzo*) häufig in eine *bar*, in der man seinen Espresso (= *caffè*) trinkt und dazu ein Sandwich (= *tramezzino*), einen Pausensnack (= *merendina*) oder einen anderen kleinen Imbiss (= *spuntino*) zu sich nimmt. In einigen Regionen Italiens steht der Begriff *colazione* auch für „Mittagessen", weshalb ein Geschäftsessen üblicherweise als *colazione d'affari* bezeichnet wird.

pranzo ['prandzo]
pranzare [pran'dza:re]
Avete già pranzato?

Mittagessen
zu Mittag essen
Habt ihr schon zu Mittag gegessen?

i „Mahlzeit!" als Grußformel hat im Italienischen keine direkte Entsprechung. „Guten Appetit!" dagegen wünscht man sich wie auch in Deutschland bei Tisch vor dem Essen mit dem Ausruf: *Buon appetito!* Die Antwort lautet: *Grazie altrettanto!*

merenda [me'rɛnda]

A merenda i bambini hanno mangiato pane, burro e marmellata.
cena ['tʃe:na]
cenare [tʃe'na:re]
Oggi andiamo a cena fuori.
tavola ['ta:vola]
Bambini, a tavola!
apparecchiare la tavola [apparekki'a:re la 'ta:vola]
sparecchiare [sparekki'a:re]
tavolo ['ta:volo]
Amore, riserveresti un tavolo per le nove?

kleine Vormittags- / Nachmittagsbrotzeit für Kinder
Als Brotzeit haben die Kinder Brot, Butter und Marmelade gegessen.
Abendessen
zu Abend essen
Heute gehen wir auswärts essen.
(Ess)Tisch
Kinder, zu Tisch!
den Tisch decken

(den Tisch) abräumen; abdecken
Tisch
Liebling, würdest du einen Tisch für neun Uhr reservieren?

3.5 Mangiare fuori casa
Auswärts essen

ospite *m/f* ['ɔspite]	Gast / Gastgeber
frequentare [frekuen'ta:re]	(als Kunde / Kundin) besuchen
un ristorante molto frequentato	ein gut besuchtes Restaurant
i nostri clienti fissi *mpl* [kli'enti 'fissi]	unsere Stammgäste

> *Dove si mangia* (= Wo man isst)
> *bar* (= Bar) • *caffè* (= Café) • *bistrot* (= Bistro) • *birreria / pub* (= Bierstube) • *il self-service* (= Selbstbedienungsrestaurant) • *buffet / bar ristorante* (= Bar mit Schnellimbiss) • *il fast food* (= Fast Food-Restaurant) • *tavola calda* (= Schnellrestaurant) • *paninoteca / panineria* (= Sandwich-Imbiss) • *pizzeria* (= Pizza-Restaurant) • *spaghetteria* (= Restaurant mit ausschließlich Nudelgerichten) • *rosticceria* (= Schnellbraterei) • *ristorante* (= sehr gutes Restaurant) • *trattoria* (= gutes Restaurant) • *osteria* (= Gasthof, Wirtshaus) • *albergo ristorante* (= Gasthaus mit Übernachtungsbetrieb) • *locanda* (= Landgasthof) • *autogrill* (= Raststätte) • *vagone ristorante* (= Speisewagen) • *mensa* (= Kantine oder Mensa) • *gelateria* [dʒelate'ri:a] (= Eisdiele)

guardaroba *m* [guarda'rɔ:ba]	**Garderobe**
gabinetto [gabi'netto]	**Toilette**

i | Nach der Toilette fragen Sie am besten mit dem Satz: *Dov'è il bagno?* Ein Euphemismus (= verhüllender Ausdruck), denn *il bagno* ist das Bad.

spuntino [spun'ti:no]	(eine) Kleinigkeit zu essen
Facciamo solo uno spuntino veloce.	Wir essen nur rasch eine Kleinigkeit.
da asporto [da a'spɔrto]	zum Mitnehmen
pizza da asporto	Pizza zum Mitnehmen
riservare [riser'va:re]	buchen; reservieren; vorbestellen
È meglio se riserviamo un tavolo.	Wir sollten einen Tisch reservieren.
far riservare [far riser'va:re]	reservieren lassen
Ho fatto riservare un tavolo per Rossi.	Ich habe einen Tisch auf den Namen Rossi reservieren lassen.
prenotazione *f* [prenotatsi'o:ne]	Reservierung
solo su prenotazione	nur auf Reservierung

| prenotare | [preno'taːre] | reservieren; (vor)bestellen; buchen |

Avete prenotato? — Haben Sie vorbestellt?

menù *m* [me'nu] — **Speisekarte / Menü**

Cameriere, posso avere il menù? — Herr Ober, bitte die Speisekarte.

Cameriere, ci può aiutare a scegliere? — Herr Ober, können Sie uns beraten?

lista dei vini ['lista dei 'viːni] — **Weinkarte**

pasto ['pasto] — **Mahlzeit; Essen**

un pasto di quattro portate — ein Essen mit vier Gängen

| ordinare | – | ordine | *m* [ordi'naːre – 'ordine] — **bestellen – Bestellung**

Desidera ordinare ora? — Möchten Sie jetzt bestellen?

antipasto [anti'pasto] — **Vorspeise**

Cosa desidera come antipasto? — Was hätten Sie gern als Vorspeise?

piatto del giorno [pi'atto del 'dʒorno] — **Tagesgericht**

il primo / il secondo (piatto) — erster Gang / zweiter Gang

| mangiare | [man'dʒaːre] — **essen**

Cosa mangiamo? — Was essen wir?

| prendere | ['prendere] — **essen; nehmen**

Per primo prendo degli spaghetti, per secondo il brasato con contorno di verdura. — Als ersten Gang nehme ich Spaghetti, als zweiten Schmorbraten mit Gemüsebeilage.

assaggiare [assad'dʒaːre] — **kosten, probieren**

Vuoi assaggiare? È squisito! — Magst du kosten? Es ist lecker!

contorno [kon'torno] — **Beilage**

decider(si) [de'tʃidersi] — **(sich) entscheiden**

Ha deciso per il vino? — Haben Sie sich für einen Wein entschieden?

| consigliare | – | raccomandare | [konsiˈʎaːre – rakkomanˈdaːre] — **empfehlen**

Cosa mi consiglia? — Was empfehlen Sie mir?

| proporre | – | proposta | [pro'porre – pro'posta] — **vorschlagen – Vorschlag**

Oggi Le propongo il menù dello chef. — Heute empfehle ich Ihnen das Menü des Chefs.

Avrebbe qualche proposta da farci? — Könnten sie uns einen Vorschlag machen?

consistere in / di [kon'sistere] — **bestehen aus**

E in che cosa consiste? — Und woraus besteht das?

| scegliere | ['ʃeʎere] — **(aus)wählen**

Ha scelto il dolce, signora? — Haben Sie ein Dessert ausgewählt?

dolce *m* / **dessert** *m* ['doltʃe / de'sɛr] — **Nachtisch**

Come dessert prendiamo la frutta fresca.	Als Nachtisch nehmen wir frisches Obst.
tiramisù *minv* [tirami'su]	**Tiramisu**
stuzzicadenti *minv* [stuttsika'dɛnti]	**Zahnstocher**
Cameriere! Mi porterebbe uno stuzzicadenti?	Ober, würden Sie mir einen Zahnstocher bringen?
conto ['konto]	**Rechnung**
Cameriere, il conto, per favore.	Herr Ober, bitte zahlen!
servizio [ser'vi:tsio]	**Service, Bedienung / Set, Satz**
Il servizio è compreso.	Bedienung inbegriffen.
servire [ser'vi:re]	**bedienen, servieren; nützen, dienen; brauchen**
Saltate l'antipasto? Allora servo subito il primo.	Sie lassen die Vorspeise aus? Dann serviere ich gleich den ersten Gang.
Cameriere, ci servirebbe un altro coltello.	Ober, wir bräuchten noch ein Messer.
coperto [ko'pɛrto]	(Preis für das) **Gedeck**
mancia ['mantʃa]	**Trinkgeld**
Diamogli una buona mancia, è stato molto gentile.	Geben wir ihm ein anständiges Trinkgeld, er ist sehr freundlich gewesen.

Persone che lavorano in un ristorante

locandiere(-a), ristoratore, oste (= Gastwirt(in)) • *guardarobiera* (= Garderobenfrau) • *cameriere/cameriera* (= Kellner(in)) • *maître* (= Oberkellner) • *sommelier* (= Weinkellner) • *barman/barista* (= Barkeeper) • *cuoco/cuoca* (= Koch/Köchin) • *lavapiatti/sguattero* (= Geschirrspüler)

---

buffet *m* [by'fɛ]	**Büfett**
colazione al buffet	Frühstücksbüfett
porzione *f* [portsi'o:ne]	**Portion**
Che porzioni misere! Mi aspettavo di più!	Was für mickrige Portionen! Ich hätte mehr erwartet!
aspettarsi [aspet'tarsi]	**erwarten**
specialità [spetʃali'ta]	**Spezialität**
speciale [spe'tʃa:le]	**besondere(r, -s); Sonder-**
pizza speciale con tutto	Pizza speciale mit allem
offerta speciale	Sonderangebot

3.6 Abbigliamento e moda
Kleidung und Mode

Cappotti, giacche e abiti [kap'pɔtti 'dʒakke e 'a:biti]
(= Mäntel, Jacken und Anzüge)

cappotto [kap'pɔtto] (= Mantel) • *impermeabile m* [imperme'a:bile] (= Regenmantel) • *pelliccia* [pel'littʃa] (= Pelzmantel) • *trench minv* ['trentʃ] (= Trenchcoat) • *giacca a vento* ['dʒakka a 'vento] (= Anorak) • *parka minv* ['parka] • *giubbotto* [dʒub'bɔtto] (= Blouson) • *giacca* ['dʒakka] (= Jacke / Jackett / Sakko) • *blazer minv* ['blazer] • *cardigan minv* ['kardigan] (= Strickjacke) • *abito / completo* ['a:bito / kom'plɛ:to] (= Anzug) • *panciotto / gilet minv* [pan'tʃotto / dʒi'lɛ] (= Weste) • *tuta da ginnastica* ['tuta da dʒin'nastika] (= Jogginganzug) • *tasca* ['taska] (= Tasche)

Vestiti [ves'ti:ti] (= Kleider)
vestito / abito [ves'ti:to / 'a:bito] (= Kleid) • *vestito da sposa* [ves'ti:to da 'spɔ:sa] (= Hochzeitskleid) • *abito da sera* ['a:bito da 'se:ra] (= Abendkleid) • *tailleur minv* [tai'œr] (= Kostüm) • *pantatailleur* [pantatai'œr] (= Hosenanzug)

Capispalla mpl [kapi'spalla] (= Oberteile)
maglione m / *pullover minv* [ma'ʎo:ne] (= Pullover / Pulli) • *maglia* ['maʎa] (= (Strick-)Pullover) • *felpa / sweat-shirt f* ['felpa / su'ɛt-ʃərt] (= legerer Freizeitpullover) • *dolcevita m* [dolce'vi:ta] (= Rollkragenpullover) • *camicia* [ka'mi:tʃa] (= Hemd) • *camicetta* [kami'tʃetta] (= Bluse) • *bustier minv* [busti'e] • *bustino / corpino / top minv* [bus'ti:no / kor-'pi:no / top] (= Top) • *body* ['bɔ:di] • *maglietta a polo* [ma'ʎetta a 'pɔ:lo] (= Polohemd) • *T-shirt f inv* [ti'ʃərt]

Oberteile können *senza maniche* ['sentsa 'ma:nike] (= ärmellos), *a maniche corte* [a 'ma:nike 'kɔrte] (= kurzärmelig) oder *a maniche lunghe* [a 'ma:nike 'luŋge] (= langärmelig) bzw. *a mezze maniche* [a 'mɛddze 'ma:nike] (= mit Halbarm) sein.

Pantaloni, gonne e calze [panta'lo:ni, 'gɔnne e 'kaltse]
(= Hosen, Röcke und Strümpfe)
pantaloni mpl / *calzoni mpl* [panta'lo:ni / kal'tso:ni] (= Hose) • *(blue) jeans* [(blu) 'dʒins] (= Jeans) • *salopette f inv* [salo'pɛt] (= Latzhose) • *pantaloncini / shorts* [pantalon'tʃi:ni / 'ʃɔrts] (= kurze Hose) • *bermuda mpl* [ber'mu:da] (= Bermudashorts) • *gonna* ['gɔnna] (= Rock) • *fuseaux / pantacalza* [fu'zo / panta'kaltsa] (= Leggins) • *collant minv* [kol'lan]

(= Damenstrumpfhose) • *calza* ['kaltsa] (= Strumpf) • *calzino* [kal'tsi:no] (= Socke)

Bei *pantaloni, calzoni, collant* entspricht dem deutschen Singular ein italienischer Plural: *Questi pantaloni sono troppo stretti.* (= Diese Hose ist zu eng.)

Biancheria intima e abbigliamento mare [bianke'ri:a 'intima e abbiʎa'mento 'ma:re] **(= Unterwäsche und Badekleidung)**
mutande fpl [mu'tande] (= Herren-/Damenunterhose) • *mutandine fpl* [mutan'di:ne] (= Damenunterhose) • *slip minv* ['slip] (= Slip) • *boxer minv* ['bɔkser] (= Boxershorts) • *canottiera / maglietta* [kanotti'ɛ:ra / ma'ʎetta] (= Unterhemd) • *sottoveste f* [sotto'vɛste] (= Unterkleid) • *reggiseno* [reddʒi'se:no] (= BH) • *body minv* ['bɔ:di] • *costume da bagno m* [kos'tu:me da 'ba:ɲo] (= Badehose für Herren / Badeanzug für Damen) • *costume intero m* [kos'tu:me inte:ro] (= einteiliger Badeanzug für Damen) • *bikini minv* [bi'ki:ni] • *monokini* [mɔnɔ'ki:ni] • *accappatoio* [akkappa'tɔ:io] (= Bademantel)

Biancheria da notte [bianke'ri:a da 'nɔtte] **(= Nachtwäsche)**
camicia da notte [ka'mi:tʃa da 'nɔtte] (= Damennachthemd) • *pigiama m* [pi'dʒa:ma] (= Schlafanzug) • *vestaglia* [ves'ta:ʎa] (= Morgenrock)

Calzature fpl [kaltsa'tu:re] **(= Fußbekleidung)**
scarpa ['skarpa] (= Schuh) • *scarpe stringate* ['skarpe strin'ga:te] (= geschnürte Halbschuhe) • *mocassini* [mokas'si:ni] (= Slipper) • *scarpe scollate* ['skarpe skol'la:te] (= Pumps) • *scarpe coi tacchi alti* ['skarpe koi 'takki 'alti] (= hochhackige Schuhe) • *stivale m* [sti'va:le] (= Stiefel) • *stivali di gomma* [sti'va:li di 'gomma] (= Gummistiefel) • *sandali* ['sandali] (= Sandalen) • *pantofole / ciabatte* [pan'tɔ:fole / tʃa-'batte] (= Hausschuhe) • *scarpe da ginnastica* ['skarpe da dʒin'nastika] (= Turnschuhe) • *tacco* ['takko] (= Absatz)

Le calzature si possono mettere ['mettere] (= anziehen), portare [por'ta:re] (= tragen) *o* togliere ['tɔ:ʎere] (= ausziehen); *le scarpe stringate* (= Schnürschuhe) *si possono allacciare* [allatʃ'ʃa:re] (= schnüren) *oppure slacciare* [slatʃ'ʃa:re] (= öffnen); *chi ama le sue scarpe, le deve lucidare* [lutʃi'da:re] *o lustrare* [lu'stra:re] (= putzen) *ogni giorno. Quando le suole* [su'ɔ:le] (= Sohlen) *o i tacchi* (= Absätze) *sono consumati* [konsu'ma:ti] (= abgelaufen), *bisogna portare le scarpe dal calzolaio* [kaltso'la:io] (= Schuster) *per farle risuolare* [risuo'la:re] (= neu besohlen lassen). *Le scarpe non devono stringere* ['strindʒe:re] (= drücken), *ma calzare bene* [kal'tsa:re 'bɛ:ne] (= gut passen).

Copricapi [kɔpriˈkaːpi] (= **Kopfbedeckungen**)
cappello [kapˈpɛllo] (= Hut) • *paglietta* [paˈʎetta] (= Strohhut) • *basco* [ˈbasko] (= Baskenkappe) • *berretto* [berˈretto] (= Mütze) • *berretto con visiera* [berˈretto kon visiˈɛːra] (= Schirmmütze) • *foulard* m inv / *fazzoletto da testa* [fuˈlar / fattsoˈletto da ˈtɛsta] (= Kopftuch) • *cappuccio* [kapˈputʃʃo] (= Kapuze) • *casco* [ˈkasko] (= Sturzhelm)

Altri articoli e accessori d'abbigliamento [ˈaltri arˈtiːkoli e attʃesˈsɔːri dabbiʎaˈmento] (= **Weitere Kleidungstücke und Zubehör**)
overall m inv / *tuta* [ˈɔverɔll / ˈtuːta] (= Overall) • *grembiule* m [grembiˈuːle] (= Schürze) • *cravatta* [kraˈvatta] (= Krawatte) • *farfalla* [farˈfalla] (= Fliege) • *foulard* m inv [fuˈlar] (= Halstuch / leichter Schal) • *scialle* m [ˈʃalle] (= schwerer Schal) • *fazzoletto da naso* [fattsoˈletto da ˈnaːzo] (= Taschentuch) • *guanti* [guˈanti] (= Handschuhe) • *cintura* [tʃinˈtuːra] (= Gürtel) • *bretelle* [breˈtelle] (= Hosenträger) • *bottone* m [botˈtoːne] (= Knopf) • *cerniera lampo / zip* [tʃerniˈɛːra ˈlampo / ˈdzip] (= Reißverschluss) • portafogli m inv [portaˈfɔːʎi] (= Portemonnaie, Brieftasche) • *portamonete* m inv [portamoˈneːte] (= Geldbeutel) • *sciarpa* [ˈʃaːrpa] (= Schal) • ombrello [omˈbrɛllo] (= Schirm) • *bastone* m [basˈtoːne] (= Stock) • *fiocco* [fiˈɔkko] (= Schleife) • orologio [oroˈlɔːdʒo] (= Uhr) • *cinturino* [tʃintuˈriːno] (= Uhrarmband) • *colletto* [kolˈletto] (= Kragen)

Gioielli mpl [dʒoiˈɛllo] (= **Schmuck**)
gioiello [dʒoiˈɛllo] (= Schmuckstück; Juwel) • *braccialetto* [brattʃʃaˈletto] (= Armband) • *bracciale* m [bratˈtʃaːle] (= Armreif) • *catena* [kaˈteːna] (= Kette) • *anello* [aˈnɛllo] (= Ring) • *diamante* m [diaˈmante] (= Diamant) • *perla* [ˈpɛrla] (= Perle) • *prezioso* [pretsiˈoːso] (= wertvoll) • *bigiotteria* [bidʒotteˈriːa] (= Modeschmuck)

capo [ˈkaːpo]	Kleidungsstück; Teil
combinare [kombiˈnaːre]	kombinieren
Tutti i nostri capi si possono combinare.	Alle unsere Teile kann man kombinieren.
vestiti mpl [veˈstiːti]	**Kleidung; (Anzieh-)Sachen**
Ho bisogno di un vestito nuovo.	Ich brauche was Neues zum Anziehen.
vestito casual / informale	legere Kleidung
vestire – **vestirsi** [veˈstiːre – veˈstirsi]	**(sich) anziehen / kleiden**
Marta si veste sempre molto bene.	Marta zieht sich immer gut an.
Il papà veste il bimbo.	Der Papa zieht das Kind an.
portare [porˈtaːre] / **indossare**	**tragen**

Non porto mai il cappello. | Ich trage nie einen Hut.
mettersi ['mettersi] | **anziehen;** (*Hut*) **aufsetzen**
È meglio se ti metti un maglione. | Du ziehst besser einen dicken Pulli an.
togliersi [ˈtɔːʎersi] | ausziehen; (*Hut*) abnehmen
Marco si è tolto il cappello. | Marco legte den Hut ab.
spogliarsi [spoˈʎaːrsi] | sich (nackt) ausziehen
Dottore, devo spogliarmi? | Doktor, soll ich mich ausziehen?
nudo [ˈnuːdo] | nackt
provare [proˈvaːre] | **anprobieren**
Mi fa provare questa giacca? | Kann ich diese Jacke anprobieren?
cambiarsi [kambiˈarsi] | **sich umziehen**
moda [ˈmɔda] | Mode
moda femminile / maschile | Damenmode / Herrenmode
démodé / fuori moda | aus der Mode / unmodern
andare / stare bene [anˈdaːre / ˈstaːre ˈbɛːne] | **stehen, passen**
Come mi sta questa gonna? | Wie steht mir dieser Rock?
taglia [ˈtaʎa] | Größe
Che taglia porti? | Was für eine Größe trägst du?
numero [ˈnuːmero] | **(Schuh)Größe**
Che numero di scarpa porta? | Welche Schuhgröße tragen Sie?
largo [ˈlargo] | **weit**
Questi pantaloni sono troppo larghi. | Diese Hose ist zu weit.
stretto [ˈstretto] | eng
È stretto di vita. | Das ist zu eng an der Taille.
lungo [ˈlungo] | **lang**
Le maniche sono troppo lunghe. | Die Ärmel sind zu lang.
corto [ˈkɔrto] | **kurz**
Cerco pantaloni corti. | Ich suche kurze Hosen.
in tinta unita [in ˈtinta uˈniːta] | einfarbig
a quadri [a kuˈaːdri] | kariert
a righe [a ˈriːge] | gestreift
a puntini [a punˈtiːni] | gepunktet
buco [ˈbuːko] | Loch
cucire [kuˈtʃiːre] | nähen
Se vuoi, ti cucio il buco nel calzino. | Wenn du willst, nähe ich dir das Loch in der Socke.
stile *m* [ˈstiːle] | Stil
uno stile personalizzato | ein individueller Stil
stoffa – tessuto [ˈstɔffa – tesˈsuːto] | Stoff – Gewebe
seta [ˈseːta] | Seide

Kapitel 4

4.1 Malattie e sintomi
Krankheiten und Symptome

malattia [malat'ti:a]	Krankheit (*allgemein*)
malattie infantili	Kinderkrankheiten
male *m* ['ma:le]	Krankheit (*im Sinne von Unwohlsein bzw. Schmerzen*)
Ad andare in macchina gli viene subito il mal d'auto.	Ihm wird beim Autofahren sofort übel.
mal di gola – mal di testa	Halsschmerzen – Kopfschmerzen

 Folgt dem Substantiv *male* ein zweites Wort, z. B. bei *mal di …* (= …schmerzen), fällt das auslautende *-e* von *male* ersatzlos weg.

ammalarsi [amma'larsi]	krank werden
Chi si ammala deve consultare un medico.	Wer krank wird, muss einen Arzt zu Rate ziehen.
ammalato [amma'la:to]	krank, erkrankt
Da quando è ammalato?	Seit wann sind Sie krank?
malato(-a) [ma'la:to]	Kranke – krank
Come sta il malato oggi?	Wie geht es dem Kranken heute?
tremare [tre'ma:re]	zittern
Il malato trema dal freddo.	Der Kranke zittert vor Kälte.
restare – rimanere [res'ta:re – rima'ne:re]	bleiben
Se ho la febbre resto a letto.	Wenn ich Fieber habe, bleibe ich im Bett.
Dovrebbe rimanere in casa ancora per qualche giorno.	Sie sollten noch ein paar Tage drin bleiben.
affrontare [affron'ta:re]	angehen, herangehen an; ins Auge sehen; sich stellen
Bisogna affrontare le malattie con coraggio.	Krankheiten muss man mutig angehen.
cavarsela [ka'varsela]	es schaffen; davonkommen
Se l'è cavata con lievi contusioni.	Er ist mit leichten Prellungen davongekommen.
grave / lieve ['gra:ve – li'ɛ:ve]	ernst; schwer / harmlos, leicht
guarire [gua'ri:re]	wieder gesund werden; verheilen
Sei guarito? Che bella nuova!	Du bist wieder gesund? Was für eine schöne Nachricht!

guarito [gua'ri:to] — genesen
Sei guarito del tutto? — Bist du wieder ganz gesund?
guarigione *f* [guari'dʒo:ne] — **Besserung, Genesung**

> *i* Gute Besserung wünscht man in Italien mit *buona / pronta guarigione!* (= gute / rasche Besserung!).

riprendersi [ri'prendersi] — sich erholen
Mi sono ripreso del tutto. — Ich habe mich völlig erholt.
riguardarsi [riguar'darsi] — sich schonen
Deve riguardarsi. — Sie müssen sich schonen.
stare male / bene ['sta:re 'ma:le / 'bɛ:ne] — schlecht / gut gehen
Stai male? – No, sto bene. — Geht's dir schlecht? – Nein, mir geht's gut.
far male / bene ['far 'ma:le / 'bɛ:ne] — weh tun / gut tun
Dove Le fa male? — Wo tut es Ihnen weh?
Questa medicina Le farà bene. — Diese Medizin wird Ihnen gut tun.
soffrire [sof'fri:re] — leiden
Soffre di mal di mare. — Er wird leicht seekrank.
sintomo ['sintomo] — **Symptom; Anzeichen**
scomparire [skompa'ri:re] — **verschwinden**
Bisogna prendere la medicina finché i sintomi sono scomparsi. — Man muss die Medizin nehmen, bis die Symptome weg sind.
attacco [at'takko] — **Anfall**
un attacco d'asma / di emicrania — ein Asthma- / Migräneanfall
febbre *f* ['febbre] — **Fieber**
avere la febbre — Fieber haben
avere un po' di febbre — erhöhte Temperatur haben
misurare [mizu'ra:re] — **messen**
Ha già misurato la febbre? — Haben Sie schon Fieber gemessen?
termometro [ter'mɔ:metro] — **Thermometer**
nausea ['nauzea] — **Übelkeit**
Ha la nausea? — Ist Ihnen übel?
vomitare – vomito [vomi'ta:re – 'vɔ:mito] — **erbrechen – Erbrechen**
colpo ['kolpo] — **Anfall**
colpo di calore – colpo di sole — (ein) Hitzschlag – (ein) Sonnenstich
avere un collasso [a've:re un kol'lasso] — **zusammenbrechen; kollabieren**
raffreddore *m* [raffred'do:re] — **Erkältung; Schnupfen; Grippe**
buscarsi un raffreddore — sich einen Schnupfen holen

starnutire [starnu'ti:re]	niesen
Chi è raffreddato starnutisce spesso.	Wer erkältet ist, niest oft.
infezione f [infetsi'o:ne]	Infektion
influenza [influ'ɛntsa]	(die) Grippe
Si è presa un'influenza.	Sie kriegte die Grippe.
tossire – tosse f [tos'si:re – 'tosse]	husten – Husten
Lei ha una brutta tosse.	Sie hat einen schlimmen Husten.
indigestione f [indidʒesti'one]	Verdauungsstörung
diarrea [diar'rɛ:a]	Durchfall
ulcera allo stomaco ['ultʃera]	(Magen-)Geschwür
tumore m [tu'mo:re]	Tumor; Geschwulst
tumore benigno / maligno	ein gutartiger / bösartiger Tumor
cancro ['kankro]	Krebs
cancro allo stomaco / al seno	Magen- / Brustkrebs
È morta di cancro.	Sie starb an Krebs.

> Die Endung *-ite* bedeutet *infiammazione* (= -entzündung), ist weiblich und immer betont.
> *appendicite* (= Blinddarmentzündung) • *bronchite* (= Entzündung der Bronchien) • *polmonite* (= Lungenentzündung) • *gastrite* (= Magenschleimhautentzündung) • *tonsillite* (= Mandelentzündung)

farsi male ['fa:rsi 'ma:le]	sich weh tun
crampo ['krampo]	Krampf
Ho un crampo alla gamba.	Ich habe einen Krampf im Bein.
strappo ['strappo]	Zerrung
gonfiarsi [gonfi'arsi]	(an)schwellen
Mi ha punto un insetto e la puntura si è subito gonfiata.	Mich hat ein Insekt gestochen und der Stich ist sofort angeschwollen.
contusione f [kontuzi'o:ne]	Prellung
allergico – allergia [al'lɛrdʒiko – aller'dʒi:a]	allergisch – Allergie
Rosa è allergica ai pollini.	Rosa ist gegen Pollen allergisch.
prudere – prurito ['pru:dere – pru'ri:to]	jucken – Juckreiz
Mi prudono le mani.	Mir jucken die Hände.
insonnia [in'sɔnnia]	Schlaflosigkeit
Molta gente soffre di insonnia.	Viele Leute leiden unter Schlaflosigkeit.
svenimento [zveni'mento]	Bewusstlosigkeit
svenire	bewusstlos werden

4.2 Incidenti e ferite
Unfälle und Verletzungen

incidente *m* [intʃi'dɛnte]
C'è un incidente in via Roma.
Voglio denunciare un incidente.
È stata ferita in un incidente.

Unfall
In der Via Roma ist ein Unfall.
Ich möchte einen Unfall melden.
Sie wurde bei einem Unfall verletzt.

causare [kau'za:re]
Secondo la polizia sarebbe stato un capriolo a causare l'incidente.

verursachen
Der Polizei zufolge soll ein Reh den Unfall verursacht haben.

scivolare [ʃivo'la:re]
Il pedone è scivolato su una buccia di banana.

(aus)rutschen
Der Fußgänger ist auf einer Bananenschale ausgerutscht.

schiantarsi [skian'tarsi]
Il ladro si è schiantato con la macchina contro un muro.

zusammenstoßen; abstürzen
Der Dieb fuhr mit dem Auto gegen eine Mauer.

scontro / collisione *f* ['skontro / kollisi'o:ne]
Sei persone sono morte nello scontro.

Zusammenstoß
Bei dem Zusammenstoß kamen sechs Menschen ums Leben.

cozzare [kot'tsa:re]
La macchina ha cozzato contro il guardrail.

(*Auto*) **prallen** (gegen)
Das Auto prallte gegen die Leitplanke.

Dass jemand angefahren wird, kann mit *urtare* oder *investire* ausgedrückt werden, das Überfahrenwerden entweder ebenfalls mit *investire* oder aber mit *travolgere*.

incolume / illeso / indenne
[in'kɔ:lume / il'le:zo / in'dɛnne]

unverletzt

ferire [fe'ri:re] – ferirsi [fe'ri:rsi]
Si è ferita durante l'incendio.

verletzen, sich verletzen
Sie hat sich bei dem Brand verletzt.

ferita [fe'ri:ta]
Ha subito ferite alla testa.

Verletzung
Er / Sie erlitt Kopfverletzungen.

cadere [ka'de:re]
rompere ['rompere] – rompersi
È caduto e si è rotto la / una gamba.

(herunter)fallen; stürzen
brechen – sich brechen
Er ist gestürzt und hat sich das / ein Bein gebrochen.

frattura – fratturarsi
[frat'tu:ra – frattu'rarsi]

(Knochen-)**Bruch**; Fraktur – sich brechen

ustione *f* – **ustionarsi** [usti'o:ne – ustio'narsi]	Verbrennung – sich verbrennen
Si è ustionato un dito.	Er hat sich einen Finger verbrüht.
scottatura – **scottarsi** [skotta'tu:ra – skot'tarsi]	**Sonnenbrand – sich einen Sonnenbrand zuziehen**
soffocamento – **soffocare** [soffoka'mento – soffo'ka:re]	**Ersticken – ersticken**
Due persone sono morte soffocate.	Zwei Personen erstickten.
slogare – **lussare** [zlo'ga:re – lus'sa:re]	**ausrenken / verrenken – auskugeln**
Mi sono slogata un piede.	Ich habe mir einen Fuß vertreten.
distorcere / storcere [dis'tɔrtʃere / 'stɔrtʃere]	**verdrehen; verrenken; verstauchen**
livido – contusione *f* – **ematoma** *m* ['li:vido – kontuzi'o:ne – ema'tɔ:ma]	**blauer Fleck – Prellung – Bluterguss**
Aveva lividi dappertutto.	Er / Sie hatte überall blaue Flecken.
sanguinare [sangui'na:re]	**bluten**
Mi sanguina il naso!	Meine Nase blutet!
fasciare una ferita [fa'ʃa:re]	eine Wunde **verbinden**
benda ['benda]	**Verband**
cerotto [tʃe'rɔtto]	**(Heft-)Pflaster**
Dai, passami un cerotto!	Gib mir schnell mal ein Pflaster!
vittima / ferito(-a) ['vittima / fe'ri:to]	**(Unfall-)Opfer; Verletzte(r)**
shock *m* ['ʃɔk]	**Schock**
Era sotto shock.	Sie stand unter Schock.
soccorso [sok'korso]	**Hilfe; Hilfeleistung**
prestare i primi soccorsi	Erste Hilfe leisten
pronto soccorso / ricovero d'urgenza	Notaufnahme
soccorrere	bergen
rianimare [riani'ma:re]	**wiederbeleben**
curare [ku'ra:re]	**(ärztlich) behandeln**
Le vittime sono state curate da un medico sul luogo dell'incidente.	Die Opfer sind an der Unfallstelle ärztlich versorgt worden.
ambulanza [ambu'lantsa]	**Krankenwagen**
chiamare l'ambulanza	einen Krankenwagen rufen
ricoverare [rikove'ra:re] in ospedale	ins Krankenhaus **einliefern**
caso d'emergenza ['ka:zo demer'dʒɛntsa]	**Notfall**
condizioni *fpl* [konditsi'o:ni]	**Zustand; Verfassung**
Versa ancora in condizioni critiche.	Ihr / Sein Zustand ist immer noch kritisch.

4.3 Invalidità
Behinderungen

invalidità [invalidi'ta] — Invalidität; Erwerbsunfähigkeit
invalido [in'va:lido] — invalide; körperbehindert / Invalide
Dopo l'incidente sul lavoro Franco è rimasto invalido. — Nach dem Arbeitsunfall war Franco schwer behindert.
disturbo [dis'turbo] — (Funktions-)Störung
Egli soffre di disturbi mentali. — Er leidet an einer Geisteskrankheit.
difetto [di'fɛtto] — Fehler
difetto di pronuncia — Sprachfehler
ritardato(-a) (mentale) [ritar'da:to] — (geistig) zurückgeblieben; (geistig) Zurückgebliebene(r)

handicap *m* ['andikap] — Behinderung
handicappato(-a) [andikap'pa:to] — behindert; ein(e) Behinderte(r)
handicappato fisicamente / mentalmente — körperlich / geistig behindert
ridurre – riduzione *f* / **debolezza** [ri'durre – ridutsi'o:ne / debo'lettsa] — beeinträchtigen – Beeinträchtigung
debolezza d'udito — Schwerhörigkeit
La facoltà visiva di Letizia è ridotta. — Letizias Sehkraft ist eingeschränkt.
inabile [i'na:bile] — unfähig; untauglich / Behinderte(r)
inabile al lavoro — arbeitsunfähig
incapace – incapacità [inka'pa:tʃe – inkapatʃi'ta] — außerstande – Unfähigkeit
È incapace di parlare / camminare. — Er kann nicht sprechen / laufen.
storpio – storpiarsi ['stɔrpio – storpi'arsi] — Krüppel / verkrüppelt – zum Krüppel werden
È caduto da cavallo e si è storpiato. — Er ist vom Pferd gestürzt und zum Krüppel geworden.
sordo ['sordo] — taub
È sordo da un orecchio. — Er ist taub auf einem Ohr.
sordomuto [sordo'mu:to] — taubstumm
muto ['mu:to] — stumm
cieco ['tʃɛ:ko] — blind
È cieco dalla nascita. — Er ist von Geburt an blind.
paralizzato [paralid'dza:to] — gelähmt
controllare [kontrol'la:re] — kontrollieren
Non riesce a controllare né i muscoli delle braccia né quelli del collo. — Er / Sie kann ihre Arm- und Nackenmuskeln nicht kontrollieren.

4.4 Dal medico – in ospedale
Beim Arzt – im Krankenhaus

i Umgangssprachlich und in der Anrede wird der Arzt auch *dottore* bzw. *dottoressa* [dot'to:re, -'ressa] genannt.

medico generico ['mɛ:diko dʒe'nɛ:riko]	praktischer Arzt / praktische Ärztin
medico di base / di famiglia ['mɛ:diko di 'ba:ze / fa'mi:ʎa]	Hausarzt / Hausärztin
specialista *m/f* [spetʃa'lista]	Facharzt / Fachärztin

> *Alcuni specialisti* (= Einige Fachärzte)
> *otorinolaringoiatra m/f* (= Hals-Nasen-Ohren-Arzt/-Ärztin) • *ginecologo/-a* (= Frauenarzt/-ärztin) • *oculista m/f* (= Augenarzt/-ärztin) • *ortopedico* (= Orthopäde/Orthopädin) • *pediatra m/f* (= Kinderarzt/-ärztin) • *chirurgo* (= Chirurg/-in)

ambulatorio [ambula'tɔ:rio]	Arztpraxis
orario di ambulatorio [o'ra:rio di ambula'tɔ:rio]	Sprechstunde
L'ambulatorio è aperto tutti i giorni dalle ... alle ..., escluso il sabato.	Täglich Sprechstunde von ... bis ..., außer samstags.
anticamera / sala d'attesa [anti'ka:mera / 'sa:la dat'te:za]	Wartezimmer, -raum
studio medico ['stu:dio 'mɛ:diko]	Behandlungsraum
aspettare [aspet'ta:re]	warten
Scusi, c'è da aspettare molto?	Entschuldigen Sie, muss man lange warten?
attendere [at'tɛndere]	warten
Attenda un momento, per favore.	Warten Sie bitte einen Augenblick.
appuntamento [appunta'mento]	Termin
Vorrei fissare un appuntamento.	Ich möchte einen Termin ausmachen.

i Außer bei Fachärzten ist ein Termin in Italien unüblich. Die Devise lautet: Hingehen und anstellen.

paziente *m/f* [patsi'ɛnte]	Patient(in)
disturbi *mpl* [di'sturbi]	Beschwerden

Che disturbi ha? Dove Le fa male?
Wo fehlt es Ihnen denn? Wo tut's denn weh?

Ho disturbi / problemi / mal / dolori di ...
Ich habe ...beschwerden / ...weh / ...schmerzen.

dolore *m* [do'lo:re]
Schmerz
Dottore, ho un dolore lancinante / forte / persistente qui.
Herr Doktor, ich habe einen stechenden / starken / hartnäckigen Schmerz an dieser Stelle.

mal di ... ['mal di]
...schmerzen; ...weh
Ho un terribile mal di testa.
Ich habe schreckliche Kopfschmerzen.

fatica [fa'ti:ka]
Mühe, Anstrengung
Faccio fatica a concentrarmi.
Ich habe Mühe, mich zu konzentrieren.

appetito [appe'ti:to]
Appetit
Ha appetito?
Wie ist es mit Ihrem Appetit?
auscultare [auskul'ta:re]
abhorchen
Dica 33 (trentatre)!
Sagen Sie mal „Aah"!
respirare [respi'ra:re]
atmen
Respiri profondamente!
Atmen Sie bitte tief durch!
febbre *f* ['fɛbbre]
Fieber
misurare [mizu'ra:re]
messen
Dobbiamo misurare la febbre / la temperatura.
Wir müssen das Fieber / die Temperatur messen.
Ho 40 di febbre.
Ich habe 40 Fieber.

pressione *f* **del sangue**
[pressi'o:ne del 'sangue]
Blutdruck
Adesso Le misuro la pressione (del sangue).
Jetzt messe ich Ihren Blutdruck.

radiografia (*ugs.*: i raggi x)
[radiogra'fi:a]
Röntgenaufnahme
Per sicurezza facciamo una radiografia.
Wir werden sicherheitshalber röntgen.

iniezione *f* **/ puntura** [inietsi'o:ne / pun'tu:ra]
Spritze
Il medico Le fa una puntura.
Der Arzt gibt Ihnen eine Spritze.
spogliarsi [spoʎ'ʎarsi]
sich ausziehen
Si vuole spogliare, per favore?
Würden Sie sich bitte ausziehen?
rivestirsi [rive'stirsi]
sich wieder anziehen
Si può rivestire.
Sie können sich wieder anziehen.
visitare [vizi'ta:re]
untersuchen
Si sdrai sul lettino, così La posso visitare.
Legen Sie sich bitte auf die Liege, dann kann ich Sie untersuchen.

> Das Verb *visitare* hat drei Bedeutungen: untersuchen, besuchen (*I nipoti visitano la nonna.*) und besichtigen (*Oggi visitiamo il duomo di Milano.*).

visita medica ['vi:zita 'mɛ:dika] — ärztliche Untersuchung
sottoporsi a visita medica — sich (ärztlich) untersuchen lassen
esame *m* – **esaminare** [e'za:me – ezami'na:re] — Untersuchung – untersuchen
Dovremo fare un esame del sangue. — Wir werden eine Blutuntersuchung machen müssen.
risultato [risul'ta:to] — Ergebnis
Per i risultati può ripassare tra tre giorni. — Wegen der Ergebnisse können Sie in drei Tagen wiederkommen
risultare [risul'ta:re] — sich erweisen als; ausfallen
Può stare tranquillo, l'esame è risultato negativo. — Sie können beruhigt sein, der Test ist negativ ausgefallen.
mancanza – **mancare** [man'kantsa – man'ka:re] — Mangel – fehlen
Dall'esame risulta che Lei soffre di una mancanza di mangano. — Aus der Untersuchung geht hervor, dass Sie an Manganmangel leiden.

medicamento / medicina [medika'mento / medi'tʃi:na] — Medikament / Medizin
pillola ['pillola] / **pastiglia** [pas'ti:ʎa] / **compressa** [kom'prɛssa] — Pille; Tablette
Prenda queste compresse due volte al giorno. — Nehmen Sie diese Tabletten zweimal am Tag.
fare effetto ['fa:re ef'fɛtto] — wirken
Attenzione che queste compresse fanno effetto subito! — Vorsicht, diese Pillen wirken sofort!
pomata [po'ma:ta] — Salbe
Le prescrivo una pomata per lenire il dolore. — Ich verschreibe Ihnen eine Salbe, die den Schmerz lindert.
ricetta [ri'tʃetta] — Rezept
Le serve una ricetta? — Brauchen Sie ein Rezept?
prescrivere [pres'kri:vere] — verschreiben
Le prescrivo queste supposte. Ne prenda due al giorno. — Ich verschreibe Ihnen diese Zäpfchen. Nehmen Sie zwei am Tag davon.

trattamento [tratta'mento] — Anwendung
Con i trattamenti di fango mi sento molto meglio. — Mit den Fangoanwendungen geht's mir viel besser.

4.4 Beim Arzt – im Krankenhaus

ambulanza [ambu'lantsa] — Krankenwagen
Potrebbe chiamare un'ambulanza? — Könnten Sie einen Krankenwagen holen?

pronto soccorso ['pronto sok'korso] — **Notaufnahme**
È un'emergenza, dov'è un pronto soccorso? — Das ist ein Notfall, wo ist eine Notaufnahme?

ospedale *m* [ospe'da:le] — **Krankenhaus; Klinik**
Giorgio è stato ricoverato in ospedale. — Giorgio ist ins Krankenhaus eingeliefert worden.

ambulatorio [ambula'tɔ:rio] — **Ambulanz**
infermiera(-e) [infer'miɛ:ra] — **(Kranken)Schwester, -pfleger**
operazione *f* [operatsi'o:ne] — **Operation**
operare [ope'ra:re] — **operieren**
Dovremo operarLa. — Wir werden Sie operieren müssen.

dentista *m/f* [den'tista] — **Zahnarzt / Zahnärztin**
Ho un appuntamento dal dentista. — Ich habe einen Termin beim Zahnarzt.

andare dal dentista — zum Zahnarzt gehen
sensibile [sen'si:bile] — **empfindlich**
Il dente è sensibile al freddo. — Der Zahn ist kälteempfindlich.

far / aver male [far / a'ver 'ma:le] — **wehtun**
Il dente mi fa male solo quando mastico. — Der Zahn tut nur weh, wenn ich kaue.
Ho mal di denti. — Ich habe Zahnweh.

gengiva [dʒen'dʒi:va] — **Zahnfleisch**
Mi sanguinano le gengive. — Mein Zahnfleisch blutet.

 Der Begriff *gengiva* wird in der Regel im Plural gebraucht, da zumeist vom Zahnfleisch des Ober- und Unterkiefers die Rede ist.

ballare [bal'la:re] — **wackeln**
Ho un dente che balla. — Ich habe einen Zahn, der wackelt.

dente *m* ['dɛnte] — **Zahn**
estrarre / togliere un dente — einen Zahn ziehen
Mi hanno tolto un dente. — Mir ist ein Zahn gezogen worden.

otturare [ottu'ra:re] — **füllen; plombieren**
Bisogna otturare questo dente. — Dieser Zahn muss plombiert werden.

corona [ko'ro:na] — **Krone**
ponte *m* ['ponte] — **Brücke**
tartaro ['tartaro] — **Zahnstein**
Qui c'è molto tartaro. — Sie haben viel Zahnstein.

4.5 Vivere in modo sano
Gesunde Lebensweise

salute *f* [sa'lu:te]
Nuotare fa bene alla salute.
Gesundheit
Schwimmen ist gesundheitsfördernd.

dieta [di'ɛ:ta]
fare una dieta
Diät; Schlankheitskur
eine Diät machen

fare a meno di ['fa:re a 'me:no di]
Chi è a dieta fa a meno di dolciumi e grassi.
auf etw. verzichten
Wer auf Diät ist, verzichtet auf Süßigkeiten und Fette.

nutrirsi di [nu'trirsi di]
Si nutre di cibi sani.
sich ernähren; *(Tiere)* fressen
Er ernährt sich mit gesunden Lebensmitteln.

distinguere [dis'tinguere]
Bisogna distinguere le diete sane da quelle malsane.
unterscheiden
Man muss gesunde von ungesunden Diäten unterscheiden.

digiunare [didʒu'na:re]
Digiunare fa bene alla salute.
fasten
Fasten ist gesund.

prevenire [preve'ni:re]
Si può digiunare per prevenire le malattie.
vorbeugen
Man kann fasten, um Krankheiten vorzubeugen.

biologico [bio'lɔ:dʒiko]
alimenti / prodotti biologici
biologisch; Bio-
Biokost; Bio-Lebensmittel

integrale [inte'gra:le]
alimenti / prodotti integrali
Vollkorn-
Vollwertkost

tisana [ti'za:na]
Desidero una tisana di menta.
Kräutertee
Einen Pfefferminztee, bitte.

vitamina [vita'mi:na]
con l'aggiunta di vitamina C
Vitamin
mit Vitamin C-Zusatz

movimento [movi'mento]
Ha bisogno di più movimento.
Bewegung
Sie brauchen mehr Bewegung.

muoversi [muɔ'versi]
Non ti muovi abbastanza.
sich bewegen
Du bewegst dich nicht genug.

esercizio [eser'tʃi:tsio]
essere fuori esercizio
Übung
aus der Übung sein

allenamento [allena'mento]
Training

allenarsi [allen'arsi]
Devo allenarmi tutti i giorni.
trainieren
Ich muss täglich trainieren.

palestra [pa'lɛstra]
Mi accompagni in palestra?
Fitness-Center
Kommst du mit ins Fitness-Center?

camminare [kammi'na:re]
spazieren gehen; wandern

Kapitel 5

5.1 Appartamenti e case
Wohnungen und Häuser

casa ['ka:za]	Haus; Wohnung
casa popolare	Sozialwohnung
a casa [a 'ka:sa]	zu Hause, zuhause; nach Hause, heim
Chi mi accompagna a casa?	Wer bringt mich nach Hause?
facciata [fat'tʃa:ta]	Fassade
Molto bella la facciata di questo palazzo!	Sehr schön die Fassade dieses Altbaus!
rovina [ro'vi:na]	Ruine
Ma quella casa è una rovina! Io non la comprerei!	Das Haus ist ja eine Ruine! Ich würde es nicht kaufen!
tenda ['tenda]	Zelt
camper *m* ['kamper]	Wohnmobil
Quest'anno non andiamo in campeggio, prendiamo il camper.	Dieses Jahr campen wir nicht, wir nehmen das Wohnmobil.
roulotte *f* [ru'lɔt]	Wohnwagen
padrone(-a) di casa [pa'dro:ne di 'ka:sa]	Hausbesitzer(in) / Gastgeber(in)
I vostri padroni di casa sono gentili?	Sind eure Hausbesitzer nett?
cambiare casa [kambi'a:re 'ka:sa]	umziehen
trasferirsi [trasfe'rirsi]	(um)ziehen
Ho sentito che cambiate casa. Dove vi trasferite?	Ich habe gehört, dass ihr umzieht. Wo zieht ihr hin?
andare ad abitare a/in	ziehen nach (*Stadt bzw. Land*)
traslocare – trasloco [traslo'ka:re – traz'lɔ:ko]	umziehen – Umzug
Come fate il trasloco? Con una spedizione?	Wie macht ihr den Umzug? Mit einer Spedition?
appartamento [apparta'mento]	(Etagen-)Wohnung
cercare – trovare [tʃer'ka:re – tro'va:re]	suchen – finden
Cerchiamo appartamento. Abbiamo messo un annuncio sul giornale. Hai poi trovato casa?	Wir sind auf Wohnungssuche. Wir haben eine Anzeige geschaltet. Hast du dann schließlich eine Wohnung gefunden?
ampio – angusto ['ampio – an'gusto]	groß, geräumig; breit; weit – eng

I monolocali sono angusti.	Einzimmerappartements sind eng.
superficie *f* [super'fi:tʃe]	**Oberfläche**
la superficie abitabile	die Wohnfläche
ristrutturare – far fare [ristruttu'ra:re – far 'fa:re]	**renovieren – machen, richten lassen**
Dobbiamo ristrutturare il bagno.	Wir müssen das Bad renovieren.
rifare [ri'fa:re]	**erneuern**
Dobbiamo rifare il parquet: è rovinato.	Wir müssen das Parkett erneuern. Es ist kaputt.
piano [pi'a:no]	**Stock(werk); Etage**
Vivono al terzo piano.	Sie wohnen im dritten Stock.
una casa a sei piani	ein sechsgeschossiges Haus
pianoterra *minv* [pi'a:no'tɛrra]	**Erdgeschoss, Parterre**
Non è pericoloso vivere al pianoterra?	Ist es nicht gefährlich, im Erdgeschoss zu wohnen?
ascensore *m* [aʃen'so:re]	**Aufzug**
prendere l'ascensore	mit dem Aufzug fahren; den Aufzug nehmen
Saliamo con l'ascensore e scendiamo a piedi.	Wir fahren mit dem Aufzug hoch und gehen zu Fuß hinunter.
salire – scendere [sa'li:re – 'ʃendere]	**hinaufgehen, -fahren – hinuntergehen, -fahren**
Abbiamo salito la scala di corsa.	Wir sind die Treppe hinaufgerannt.
Sei sceso a piedi?	Bist du zu Fuß hinuntergegangen?

 Salire und *scendere* stehen im Perfekt **intransitiv** mit *essere*, **transitiv** (= mit direktem Objekt, z.B. *salire le scale*) mit *avere*.

scala ['ska:la]	**Leiter; Treppe**
Facciamo le scale? – No, sono stanco.	Nehmen wir die Treppe? – Nein, ich bin müde.

Le parti di una casa o di un appartamento (= Teile eines Hauses oder einer Wohnung)
camera / *stanza* / *locale* *m* ['ka:mera / 'stantsa / lo'ka:le] (= Zimmer / Raum) • *camera da letto* / *dei bambini* / *degli ospiti* ['ka:mera da 'lɛtto / 'de:i bam'bi:ni / 'de:ʎi 'ɔspiti] (= Schlaf- / Kinder- / Gästezimmer) • *salotto* / *soggiorno* [sa'lɔtto / sod'dʒorno] (= Wohnzimmer) • *sala da pranzo* ['sa:la da 'prandzo] (= Esszimmer) • *studio* ['stu:dio] (= Arbeitszimmer) • *servizi* *mpl* [ser'vi:tsi] (= Küche und Bad) • *bagno* ['baɲo] (= Badezimmer) • *cucina* [ku'tʃi:na] (= Küche) •

5.1 Wohnungen und Häuser

ingresso [iŋ'grɛsso] (= Eingang) • *corridoio* [korri'do:io] (= Korridor / Gang / Flur) • *mansarda* [man'sarda] (= Dachzimmer) • *cantina* [kan'ti:na] (= Keller) • *sala hobby* ['sa:la 'ɔbbi] (= Hobbyraum) • *lavanderia* [lavande'ri:a] (= Waschraum im Keller) • *balcone* m [bal'ko:ne] (= Balkon) • *terrazza* [ter'rattsa] (= Terrasse) • *giardino* [dʒar'di:no] (= Garten) • *prato* ['pra:to] (= Rasen; Wiese) • *ai(u)ola* [aiu'ɔ:la] (= Beet) • *piscina* [piʃ'ʃi:na] (= Pool) • *garage* m / *box* m / *autorimessa* [ga'ra:ʒ / 'bɔks / autori'messa] (= Garage)

porta ['pɔrta]	**Tür**
C'è qualcuno alla porta.	Es ist jemand an der Tür.
bussare [bus'sa:re]	**klopfen**
Hanno bussato! Vai a vedere chi è?	Es hat geklopft! Schaust du mal, wer es ist?
suonare [suo'na:re]	**klingeln, läuten**
Hanno suonato! Vai ad aprire?	Es hat geklingelt. Machst du auf?
chiave f [ki'a:ve]	**Schlüssel**
Ho perso le chiavi di casa, che bidone!	Ich hab' die Hausschlüssel verloren, so ein Pech!
chiudere a chiave [ki'u:dere a ki'a:ve]	**abschließen, -sperren**
Hai chiuso a chiave?	Hast du abgeschlossen?
entrare – **entrata** [en'tra:re – en'tra:ta]	**hereinkommen; hineingehen; passen – Eingang**
Entri pure!	Kommen Sie herein!
Vediamo se il cartone entra in questo sacchetto.	Schauen wir mal, ob der Karton in diese Tüte passt.
uscire – **uscita** [uʃ'ʃi:re – u'ʃi:ta]	**herauskommen; hinausgehen, ausgehen – Ausgang**
A che ora esci di casa?	Um wie viel Uhr gehst du aus dem Haus?
Usciamo stasera?	Gehen wir heute Abend aus?
finestra [fi'nɛstra]	**Fenster**
affacciarsi alla finestra	ans Fenster treten; am Fenster erscheinen
muro ['mu:ro]	**Mauer**
I muri della rocca sono spessi.	Die Mauern der Burg sind dick.

💡 Nicht verwechseln: *i muri* sind der Regelfall, *le mura* die Mauern einer Stadt!

parete f [pa're:te]	**Wand**

Dovremo imbiancare le pareti, tesoro!	Wir werden die Wände streichen müssen, Schatz!
pavimento [pavi'mento]	**(Fuß)boden**
Il pavimento in bagno è rivestito di mattonelle.	Der Fußboden im Bad ist mit Fliesen verkleidet.
riscaldamento [riskalda'mento]	**Heizung**
Accendo il riscaldamento? Fa freddo!	Soll ich die Heizung anmachen? Es ist kalt!

💡 Nicht verwechseln: *soffitto* [sof'fitto] ist die (Zimmer)Decke, *soffitta* [sof'fitta] ist das Dachgeschoss, der Boden!

tetto ['tetto]	**Dach**
Il merlo canta sul tetto.	Die Amsel singt auf dem Dach.
cortile *m* [kor'ti:le]	**Hof**
I bambini giocano nel cortile.	Die Kinder spielen im Hof.
abitazione *f* [abitatsi'o:ne]	**Wohnraum; Wohnung**
la scarsità di abitazioni	der Wohnungsmangel
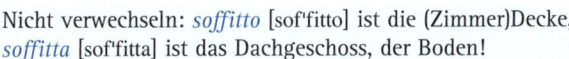 **alloggio** [al'lɔddʒo]	**Wohnung**
il mercato degli alloggi	der Wohnungsmarkt
affittare – **affitto** [affit'ta:re – af'fitto]	**(ver)mieten – Miete**
Gli affitti nelle grandi città sono alle stelle.	Die Mieten in Großstädten sind extrem hoch.
Sei riuscito ad affittare quell'appartamento? – No, il proprietario non me l'ha affittato.	Hast du es geschafft, diese Wohnung zu mieten? – Nein, der Besitzer hat sie mir nicht vermietet.

 Vorsicht: *affittare* gilt für unbewegliche Sachen (z. B. Haus), *noleggiare* [noled'dʒa:re] hingegen für bewegliche Sachen (Auto, Fahrrad, Liegestuhl etc.)!

in affitto / in condominio [in af'fitto / in kondo'minio]	**Miet-/Eigentums-**
Il vostro appartamento è in affitto o in condominio?	Ist eure Wohnung eine Miet- oder eine Eigentumswohnung?
locatore *m* – **locatario** [loka'to:re / loka'ta:rio]	**Vermieter – Mieter**
contratto di locazione [kon'tratto di lokatsi'o:ne]	**Mietvertrag**
Avete già stipulato il contratto di locazione?	Habt ihr den Mietvertrag schon abgeschlossen?
rinnovare [rinno'va:re]	**erneuern**

5.2 Mobili, arredamento, ecc.
Möbel, Einrichtung usw.

mobile *m* ['mɔbile]	Möbel(stück)
ammobiliato [ammobili'aːto]	möbliert
Affittasi appartamento ammobiliato.	Möblierte Wohnung zu vermieten.
arredamento [arreda'mento]	Einrichtung, Ausstattung
arredare [arre'daːre]	einrichten, möblieren
Questo soggiorno è arredato con gusto.	Dieses Wohnzimmer ist geschmackvoll eingerichtet.
accogliente [akkoʎ'ʎɛnte]	gemütlich, einladend
La vostra casa è molto accogliente!	Eure Wohnung ist sehr gemütlich!
armadio [ar'maːdio]	Schrank
È molto capiente il tuo armadio!	Dein Schrank ist sehr geräumig!
gruccia ['gruttʃa]	Bügel
Posso avere anche la gruccia?	Kann ich den Bügel auch haben?
appendere [ap'pɛndere]	aufhängen
Hai appeso l'abito sulla gruccia?	Hast du den Anzug auf den Bügel gehängt?
sofà *m* / **divano** [so'fa / di'vaːno]	Sofa
comodo ['kɔːmodo]	bequem
Questo divano è elegante e comodo.	Dieses Sofa ist elegant und bequem.
poltrona [pol'troːna]	Sessel
Si è seduti in una poltrona.	Man sitzt in einem Sessel.
sedia ['sɛːdia]	Stuhl
Si è seduti su una sedia.	Man sitzt auf einem Stuhl.
libreria [libre'riːa]	Bücherregal, -schrank
scaffale *m* [skaf'faːle]	Regal(-brett)
Il libro che cerchi è sull'ultimo scaffale in alto.	Das Buch, das du suchst, ist im obersten Regal.
cassetto [kas'setto]	Schublade
La perforatrice è nell'ultimo cassetto in basso.	Der Locher ist in der untersten Schublade.

> *Tavolo* ['taːvolo] ist der Tisch als Gegenstand, *tavola* ['taːvola] ist der gedeckte (Ess)Tisch, *tavolino* [tavo'liːno] ein Beistelltisch und *scrivania* [skriva'niːa] der Schreibtisch.

tende *fpl* ['tɛnda]	Vorhänge
tapparella [tappa'rɛlla]	Rollo

abbassare [abbas'sa:re] — senken, herunterlassen; leiser stellen

Abbassi la tapparella e chiudi le tende? — Lässt du das Rollo herab und machst die Vorhänge zu?

tappeto [tap'pe:to] — **Teppich**
moquette *f* [mɔ'kɛt] — **Teppichboden**
far cadere ['fa:r ka'de:re] — **fallen lassen**
rovinare [rovi'na:re] — **ruinieren; kaputtmachen**

Attenzione a non far cadere il gelato! Altrimenti rovini la moquette! — Pass' auf, dass du das Eis nicht fallen lässt! Sonst ruinierst du den Teppichboden!

televisore *m* [televi'zo:re] — **Fernseher**
accendere – **acceso** [at'tʃendere – at'tʃe:so] — **einschalten – an, eingeschaltet**
spegnere – **spento** ['spɛːɲere – 'spɛnto] — **ausschalten – aus(geschaltet)**
videoregistratore *m* [videoredʒistra'to:re] — **Videorekorder**

Il videoregistratore lo tengo per i vecchi nastri VHS. — Den Videorekorder behalte ich für die alten VHS-Kassetten.

lettore *m* **DVD** – **registratore** *m* **DVD** [let'to:re divu'di – redʒistra'to:re divu'di] — **DVD-Player – DVD-Rekorder**

luce *f* ['lu:tʃe] — **Licht**
Spegni la luce? — Machst du das Licht aus?
lampada ['lampada] — **Lampe**
candela [kan'de:la] — **Kerze**
decorare – **decorazione** *f* [deko'ra:re – dekoratsi'o:ne] — **dekorieren, schmücken – Dekoration**

Che ne dici? Decoriamo la tavola con qualche candela? — Was meinst du? Schmücken wir den Tisch mit ein paar Kerzen?

letto ['letto] — **Bett**
andare a letto [an'da:re a 'letto] — **ins Bett / schlafen gehen**
lenzuolo [lentsu'ɔ:lo], *pl. le lenzuola!* — **Laken**
cuscino [kuʃ'ʃi:no] — **Kissen**
coperta [ko'pɛrta] — **Decke**

i In Italien deckt man sich traditionell mit *lenzuola e coperte* zu.

bagno ['ba:ɲo] — **Bad**
gabinetto [gabi'netto] — **Toilette**

5.2 Möbel, Einrichtung usw.

> *i* In förmlicheren Situationen oder in Privatwohnungen fragen Sie: *Scusi, dov'è il bagno?* (= Verzeihung, wo ist die Toilette?). An einer Tankstelle oder im Kino fragen Sie: *Scusi, dove sono i gabinetti?* (= Verzeihung, wo ist die Toilette?).

vasca da bagno ['vaska da 'ba:ɲo]	**Badewanne**
doccia ['dottʃa]	**Dusche**
lavandino [lavan'di:no]	**Waschbecken**
rubinetto [rubi'netto]	**Wasserhahn**
Il rubinetto gocciola.	Der Hahn tropft.
cucina [ku'tʃi:na]	**Küche**
una bella cucina abitabile	eine schöne Wohnküche
panchina [paŋ'ki:na]	**(Sitz-)Bank**
In Baviera spesso c'è una panchina in cucina.	In Bayern steht oft eine Bank in der Küche.

Alcuni elettrodomestici (= Einige Elektrohaushaltsgeräte)

elettrodomestico [elettrodo'mɛstiko] (= Elektrohaushaltsgerät) • *frigorifero* [frigo'ri:fero] (= Kühlschrank) • *congelatore* m [kondʒela-'to:re] (= Gefrierschrank) • *fornello* [for'nɛllo] (= Herd) • *forno* ['forno] (= Backofen) • *microonde* m [mikro'onde] (= Mikrowelle) • *lavatrice* f [lava'tri:tʃe] (= Waschmaschine) • *lavastoviglie* f [lavasto'vi:ʎe] (= Spülmaschine) • *aspirapolvere* m [aspira'polvere] (= Staubsauger) • *ferro da stiro* ['fɛrro da 'sti:ro] (= Bügeleisen) • *aria condizionata* ['a:ria 'konditsio'na:ta] (= Klimaanlage)

---

orologio [oro'lɔ:dʒo]	**Uhr**
Hai caricato l'orologio in cucina?	Hast du die Küchenuhr aufgezogen?
sveglia ['zveʎa]	**Wecker**
mettere la sveglia alle sette	den Wecker auf sieben stellen
campanello [kampa'nɛllo]	**(Tür-)Klingel**
Si prega di suonare il campanello!	Bitte klingeln!

Altri oggetti in casa (= Weitere Gegenstände im Haus)

ago ['a:go] (= Nadel) • *spillo* ['spillo] (= (Steck-)Nadel) • *corda* ['kɔr-da] (= Schnur; Seil) • *gancio* ['gantʃo] (= Haken) • *catena* [ka'te:na] (= Kette) • *lampadina* [lampa'dina] (= Glühbirne) • *cassetta* [kas'setta] (= Kiste) • *cestino* [tʃes'ti:no] (= (kleiner) Korb) • *cesto* ['tʃesto] (= (großer) Korb) • *specchio* ['spɛkkio] (= Spiegel) • *bilancia* [bi'lantʃa] (= Personenwaage) • *pattumiera* [pattumi'ɛ:ra] (= Mülleimer)

5.3 Lavori domestici
Hausarbeit

lavori domestici *mpl* [la'vo:ri do'mɛstitʃi]	Hausarbeit(en)
fare i lavori di casa	die Hausarbeit erledigen
pulire [pu'li:re]	**sauber machen, putzen**
Oggi pulisco i vetri.	Heute putze ich die Fenster.
fare le pulizie ['fa:re le puli'tsi:e]	**sauber machen, putzen**
mettere a posto / in ordine *m* ['mettere a 'posto / in 'ordine]	**aufräumen, in Ordnung bringen**
Dovrò mettere in ordine la mia camera!	Ich werde mein Zimmer aufräumen müssen.
(ri)ordinare [(ri)ordi'na:re]	**aufräumen**
(dis-)ordinato [(dis)ordi'na:to]	**(un-)ordentlich, (un-)aufgeräumt**
disordine *m* [di'zordine]	**Unordnung, Durcheinander**
lavare [la'va:re]	**waschen**
lavare i piatti [la'va:re i pi'atti]	**Geschirr abwaschen**
detersivo [deter'si:vo]	**Reinigungs- / Wasch- / Spülmittel**
occorrere [ok'korrere]	**erforderlich sein; brauchen**
Per lavare i piatti occorre un detersivo.	Zum Abwaschen braucht man ein Spülmittel.
asciugare [aʃʃu'ga:re]	**(ab)trocknen**
dare una mano ['da:re una 'ma:no]	**helfen**
Mi dai una mano a asciugare le stoviglie?	Hilfst du mir, das Geschirr abzutrocknen?

Altre parole intorno ai lavori di casa (= Weitere Wörter rund um die Hausarbeit)

sistemare [siste'ma:re] (= ordnen) • *fare il bucato* ['fa:re il bu'ka:to] (= Wäsche waschen) • *polvere* f ['polvere] (= Staub) • *spolverare* [spolve'ra:re] (= abstauben) • *scopare – scopa* [sko'pa:re – 'sko:pa] (= fegen – Besen) • *smacchiare – macchia* [zmakki'a:re – 'makkia] (= Fleck entfernen – Fleck) • *apparecchiare* [apparekki'a:re] (*la tavola*) (= (den Tisch) decken) • *sparecchiare* [sparekki'a:re] (= ab-, wegräumen) • *piegare* [pie'ga:re] (= falten, zusammenlegen) • *stirare* [sti'ra:re] (= bügeln) • *raccogliere* [rak'kɔːʎere] (= (auf-)sammeln; (auf-)wischen)

---

pulito – sporco [pu'li:to – 'spɔrko]	**sauber – schmutzig**
sporcizia [spor'tʃi:tsia]	**Schmutz, Dreck**

Kapitel 6

6.1 Comunità
Gemeinschaften

comunità [komuni'ta]	Gemeinschaft
appartenere a una comunità	einer Gemeinschaft angehören
extracomunitario(-a) ['ɛkstrakomuni'ta:rio]	**nicht aus der EU stammende(r) Ausländer(in)**
straniero(-a) [strani'ɛ:ro]	**Ausländer(in) – ausländisch**
popolo ['popolo]	**Volk**
I popoli europei vivono in pace e libertà.	Die europäischen Völker leben in Frieden und Freiheit.
libertà [liber'ta]	**Freiheit**
unione f [uni'o:ne]	**Union; Vereinigung**
l'Unione Europea (UE)	die Europäische Union
Europa – europeo [eu'rɔ:pa – euro'pɛ:o]	**Europa – europäisch**
Sono cittadino europeo.	Ich bin EU-Bürger.
società [sotʃe'ta]	Gesellschaft
il ruolo della donna nella società	die Rolle der Frau in der Gesellschaft
Paese – paese m [pa'e:ze]	Land – Dorf
i Paesi dell'Europa orientale	die osteuropäischen Länder
paese di campagna	Dorf auf dem Lande
nazione f [natsi'o:ne]	Volk; Nation
nazionalità [natsionali'ta]	**Nationalität**
(Lei) di che nazionalità è?	Was für eine Nationalität haben Sie?
(inter)nazionale [internatsio'na:le]	**(inter)national**
Stato ['sta:to]	**Staat**
regione f – regionale [re'dʒo:ne – redʒo'na:le]	(*Italien*) Region / Gebiet – regional

> *i* *L'Italia è costituita da* (= besteht aus) *20 regioni:*
> *il Friuli-Venezia Giulia* (= Friaul-Julisch Venetien), *il Veneto* (= Venetien), *il Trentino-Alto Adige* (= Trentino-Oberes Etschtal), *la Lombardia* (= Lombardei), *la Val d'Aosta* (= Aosta-Tal), *il Piemonte* (= Piemont), *la Liguria* (= Ligurien), *le Marche* (= Marken), *l'Emilia-Romagna* (= Emilia-Romagna), *l'Umbria* (= Umbrien), *la Toscana* (= Toskana), *l'Abruzzo* (= Abruzzen), *il Lazio* (= Latium),

il Molise (= Molise), *la Campania* (= Kampanien), *la Puglia* (= Apulien), *la Basilicata o anche la Lucania* (= Basilikata), *la Calabria* (= Kalabrien), *la Sardegna* (= Sardinien), *la Sicilia* (= Sizilien).

provincia [pro'vintʃa]	(*Italien*) **Provinz** (*ungefähr:* Kreis)
la provincia di Milano	Provinz Mailand
area ['aːrea]	**Gegend; Gebiet**
una bella area residenziale	eine schöne Wohngegend
capitale *f* [kapi'taːle]	**Hauptstadt** (einer Nation)
capoluogo [kapo'luɔːgo]	**Hauptstadt** (einer Region / eines Bundeslandes)
comune *m* [ko'muːne]	(Stadt-)**Gemeinde; Gemeindeverwaltung**
Si sono sposati in comune.	Sie haben standesamtlich geheiratet.
città [tʃit'ta]	(Groß-)**Stadt**
il centro città	die Innenstadt; das Stadtzentrum
Vai in città domani?	Fährst du morgen in die Stadt?
quartiere *m* [kuarti'ɛːre]	**Stadtteil; Viertel**
un quartiere bene	ein besserer Stadtteil
popolazione *f* [popolatsi'oːne]	**Bevölkerung(szahl)**
La popolazione mondiale cresce di anno in anno.	Die Weltbevölkerungszahl steigt von Jahr zu Jahr.

i In italienischen Anschriften ist stets auch **die Provinz** anzuführen, selbst wenn die Post in die Provinzhauptstadt selbst geht; also z.B. 20123 Milano (MI), 63017 Porto San Giorgio (AP) [= Provinz Ascoli Piceno in den Südmarken].

6.1 Gemeinschaften

6.2 Sistemi politici e politica
Politische Systeme und Politik

politica – politico [poˈliːtika – poˈliːtiko]	Politik – politisch
un uomo politico	ein Politiker
sistema *m* [sisˈtɛːma]	System; Art, Weise
I sistemi politici occidentali sono democratici.	Die westlichen politischen Systeme sind demokratisch.
Hai per caso capito il sistema come montare questo passeggino?	Hast du vielleicht verstanden, wie dieser Buggy zusammengebaut wird?
democrazia [demokraˈtsiːa]	Demokratie
una democrazia parlamentare	eine parlamentarische Demokratie
democratico [demoˈkraːtiko]	demokratisch
repubblica [reˈpubblika]	Republik
L'Italia è una repubblica parlamentare.	Italien ist eine parlamentarische Republik.
costituzione *f* [kostitutsiˈoːne]	Verfassung
fondamentale [fondamenˈtaːle]	von grundlegender Bedeutung, Grund-
La costituzione garantisce i diritti fondamentali.	Die Verfassung gewährleistet die Grundrechte.
partito [parˈtiːto]	Partei
membro di partito	(Partei-)Mitglied
iscriversi ad un partito	einer Partei beitreten
potere *m* [poˈteːre]	Macht
il partito al potere	die Partei an der Macht
il centro [il ˈtʃɛntro]	die Mitte; das Zentrum
essere di destra / di sinistra [ˈɛssere di ˈdɛstra / di siˈnistra]	ein(e) Rechte(r) / ein(e) Linke(r) sein
elezione *f* [eletsiˈoːne]	Wahl
campagna elettorale	Wahlkampf
eleggere [eˈlɛddʒere]	wählen
Il Presidente della Repubblica viene eletto per sette anni.	Der Präsident der Republik Italien wird auf sieben Jahre gewählt.
voto [ˈvoːto]	Wahl; Abstimmung; Stimme
votare [voˈtaːre]	wählen; (ab)stimmen
Per chi hai votato?	Für wen hast du gestimmt?
candidato(-a) [kandiˈdaːto]	Kandidat(in)
Non saprei per quale candidato votare!	Ich wüsste nicht, welchen Kandidaten ich wählen soll!

6.3 Il potere legislativo
Die gesetzgebende Gewalt

camera ['kaːmera] — **Kammer**
Camera dei Deputati — Abgeordnetenkammer
parlamento bicamerale — Parlament mit zwei Kammern

i Das italienische Modell sieht einen *bicameralismo perfetto* vor, d. h., dass beide Kammern des Parlaments (= Abgeordnetenkammer und Senat) verfassungsrechtlich mit der gleichen Macht ausgestattet sind. Die *camera* hat 630 Abgeordnete, der *senato* hat 315 Mitglieder, die allesamt auf fünf Jahre gewählt werden. Parlamente haben es in Italien allerdings recht schwer, seit 1945 haben sich weit über 50 Regierungskoalitionen abgelöst. Das aktive Wahlrecht für die *camera* beträgt 18 Jahre, für den *senato* 25 Jahre.

parlamento [parla'mento] — **Parlament**
Il parlamento italiano è formato dalla Camera dei Deputati e dal Senato. — Das italienische Parlament besteht aus der Abgeordnetenkammer und dem Senat.
deputato(-a) [depu'taːto] — (Parlaments-)**Abgeordnete(r)**
senatore(-trice) [sena'toːre(-'triːtʃe)] — **Senator(in)**
senatore a vita — Senator auf Lebenszeit
leader *m*/*f* ['liːder] — **Führer(in)**
il/la leader dell'opposizione — der/die Oppositionsführer(in)
maggioranza [maddʒo'rantsa] — **Mehrheit**
eleggere a maggioranza — mit Stimmenmehrheit wählen
minoranza [mino'rantsa] — **Minderheit**
essere in minoranza — in der Minderheit sein
verbale *m* [ver'baːle] — das **Protokoll**
stendere il verbale — ein Protokoll abfassen
discorso [dis'korso] — **Rede**
tenere un discorso — eine Rede halten
legge *f* ['leddʒe] — **Gesetz**
La legge è uguale per tutti. — Vor dem Gesetz sind alle gleich.
emanare una legge — ein Gesetz erlassen
a norma di legge — laut Gesetz
bilancio [bi'lantʃo] — **Haushalt(splan); Etat**
pareggiare il bilancio — den Haushalt ausgleichen
sciogliere ['ʃɔːʎere] — **auflösen**
sciogliere il parlamento — das Parlament auflösen

6.4 Governo
Regierung

governo [go'vɛrno]	Regierung
il governo federale	die Bundesregierung
formare un governo	eine Regierung bilden
cambiamento di governo [kambia'mento di go'vɛrno]	**Regierungswechsel**
favorevole [favo're:vole]	zustimmend; günstig
Sono favorevole a un cambiamento di governo.	Ich stehe einem Regierungswechsel zustimmend gegenüber.
governare [gover'na:re]	**regieren**
Chi governa da voi?	Wer regiert bei euch?
opposizione f [oppozitsi'o:ne]	**Opposition; Widerstand**
formare [for'ma:re]	**bilden, entwickeln; formen**
Governo e opposizione formano il Parlamento.	Regierung und Opposition bilden das Parlament.
presidente m [prezi'dɛnte]	**Präsident; Vorsitzende**
il Presidente del Consiglio	Ministerpräsident
il presidente del consiglio direttivo	der Vorstandsvorsitzende
consiglio [kon'siʎo]	**Rat; Rat(schlag)**
il Consiglio dei Ministri	der Ministerrat
Ti do un consiglio: non insistere!	Ich geb' dir einen Rat: Lass' gut sein!
cancelliere m [kantʃelli'ɛ:re]	**Kanzler**
Capo dello Stato ['ka:po 'dello 'sta:to]	**Staatsoberhaupt**
indipendente [indipen'dɛnte]	**unabhängig**
Il Capo dello Stato deve essere indipendente.	Das Staatsoberhaupt muss unabhängig sein.
gabinetto [gabi'netto]	**Kabinett**
ministero [mini'stɛ:ro]	**Ministerium**
il Ministero per gli Affari Esteri	das Außenministerium
carica ['ka:rika]	**Amt**
È entrato in carica il 1° maggio.	Er trat am 1. Mai sein Amt an.
ministro [mi'nistro]	**Minister(in)**
ministro per gli / degli Esteri	Außenminister(in)
nomina – nominare ['nɔ:mina – nomi'na:re]	**Ernennung – ernennen**
È stato nominato ministro per gli Esteri.	Er wurde zum Außenminister ernannt.
dimettersi [di'mettersi]	**zurücktreten**
Si è dimesso.	Er ist zurückgetreten.

6.5 Sistema giuridico e polizia
Rechtswesen und Polizei

legge f ['lɛddʒe]	Gesetz; Recht
rispettare la legge	das Gesetz befolgen
(il)legale [(il)le'ga:le]	(il)legal, (un)gesetzlich
un comportamento (il)legale	ein (il)legales Verhalten
tribunale m [tribu'na:le]	Gericht
deporre in tribunale	vor Gericht aussagen
corte f ['kɔrte]	Gericht(shof)
giurare [dʒu'ra:re]	schwören
Giuri di dire la verità!	Schwören Sie, die Wahrheit zu sagen!
processo [pro'tʃɛsso]	(Gerichts-)**Verfahren; Prozess**
azione f [atsi'o:ne]	Verfahren; Klage
intentare/promuovere un'azione	gegen jemanden Klage erheben
civile/penale [tʃi'vi:le/pe'na:le]	**zivil, bürgerlich/strafrechtlich**
È un'azione civile.	Es ist ein Zivilverfahren.
giudice m ['dʒu:ditʃe]	**Richter**
prova ['prɔ:va]	**Beweis, Nachweis**
evidente [evi'dɛnte]	**offensichtlich**
Le prove sono evidenti.	Die Beweise sind offensichtlich.
avvocato [avvo'ka:to]	**Rechtsanwalt**
rivolgersi a [ri'vɔldʒersi a]	**sich wenden an**
Penso che dovremo rivolgerci a un avvocato.	Ich denke, wir werden uns an einen Anwalt wenden müssen.
denuncia – denunciare [de'nuntʃa – denun'tʃa:re]	**Anzeige – anzeigen**
Mi hanno denunciato per aver fumato in un bar!	Ich bin angezeigt worden, weil ich in einer Bar geraucht habe!
accusa – accusare [ak'ku:za – akku'za:re]	**Anklage – beschuldigen; anklagen**
È stato accusato di furto.	Er wurde des Diebstahls beschuldigt.
difesa – difendere [di'fe:sa – di'fɛndere]	**Verteidigung – verteidigen**
testimone m/f [testi'mɔ:ne]	**Zeuge/Zeugin**
Sono testimone oculare dell'incidente.	Ich bin Augenzeuge des Unfalls.
descrivere [des'kri:vere]	**beschreiben**
Posso descrivere come è successo.	Ich kann beschreiben, wie es geschehen ist.

reato [re'a:to]	**Straftat; Delikt**
crimine *m* ['kri:mine]	**Verbrechen; Straftat**
commettere un crimine	ein Verbrechen begehen
omicidio [omi'tʃi:dio]	(*juristisch*) **Tötung; Mord; Totschlag**
squadra omicidi	Mordkommission

> Der italienische Begriff *squadra* [sku'a:dra] hat im Deutschen zahlreiche Bedeutungen: *squadra azzurra* [sku'a:dra ad'dzurra] (= italienische Fussballnationalmannschaft); *squadra di soccorso* [sku'a:dra di sok'korso] (= Rettungsdienst); *squadra di polizia* [sku'a:dra di poli'tsi:a] (= Polizeistreife); *squadra di operai* [sku'a:dra di ope'ra:i] (= Team von Arbeitern); *lavoro di squadra* [la'vo:ro di sku'a:dra] (= Teamarbeit).

innocente – colpevole [inno'tʃente – kol'pe:vole]	**unschuldig – schuldig**
sospetto(-a) – sospettare [sos'petto – sospet'ta:re]	**Verdächtige(r) – verdächtigen**
È stato sospettato di scippo.	Er wurde des Handtaschendiebstahls verdächtigt.
imputato(-a) [impu'ta:to]	**Angeklagte(r)**
dichiarare [dikia'ra:re]	**erklären / verzollen**
Ha qualcosa da dichiarare?	Haben Sie etwas zu verzollen?
dichiarazione *f* [dikiaratsi'o:ne]	**Erklärung**
secondo le sue dichiarazioni	seinen Erklärungen zufolge
assolvere [as'sɔlvere]	**freisprechen**
L'imputato ha dichiarato sempre la sua innocenza e alla fine è stato assolto.	Der Angeklagte hat stets seine Unschuld beteuert und ist schließlich freigesprochen worden.
convincere [kon'vintʃere]	**überzeugen**
Ciò non mi convince.	Das überzeugt mich nicht.
ammettere [am'mettere]	**zugeben**
Il ladro ha ammesso di aver rubato.	Der Dieb hat zugegeben, dass er gestohlen hat.
confessare [konfes'sa:re]	**gestehen**
colpa / **innocenza** ['kolpa / inno'tʃentsa]	**(Un)Schuld**
Ha confessato la sua colpa.	Er hat seine Schuld gestanden.
dubbio – dubitare ['dubbio – dubi'ta:re]	**Zweifel – bezweifeln**
Nutro dubbi. Dubito della sua innocenza.	Ich hege Zweifel. Ich bezweifele ihre / seine Unschuld.
condannare [kondan'na:re]	**verurteilen**

pena ['pe:na]
È stato condannato a una pena detentiva.
punire [pu'ni:re]
L'eccesso di velocità è stato punito con una multa salata.

conclusione *f* [konkluzi'o:ne]
concludere – concludersi [koɲ'klu:dere – koɲ'klu:dersi]
Il processo si è concluso con una sentenza d'assoluzione.
Ho concluso il progetto appena stanotte.
multa ['multa]
Mi hanno dato una multa di 20 euro.
prigione *f* [pri'dʒo:ne]
evadere [e'va:dere]
È evaso dalla prigione.

guardia [gu'ardia]
Polizia di Stato [poli'tsi:a di 'sta:to]
stazione *f* di polizia
poliziotto(-a) [politsi'ɔtto]
proteggere [pro'tɛddʒere]
La polizia protegge i cittadini.
arrestare – arresto [arres'ta:re – ar'rɛsto]
La polizia ha arrestato due sospetti.
Carabiniere *m* [karabini'ɛ:re]
controllare [kontrol'la:re]
Mi hanno controllato i Carabinieri.

obbligare – costringere [obbli'ga:re – kos'trindʒere]
I Carabinieri mi hanno obbligato a seguirli.
modulo ['mɔ:dulo]
compilare un modulo
vigile(-essa) ['vi:dʒile, vidʒi'lessa]
regolare il traffico

Strafe
Er ist zu einer Haftstrafe verurteilt worden.
bestrafen
Die Geschwindigkeitsübertretung ist mit einem saftigen Bußgeld bestraft worden.
(Ab)schluss, Ende
beenden, abschließen – enden

Der Prozess endete mit einem Freispruch.
Ich habe das Projekt gerade erst heute nacht abgeschlossen.
Bußgeld; Strafzettel
Ich habe einen Strafzettel über 20 Euro bekommen.
Gefängnis
fliehen, ausbrechen
Er ist aus dem Gefängnis ausgebrochen.

Wache
(Staats)Polizei
(Polizei-)Revier, Wache
Polizist(in)
(be)schützen
Die Polizei schützt die Bürger.
festnehmen, verhaften – Festnahme, Haft
Die Polizei hat zwei Verdächtige festgenommen.
Polizist, Gendarm
kontrollieren, überprüfen
Ich bin von den Carabinieri kontrolliert worden.
zwingen

Die Carabinieri haben mich gezwungen, ihnen zu folgen.
Formular
ein Formular ausfüllen
Verkehrspolizist(in)
den Verkehr regeln

6.5 Rechtswesen und Polizei

6.6 Tasse
Steuern

tassa – tasse ['tassa]
aumentare / abbassare
[aumen'taːre / abbas'saːre]
Purtroppo continuano a aumentare le tasse.
restituire [restitu'iːre]
Ai fortunati viene restituito qualcosa.
aumento / riduzione delle tasse
esente da tasse; esentasse
imposta [im'pɔsta]
imposte dirette / indirette
imposta sul valore aggiunto (= IVA)
[im'pɔsta sul va'loːre ad'dʒunto]
lordo / netto ['lordo / 'netto]
L'importo lordo è di 100 euro, al netto di IVA invece è di 80 euro.

fisco / erario ['fisko / e'raːrio]
fiscale [fis'kaːle]
consulente *m/f* fiscale / fiscalista *m/f*
evasione *f* fiscale
ricevuta fiscale [ritʃe'vuːta]

scontrino fiscale [skon'triːno]

evadere [e'vaːdere]
Purtroppo molti evadono le imposte impuniti.
codice *m* fiscale ['kɔːditʃe fis'kaːle]
Hai già richiesto il tuo codice fiscale?
reddito ['rɛddito]
compilare la dichiarazione dei redditi
lavorare a / in nero [lavo'raːre a / in 'neːro]

Steuer – Steuern
erhöhen / herabsetzen, senken

Leider werden die Steuern ständig erhöht.
zurückgeben, rückerstatten
Den Glücklichen wird etwas rückerstattet.
Steuererhöhung / Steuersenkung
steuerfrei
Steuer; Abgabe
direkte / indirekte Steuern
Mehrwertsteuer

brutto, Brutto- / netto, Netto-
Der Bruttobetrag beträgt 100 Euro, ohne MWSt. dagegen macht er 80 Euro aus.
Fiskus / Steuerbehörde
steuerlich, Steuer-
Steuerberater(in)

Steuerhinterziehung
ein steuerlichen Vorschriften entsprechender **Beleg**
ein steuerlichen Vorschriften entsprechender **Kassenbon**
hinterziehen
Leider hinterziehen viele ungestraft Steuern.
Steuernummer
Hast du schon deine Steuernummer beantragt?
Einkommen
die Einkommensteuererklärung ausfüllen
schwarz arbeiten

6.7 Sicurezza sociale
Soziale Sicherheit

sicurezza sociale soziale Sicherheit
[siku'rettsa so'tʃa:le]
La sicurezza sociale negli Stati occidentali diventa sempre meno. — Die soziale Sicherheit in den Staaten des Westens wird immer geringer.

assistenza sociale Sozialhilfe
[assi'stɛntsa so'tʃa:le]

approfittare di [approfit'ta:re di] (aus)nutzen
Alcune pecore nere approfittano delle prestazioni dello Stato sociale. — Einige schwarze Schafe nutzen die Leistungen des Sozialstaats aus.

previdenza sociale Sozialversicherung
[previ'dɛntsa so'tʃa:le]
contributi *mpl* per la previdenza sociale — Sozialversicherungsbeitrag
pagare i contributi per la pensione — in eine Pensionskasse einzahlen

sussidio [sus'si:dio] Unterstützung
sussidio di malattia — Krankengeld

indennità *f inv* [indenni'ta] ...geld
indennità di disoccupazione — Arbeitslosengeld
indennità di gravidanza — Mutterschaftsgeld

prestazione *f* **sociale** Sozialleistung
[prestatsi'o:ne so'tʃa:le]
tagli delle prestazioni sociali — Streichungen von Sozialleistungen

aver bisogno di [a'ver bi'sɔ:ɲo] **brauchen, benötigen**
Molti hanno bisogno delle prestazioni sociali. — Viele brauchen Sozialleistungen.

assegno familiare per i figli Kindergeld
[as'seɲo famili'a:re per i 'fi:ʎi]

cassa mutua di malattia Krankenversicherung; Krankenkasse
['kassa 'mu:tua di malat'ti:a]

pensione *f* [pensi'o:ne] Rente; Pension; Ruhegehalt
cassa pensioni — Pensionskasse

emarginato(-a) sociale Angehörige(r) einer sozialen Randgruppe
[emardʒi'na:to so'tʃa:le]

associazione *f* **benefica** Wohltätigkeitsverein
[assotʃ'attsi'o:ne be'nɛ:fika]

Die Sozialordnung

6.8 Relazioni internazionali
Internationale Beziehungen

mondo – **mondiale** ['mondo – mondi'a:le]	Welt – weltweit, Welt-
I rapporti internazionali sono importanti per la pace.	Internationale Beziehungen sind wichtig für den Frieden.
rapporto [rap'pɔ:rto]	**Verhältnis, Beziehung**
stabilire rapporti con altri Paesi	Beziehungen zu anderen Staaten herstellen
diplomazia – diplomatico [diplomat'tsi:a – diplo'ma:tiko]	**Diplomatie – diplomatisch**
Questa battuta non è stata molto diplomatica.	Diese Bemerkung ist nicht sehr diplomatisch gewesen.
organizzazione f [organiddzatsi'o:ne]	**Organisation**
congresso [koŋ'grɛsso]	**Kongress, Tagung**
riunirsi [riu'nirsi]	**zusammenkommen**
I membri dell'organizzazione internazionale si sono riuniti in un congresso.	Die Mitglieder der internationalen Organisation sind zu einem Kongress zusammengekommen.
crisi f inv ['kri:zi]	**Krise**
conferenza [konfe'rɛntsa]	**Konferenz**
Alla conferenza è stata discussa la crisi del Medio Oriente.	Bei der Konferenz wurde die Krise des Mittleren Ostens erörtert.
negoziare – negoziazioni fpl [negottsi'a:re]	**verhandeln – Verhandlungen**
Dopo lunghe negoziazioni si è giunti a un accordo.	Nach langen Verhandlungen ist man zu einer Einigung gelangt.
accordo [ak'kɔrdo]	**Einigung; Abkommen**
pace f ['pa:tʃe]	**Friede**
firmare un accordo di pace	ein Friedensabkommen unterzeichnen
l'**Unione** f **Europea** (= **UE**) [uni'o:ne euro'pɛ:a]	die **Europäische Union** (= EU)
L'Unione Europea ormai è composta da 27 Stati membri.	Die Europäische Union besteht inzwischen aus 27 Mitgliedsstaaten.

 Die **Grenze** zwischen zwei Staaten kann sowohl *il confine* [kon'fi:ne] als auch *la frontiera* [fron'tie:ra] heißen.

6.9 Difesa, guerra, esercito
Verteidigung, Krieg, Militär

difendere – difesa [diˈfɛndere – diˈfeːza]	verteidigen – Verteidigung
rifiutare [rifjuˈtaːre]	ablehnen, zurückweisen
rifiutarsi [rifjuˈtarsi]	sich weigern
Lui si è rifiutato di prestare servizio militare.	Er hat sich geweigert, Militärdienst zu leisten.
servizio militare [serˈviːtsio miliˈtaːre]	Wehrpflicht / Wehrdienst
Lui ha assolto il servizio militare.	Er leistete seinen Wehrdienst ab.
esercito [eˈzɛrtʃito]	Armee; Heer
l'aeronautica [laeroˈnautika]	die Luftwaffe
la marina [la maˈriːna]	die (Kriegs-)Marine
truppa [ˈtruppa]	Truppe
sicurezza [sikuˈrettsa]	Sicherheit
Le truppe dell'esercito difendono la sicurezza del Paese.	Die Truppen des Heeres verteidigen die Sicherheit des Landes.
ufficiale *m* [uffiˈtʃaːle]	Offizier
soldato [solˈdaːto]	Soldat
promuovere [promuˈɔːvere]	befördern
È stato promosso capitano.	Er wurde zum Hauptmann befördert.
generale *m* [dʒeneˈraːle]	General
uniforme *f* [uniˈforme]	Uniform; Dienstkleidung
I soldati indossano uniformi.	Soldaten tragen Uniformen.
Le uniformi di un noto corriere sono marroni.	Die Dienstkleidung eines bekannten Kurierdienstes ist braun.
spia *f* [ˈspiːa]	Spion(in)
scoprire una spia	einen Spion enttarnen
guerra [ˈɡwɛrra]	Krieg
la seconda guerra mondiale	der Zweite Weltkrieg
vincere / perdere la guerra	den Krieg gewinnen / verlieren
situazione *f* [situatsiˈoːne]	Situation
La situazione precipita: sembra scoppiare una guerra.	Die Situation kippt: Es scheint ein Krieg auszubrechen.
scoppiare [skoppiˈaːre]	ausbrechen; explodieren
pericolo [peˈriːkolo]	Gefahr
C'è pericolo di guerra.	Es herrscht Kriegsgefahr.
attacco – attaccare [atˈtakko – attakˈkaːre]	Angriff – angreifen

occupare – occupazione *f*
[okku'pa:re – okkupatsi'o:ne]
l'occupazione della Polonia
battaglia [bat'taʎa]
campo di battaglia
combattimento [kombatti'mento]
combattere [kom'battere]
lotta ['lɔtta]
I soldati combattono in una lotta tenace.
vittoria – **sconfitta** [vit'tɔ:ria – skon'fitta]
avanzare [avan'tsa:re]
Le truppe avanzano.
La fila avanza solo lentamente.

fuga – fuggire ['fu:ga – fud'dʒi:re]
Dopo la sconfitta i superstiti si danno alla fuga.
fronte *m* ['fronte]
allontanarsi [allonta'narsi]
Allontanarsi dal fronte è Alto Tradimento.
avvicinarsi [avvitʃi'narsi]
Dopo una lunga marcia il plotone si avvicina a un faggeto.
marcia ['martʃa]
liberare [libe'ra:re]
liberare gli ostaggi
resistenza [rezi'stɛntsa]
incontrare una forte resistenza
missile *m* ['missile]
arma (*pl le armi!*) ['arma]
bomba ['bomba]
esplodere – esplosione *f*
[es'plɔ:dere – esplozi'o:ne]
In centro sono esplosi due ordigni.

distruggere – distruzione *f*
[dist'ruddʒere – distrutsi'o:ne]
prigioniero(-a) [pridʒoni'ɛ:ro]
Furono fatti prigionieri.

besetzen – Besetzung

die Besetzung Polens
Schlacht
Schlachtfeld
Kampf; Gefecht
kämpfen
Kampf, Ringen
Die Soldaten kämpfen in einem zähen Ringen.
Sieg – Niederlage

vorrücken; vorankommen
Die Truppen rücken vor.
Die Schlange kommt nur langsam voran.

Flucht – fliehen, flüchten
Nach der Niederlage fliehen die Überlebenden.
Front
sich entfernen
Sich von der Front zu entfernen, ist Hochverrat.
sich nähern
Nach einem langen Marsch nähert sich der Zug einem Buchenhain.
Marsch
befreien
die Geiseln befreien
Widerstand
auf starken Widerstand stoßen
Rakete
Waffe
Bombe
explodieren; detonieren; platzen – Explosion
Im Zentrum sind zwei Sprengsätze detoniert.
zerstören – Zerstörung

Gefangene
Sie wurden gefangen genommen.

Kapitel 7

7.1 Disoccupazione
Arbeitslosigkeit

Soziale Probleme

disoccupazione f [dizokku-patsi'o:ne]
La disoccupazione è in aumento.
tasso ['tasso]
Il tasso di disoccupazione a gennaio è stato dell'11%.
disoccupato(-a) [dizokku'pa:to]
È disoccupato da tre mesi.
lavoro – **lavorare** [la'vo:ro – lavo'ra:re]
Trovare un lavoro di questi tempi è un colpo di fortuna.
dare lavoro – assumere
['da:re la'vo:ro – as'su:mere]
A un cinquantenne oggi non dà più lavoro nessuno.
posto di lavoro ['posto di la'vo:ro]
impiegare – impiego [impie'ga:re – impi'ɛ:go]
senza lavoro ['sɛntsa la'vo:ro]
Improvvisamente mi sono trovato senza lavoro.
licenziare – licenziamento
[litʃentsi'a:re – litʃentsia'mento]
La ditta licenzia altri 500 lavoratori.
licenziarsi [litʃentsi'arsi]
Si è licenziato perché non sopportava più la pressione.
frequentare un corso di **riqualificazione** f **professionale**
[rikualifikatsi'o:ne professio'na:le]
protesta [pro'tɛsta] – **protestare**
sciopero – **scioperare**
['ʃɔ:pero – ʃope'ra:re]
Il sindacato ha incitato i membri allo sciopero.

Arbeits-/Erwerbslosigkeit

Die Arbeitslosigkeit nimmt zu.
Rate; Satz
Die Arbeitslosenrate im Januar betrug 11%.
arbeitslos; Arbeitslose(r)
Er ist seit drei Monaten arbeitslos.
Arbeit – arbeiten

Heutzutage Arbeit zu finden ist ein Glücksfall.
beschäftigen, einstellen

Einen Fünfzigjährigen stellt heute niemand mehr ein.
Arbeitsplatz
beschäftigen – Beschäftigung

ohne Arbeit; arbeitslos
Plötzlich stand ich ohne Arbeit da.

kündigen – Kündigung

Die Firma entlässt weitere 500 Beschäftigte.
(selbst) kündigen
Er hat gekündigt, weil er dem Druck nicht mehr standhielt.
eine **Umschulung** machen

Protest – protestieren
Streik – streiken

Die Gewerkschaft hat die Mitglieder zum Streik aufgerufen.

7.2 Droghe, alcol e fumo
Drogen, Alkohol und Rauch

abuso [a'bu:zo]	Missbrauch
L'abuso di droghe è molto diffuso nei Paesi occidentali.	Drogenmissbrauch ist in den westlichen Ländern weit verbreitet.
droga ['drɔ:ga]	**Droge; Rauschmittel; Rauschgift**
droghe pesanti / leggere	harte / weiche Drogen
tossicodipendente *m / f*	Drogenabhängige(r)
spaccio di droga ['spattʃo di 'drɔ:ga]	der **Drogen- / Rauschgifthandel**
spacciatore(-trice) di droga	Dealer(in)
la roba (*ugs.*) [la 'rɔ:ba]	**Stoff**
Prendi ancora la roba?	Fixt du immer noch?
spinello [spi'nɛllo]	**Joint**
farsi uno spinello	einen Joint rauchen
eroina [ero'i:na] – **cocaina** [koka'i:na]	**Heroin – Kokain**
iniettare / sniffare / fumare cocaina	Kokain spritzen / schnupfen / rauchen
hashish *m* ['aʃiʃ]	**Haschisch**
alcolista *m / f* / **alcolizzato(-a)** [alko'lista / alkolid'dza:to]	**Alkoholiker(in)**
ubriacarsi [ubria'karsi]	sich betrinken
ubriaco(-a) [ubri'a:ko]	betrunken; Betrunkene(r)
Eravamo tutti ubriachi fradici.	Wir waren alle sinnlos betrunken.
sbornia ['sbɔrnia]	**Rausch**
rischiare [riski'a:re]	riskieren
Chi si droga rischia la propria salute.	Wer Drogen nimmt, riskiert seine Gesundheit.
fumare [fu'ma:re] – **fumo** ['fumo]	**rauchen – Rauch**
vietato fumare	Rauchen verboten
Il fumo nuoce alla salute.	Rauch schadet der Gesundheit.
rinunciare [rinun'tʃa:re]	**verzichten**
È meglio rinunciare al fumo.	Es ist besser, aufs Rauchen zu verzichten.
sigaretta [siga'rɛtta]	**Zigarette**
sigaro ['si:garo] – **pipa** ['pi:pa]	**Zigarre – Pfeife**
tabacco [ta'bakko]	**Tabak**
accendersi una sigaretta [at'tʃendersi]	sich eine (Zigarette) **anzünden**
accendino [attʃen'di:no]	Feuerzeug
fiammifero [fiam'mifero]	Zünd- / Streichholz
portacenere *m* [porta'ʃenere]	Aschenbecher

7.3 Povertà
Armut

povertà [pover'ta]
cadere in povertà
povertà assoluta / relativa
povero(-a) ['pɔːvero]
Molti poveri non fanno vedere la loro miseria.
benestante [benes'tante]

ricco(-a) ['rikko]
I benestanti e i ricchi spesso non badano alla povertà altrui.
miseria [mi'zɛːria]
Vivono nella miseria più nera.
mendicante *m/f* [mendi'kante]
chiedere l'elemosina [ki'ɛːdere lele'mɔːzina]
svantaggiato [zvantad'dʒaːto]
le persone economicamente svantaggiate
privo di mezzi ['priːvo di 'mɛddzi]
aiutare i bisognosi [aiu'taːre i bizo'ɲoːsi]
fare la carità [kari'ta]
i bisogni di base [i bi'zoɲɲi di 'baːze]
fame *f* – affamato ['faːme – affa'maːto]
Da ragazzo ha spesso sofferto la fame.
morire di fame
denutrizione *f* [denutritsi'oːne]
mensa dei poveri ['mensa dei 'pɔːveri]
lavoro minorile [la'voːro mino'riːle]
sofferenza [soffe'rɛntsa]
alleviare le sofferenze dei poveri
disgrazia [diz'graːtsia]
Ritrovarsi in povertà è una disgrazia.

Armut
in Armut geraten
absolute / relative Armut
arm; (der / die) Arme
Viele Arme zeigen ihr Elend nicht.

wohlhabend; (der / die) Wohlhabende
reich; (der / die) Reiche
Wohlhabende und Reiche achten oft nicht auf die Armut anderer.
Elend
Sie leben in tiefstem Elend.
Bettler(in)
betteln

benachteiligt
die wirtschaftlich Benachteiligten / sozial Schwachen
mittellos
den Bedürftigen helfen

ein **Almosen** geben
die Grundbedürfnisse
Hunger – hungrig

Als Junge hat er oft gehungert.

verhungern
(Mangel-)Ernährung
Suppenküche

Kinderarbeit
Leiden; Leid
das Leid(en) der Armen lindern
Unglück
Sich in Armut wiederzufinden ist ein Unglück.

7.4 Criminalità e violenza
Verbrechen und Gewalttätigkeit

criminalità [kriminali'ta]	Verbrechen; Straftat
la lotta contro la criminalità	der Kampf gegen das Verbrechen
criminale *m/f* [krimi'na:le]	kriminell; Verbrecher(in); Straftäter(in)
la malavita [la mala'vi:ta]	die Unterwelt
delitto [de'litto]	Verbrechen
reato [re'a:to]	Straftat
commettere [com'mettere]	begehen
Il picciotto ha commesso un reato.	Der kleine Mafioso hat eine Straftat begangen.
costringere [kos'trindʒere]	zwingen
Ha costretto il gelataio a pagare il pizzo.	Er hat den Eishändler gezwungen, Schutzgeld zu zahlen.
motivo [mo'ti:vo]	Grund; Ursache
Il motivo del reato è stato gelosia.	Der Grund für das Verbrechen war Eifersucht.
delinquente *m/f* [delin'kuɛnte]	Verbrecher(in)
colpire [kol'pi:re]	treffen; schlagen
Il delinquente ha colpito la vittima con un'ascia.	Der Verbrecher hat das Opfer mit einem Beil geschlagen.
vittima ['vittima]	Opfer

Reati frequenti (= häufig begangene Straftaten)

assassinio [assas'si:nio] (= Mord) • *assassinare* [assassi'na:re] (= ermorden) • *assassino(-a)* [assas'si:no] (= Mörder(in))

stupro ['stu:pro] (= Vergewaltigung) • *stuprare / violentare* [stu'pra:re / violen'ta:re] (= vergewaltigen) • *stupratore m* [stupra'to:re] (= Vergewaltiger)

rapina [ra'pi:na] (= Raub) • *rapinare* [rapi'na:re] (= (be-, aus-)rauben) • *rapinatore m* [rapina'to:re] (= Räuber)

sequestro [se'kuɛstro] (= Entführung) • *sequestrare* [sekues'tra:re] (= entführen) • *sequestratore m* [sekuestra'to:re] (= Entführer)

rapimento [rapi'mento] (= Entführung) • *rapire* [ra'pi:re] (= entführen) • *rapitore m* [rapi'to:re] (= Entführer)

furto / ladrocinio ['furto / ladro'tʃi:nio] (= Diebstahl) • *rubare* [ru'ba:re] (= stehlen) • *ladro(-a)* ['la:dro] (= Dieb(in))

ricatto / estorsione f [ri'katto / estorsi'o:ne] (= Erpressung) • *ricattare / estorcere* [rikat'ta:re / es'tɔrtʃere] (= erpressen) • *ricattatore m* [rikatta'to:re] (= Erpresser)

truffa – inganno ['truffa – in'ganno] (= Betrug – Täuschung) • *truffare – ingannare* [truf'fa:re – ingan'na:re] (= betrügen – täuschen) • *truffatore m – imbroglione m* [truffa'to:re – imbroʎ'ʎone] (= Betrüger)
incendio doloso [in'tʃɛndio do'lo:so] (= Brandstiftung) • *incendiare* [intʃen'dia:re] (= in Brand setzen) • *incendiario(-a)* [intʃen'dia:rio] (= Brandstifter)

rapina in banca [ra'pi:na in 'banka] **Bankraub**
Mani in alto! Questa è una rapina! Hände hoch! Dies ist ein Überfall!
pistola [pi'stɔ:la] **(Hand-)Feuerwaffe**

Ruberie e ladri (= Stehlen und Diebe)
furto (= Diebstahl) • *scippo* (= Taschendiebstahl) • *taccheggio* (= Ladendiebstahl) • *ladro* (= Dieb) • *scippatore m* (= Straßenräuber / Handtaschendieb) • *taccheggiatore m* (= Ladendieb)

 Sparare a qualcuno (= auf jemanden schießen). Werden Pronomen benutzt, müssen diese dementsprechend im Dativ stehen: *Hanno sparato al proprietario. Gli hanno sparato.*

violenza – violento [vio'lɛntsa – vio'lɛnto]	Gewalt(tätigkeit) – gewalttätig
rissa ['rissa]	Prügelei; Schlägerei
azzuffarsi [attsuf'farsi]	sich prügeln; raufen
picchiare [pikki'a:re]	schlagen; hauen
Lo hanno picchiato a sangue.	Er wurde zusammengeschlagen.
pugnalare / accoltellare qualcuno [puɲa'la:re / akkoltel'la:re kual'ku:no]	auf jemanden einstechen / jemanden niederstechen
È stata pugnalata a morte.	Sie wurde erstochen.
strangolare / strozzare qualcuno [strango'la:re / strot'tsa:re kual'ku:no]	jemanden erwürgen / erdrosseln
legare [le'ga:re]	fesseln
mafia – mafioso ['ma:fia – mafi'o:so]	Mafia – mafiös
cosca mafiosa ['kɔska mafi'o:sa]	Mafia-Clan / -Gruppe
pericoloso [periko'lo:so]	gefährlich
minacciare ['minattʃa:re]	bedrohen, drohen
carcere m ['kartʃere]	Gefängnis
galera [ga'lɛ:ra]	Knast
Il malavitoso è andato a finire in galera.	Das Mitglied der Unterwelt ist im Knast gelandet.
detenuto(-a) [dete'nu:to]	**Gefangene(r), Häftling**

7.4 Verbrechen und Gewalttätigkeit

Kapitel 8

8.1 Storia
Geschichte

storia ['stɔːria]	Geschichte
storia antica / medievale / moderna	alte / mittlere / neuere Geschichte
storia contemporanea	(die) Zeitgeschichte
storico(-a) ['stɔːriko]	**historisch; Historiker(in)**
un personaggio storico	eine historische Persönlichkeit
era ['ɛːra]	**Ära; Zeitalter**
Durante l'era della pietra gli uomini vivevano in caverne.	Während der Steinzeit lebten die Menschen in Höhlen.
epoca ['ɛːpoka]	**Epoche; Zeitalter**
periodo [pe'riːodo]	**Epoche; Zeit**
I primi decenni del '900 furono un periodo sanguinoso.	Die ersten Jahrzehnte des 20. Jh. waren eine blutige Epoche.
In quel periodo non mi piaceva andare a scuola.	Zu jener Zeit ging ich nicht gerne zur Schule.
antico [an'tiːko]	**alt; antik**
l'antica Roma	das alte Rom
romano(-a) [ro'maːno]	**römisch; Römer(-in)**
schiavo(-a) [ski'aːvo]	**Sklave, Sklavin**
Gli antichi romani avevano schiavi.	Die alten Römer hielten Sklaven.
caduta [ka'duːta]	**Sturz; Zusammenbruch**
la caduta dell'impero romano	der Sturz des römischen Reichs
destino [des'tiːno]	**Schicksal**
il destino di un popolo	das Schicksal eines Volkes
imperatore, imperatrice [impera'toːre, -triːtʃe]	**Kaiser(in)**
re, regina [re, re'dʒiːna]	**König, Königin**
rivoluzione *f* [rivolutsi'oːne]	**Revolution**
La rivoluzione francese cambiò il volto dell'Europa.	Die französische Revolution änderte das Erscheinungsbild Europas.
civiltà [tʃivil'ta]	**Kultur**
una civiltà preistorica	eine prähistorische Kultur
tradizione *f* – **tradizionale** [traditsi'oːne – traditsio'naːle]	**Tradition – traditionell**
È bello far rivivere le tradizioni.	Es ist schön, Traditionen wieder aufleben zu lassen.

8.2 Psicologia
Psychologie

psicologia [psikolo'dʒiːa]	Psychologie
psicologo(-a) [psi'kɔːlogo]	Psychologe / Psychologin
psicologico [psiko'lɔːdʒiko]	psychologisch
comportamento [komporta'mento]	Verhalten
comportarsi [kompor'tarsi]	sich verhalten; sich benehmen

Ultimamente ti comporti in maniera strana.
In letzter Zeit verhältst du dich merkwürdig.

Bambini, volete comportarvi bene?
Kinder, wollt ihr euch wohl anständig benehmen?

personalità [personali'ta]
Persönlichkeit

una personalità equilibrata
eine ausgeglichene Persönlichkeit

creatività – creativo [kreativi'ta – krea'tiːvo]
Kreativität – kreativ

Bisogna incentivare la creatività degli alunni.
Man muss die Kreativität der Schüler anregen.

motivare – motivarsi [moti'vaːre – moti'varsi]
motivieren – sich motivieren

motivazione *f* – motivato [motivatsi'oːne – moti'vaːto]
Motivation – motiviert

Per ottenere buoni risultati bisogna essere motivati.
Um gute Ergebnisse zu erzielen, muss man motiviert sein.

emozione *f* [emotsi'oːne]
Gefühl

emozioni come gioia e rabbia
Gefühle wie Freude und Zorn

subconscio [sub'kɔnʃo]
Unterbewusstsein – unterbewusst

sogno – sognare ['soːɲo – so'ɲaːre]
Traum – träumen

incubo ['inkubo]
Alptraum

paura [pa'uːra]
Angst

Stanotte ho avuto un incubo. Che paura!
Heute Nacht habe ich einen Albtraum gehabt. Hab' ich eine Angst gehabt!

depresso(-a) [de'prɛsso]
deprimiert; depressiv; Depressive(r)

Ti vedo depresso da quando tua moglie ti ha lasciato.
Du wirkst deprimiert, seit deine Frau dich verlassen hat.

depressione *f* [depressi'oːne]
Depression

terapia [tera'piːa]
Therapie

Ho deciso di fare una terapia.
Ich habe beschlossen, eine Therapie zu machen.

terapista *m/f* [tera'pista]
Therapeut(in)

8.3 Religioni e confessioni
Religionen und Konfessionen

religione f – **religioso** [reli'dʒone – reli'dʒoso]	Religion – religiös, Religions-
mistero [mis'tɛ:ro]	Geheimnis
fede f ['fede]	Glaube
il mistero della fede	das Geheimnis des Glaubens
confessione f [konfessi'one]	Konfession; Glaubensgemeinschaft
Di che confessione è Lei?	Welcher Glaubensgemeinschaft gehören Sie an?
cristiano(-a) [kristi'ano]	Christ(in) – christlich
cattolico(-a) [kat'tɔliko]	Katholik(in) – katholisch
protestante m/f [protes'tante]	Protestant(in) – protestantisch; evangelisch
Molti cristiani sono cattolici o protestanti.	Viele Christen sind katholisch oder protestantisch.
Dio – **divino** ['dio – di'vino]	Gott – göttlich
Dio ama le Sue creature.	Gott liebt seine Geschöpfe.

> „Dio" mit großem „D" bezeichnet den Gott der Christenheit. „Gott/Göttin" mit Plural „Götter/Göttinen" heißt: *dio/dea* und *gli dei/le dee*.

eterno [e'tɛrno]	ewig
Padre eterno, ...	Ewiger Vater, ...
credere ['kre:dere]	glauben
Credi in Dio? – No, sono ateo.	Glaubst du an Gott? – Nein, ich bin Atheist.
credo di sì / credo di no	ich glaube schon / ich glaube nicht
la Bibbia ['bibbia]	Bibel
paradiso [para'di:zo] – **inferno** [in'fɛrno]	Paradies; Himmel – Hölle
peccato – **peccare** [pek'ka:to – pek'ka:re]	Sünde – sündigen
Chi non pecca molto, dovrebbe andare in paradiso.	Wer nicht viel sündigt, sollte ins Paradies kommen.
angelo ['andʒelo]	Engel
Gli angeli custodi vegliano su di noi.	Die Schutzengel wachen über uns.
diavolo [di'avolo]	Teufel
Ma va' al diavolo!	Scher' dich doch zum Teufel!

santo, santa ['santo, 'santa]	Heilige(r); heilig
miracolo [mi'ra:kolo]	Wunder
I santi devono avere operato un miracolo.	Heilige müssen ein Wunder vollbracht haben.
Chiesa – chiesa [ki'ɛza]	Kirche *(Institution)* – Kirche
Vado in chiesa la domenica.	Ich gehe sonntags zur Kirche.

> **Verschiedene Arten von Kirchen:** *basilica* [ba'zi:lika] (= Basilika, Kirche) • *cattedrale f* [katte'drale] (= Kathedrale; Dom) • *duomo* [du'ɔmo] (= Dom; Münster) • *chiesetta* [kie'zetta] (= Kapelle) • *santuario* [santu'a:rio] (= Wallfahrtskirche) • *sinagoga* [sina'gɔga] (= Synagoge) • *moschea* [mos'kɛa] (= Moschee) • *tempio* ['tɛmpio] (= Tempel). Vorsicht beim Plural von „*tempio*": *i templi*.

campanile *m* [kampa'ni:le]	Kirchturm, Glockenturm
I campanili una volta erano sempre la costruzione più alta di una città.	Glockentürme waren früher immer der höchste Bau einer Stadt.
campana [kam'pa:na]	Glocke
Le campane suonano a messa.	Die Glocken läuten zur Messe.
messa ['messa]	Messe
andare a messa	zur Messe gehen
predicare [predi'kare]	predigen
predicare bene e razzolare male	Wasser predigen und Wein trinken
pregare – preghiera [pre'gare – pregi'era]	beten; bitten – Gebet; Bitte
I fedeli pregano in chiesa.	Die Gläubigen beten in der Kirche.
Ti prego, resta!	Ich bitte dich, bleib'!
confessione *f* [konfessi'one]	Beichte; Konfession
confessarsi [konfes'sarsi]	beichten
Non è mica tanto facile confessarsi.	Es ist gar nicht so leicht zu beichten.
prete *m* ['prɛte]	Priester
Il prete celebra la santa messa.	Der Priester feiert die Heilige Messe.
parrocchia – parroco [par'rɔkkia – 'parroko]	Pfarrsprengel – Pfarrer(in)
Il parroco assiste una parrocchia.	Der Pfarrer betreut eine Pfarrgemeinde.
cardinale *m* [kardi'na:le]	Kardinal
il Papa ['papa]	Papst
suora [su'ɔ:ra]	Nonne; Schwester
frate *m* / fra' ['fra:te / 'fra]	Mönch; Bruder

8.3 Religionen und Konfessionen

Kapitel 9

9.1 Istituzioni scolastiche
Bildungseinrichtungen

istruzione *f* [istrutsi'o:ne]	Bildung; Ausbildung
asilo (d'infanzia) [a'zi:lo]	Kindergarten
scuola [sku'ɔ:la]	Schule
andare a scuola	in die Schule gehen
scolastico [sko'lastiko]	schulisch, Bildungs-
scuola elementare / media / secondaria superiore [sku'ɔ:la elemen'ta:re / mɛ:dia / sekon'da:ria superi'o:re]	Grundschule / Mittelschule / Oberstufe, weiterführende Schule
liceo [li'tʃɛ:o]	Gymnasium
iscriversi [i'skri:versi]	sich anmelden; sich einschreiben
Ho deciso di iscrivermi a un corso di pittura.	Ich habe beschlossen, mich bei einem Malkurs anzumelden.
lezione *f* [letsi'o:ne]	(Unterrichts-)Stunde
Hai frequentato le lezioni del mattino?	Hast du den Vormittagsunterricht besucht?
orario delle lezioni	Stundenplan
corso ['korso]	**Kurs; Lehrgang**
corso di lingua	Sprachkurs
frequentare [frekuen'ta:re]	**besuchen** (*Schule*); **machen** (*Kurs*)
Frequento la scuola serale.	Ich besuche die Abendschule.
compito ['kompito]	**Klausur; Schulaufgabe**
compito a casa	Hausaufgabe
maturità [maturi'ta]	**Abitur**
istituto professionale [isti'tu:to professio'na:le]	**Berufsfachschule**
università [universi'ta]	**Universität**
andare / studiare all'università	an der Universität studieren
universitario [universi'ta:rio]	**Universitäts-; Studenten-**
aula ['a:ula]	**Aula; Auditorium; Klassenzimmer**
Dov'è l'aula magna?	Wo ist das Audimax?
facoltà [fakol'ta]	**Fakultät**
facoltà di filosofia	philosophische Fakultät
istituto [isti'tu:to] di ricerca	Forschungs**institut**
esame *m* [e'za:me]	**Prüfung; Examen**
sostenere / dare un esame	eine Prüfung ablegen
(non) superare l'esame	die Prüfung (nicht) bestehen

9.2 Materie di studio e abilità
Studienfächer und Fertigkeiten

materia [ma'tɛːria]	(Unterrichts-)**Fach**
la mia materia preferita	mein Lieblingsfach
materia facoltativa / obbligatoria	Wahl- / Pflichtfach
matematica [mate'maːtika]	**Mathematik; Mathe**
educazione *f* **tecnica / fisica**	**Technik / Sport**
[edukatsi'oːne 'tɛknika / 'fiːzika]	
lingua straniera ['lingua strani'ɛːra]	**Fremdsprache**
latino [la'tiːno]	**Latein**
letteratura italiana	italienische Literatur
[lettera'tuːra itali'aːna]	
catechismo / religione *f*	**Religion(slehre)**
[kate'kizmo – reli'dʒoːne]	
educazione *f* **civica**	**Sozialkunde; Sozialwissenschaften**
[edukatsi'oːne 'tʃiːvika]	
storia ['stɔːria]	**Geschichte**
geografia [dʒeogra'fiːa]	**Geographie**

> Das Fach *scienze* ['ʃɛntse] (= Naturwissenschaften) umfasst *biologia* [biolo'dʒiːa] (= Biologie), *chimica* ['kiːmika] (= Chemie), *fisica* ['fiːsika] (= Physik), *geografia* [dʒeogra'fiːa] (= Geographie), *astronomia* [astrono'miːa] (= Astronomie) und *geologia* [dʒeolo'dʒiːa] (= Geologie).

attività [attivi'ta]	**Tätigkeit; Aktivität; Übung(en)**
attività di scrittura / produzione scritta	schriftsprachliche Übungen
attività d'ascolto	Hörverstehen / -verständnis
attività di lettura	Leseverstehen / -verständnis
dettato [det'taːto]	**Diktat**
Oggi facciamo un dettato.	Heute schreiben wir ein Diktat.
tema *m* ['tɛːma]	(Schul-)**Aufsatz / Thema**
scrivere un tema	einen Aufsatz schreiben
argomento [argo'mento]	**Thema; Inhalt**
esporre l'argomento di un libro	den Inhalt eines Buches darlegen
vantaggio [van'taddʒo]	**Vorteil**
Lei ha il vantaggio di essere cresciuta bilingue.	Sie hat den Vorteil, zweisprachig aufgewachsen zu sein.

9.3 Esami e qualificazioni
Prüfungen und Qualifikationen

esame *m* – **esaminare** [e'za:me – ezami'na:re]	Prüfung, Examen – prüfen
test *m* – **testare** [tɛst – tɛ'sta:re]	Test – testen
L'insegnante testa gli allievi.	Der Lehrer unterzieht die Schüler einem Test.

> Prüfungen sind *esami*: *esame orale / scritto* (= mündliche / schriftliche Prüfung), *esame finale* (= Abschlussprüfung). *Gli studenti si preparano a* (= bereiten sich vor auf) *un esame / fanno un esame* (= machen eine Prüfung). *Lo passano o vengono bocciati.* (= Sie bestehen eine Prüfung oder fallen durch.)

facile – **difficile** ['fa:tʃile – dif'fi:tʃile]	leicht – schwer
L'ultimo esame è stato difficile.	Die letzte Prüfung war schwer.
complicato [kompli'ka:to]	kompliziert
Che complicato questo compito!	Ist diese Aufgabe vielleicht kompliziert!
errore *m* [er'ro:re]	**Fehler**
Accidenti! Ho fatto un errore e me ne sono accorto solo ora!	Mist! Ich habe einen Fehler gemacht und ihn erst jetzt bemerkt!
prepararsi [prepa'rarsi]	sich vorbereiten
Ti sei preparato bene all'esame?	Hast du dich gut auf die Prüfung vorbereitet?
far fatica [far fa'ti:ka]	Mühe haben
farcela ['fartʃela]	es schaffen
Ho fatto fatica a risolvere l'ultimo compito ma poi ce l'ho fatta.	Ich habe Mühe gehabt, die letzte Aufgabe zu lösen, aber dann habe ich's geschafft.
congratulazione *f* [kongratula-tsi'o:ne]	Glückwunsch
Congratulazioni! Ce l'hai fatta!	Glückwunsch! Du hast es geschafft!
congratularsi [koŋgratu'larsi]	gratulieren, beglückwünschen
Mi congratulo con te per gli ottimi risultati!	Ich gratuliere dir zu den ausgezeichneten Ergebnissen!
copiare (in un esame) [kopi'a:re]	(in einer Prüfung) **abschreiben**
passare [pas'sa:re]	(Prüfung) **bestehen**

Ha passato l'esame con lode.	Er / Sie bestand die Prüfung mit Auszeichnung.
esame di **laurea** ['laurea]	**Universitätsabschluss**
laurearsi [laure'arsi]	**das Studium abschließen**
Si è laureato in economia aziendale.	Er ist Diplomkaufmann / Betriebswirt.
tesi *f* ['tɛːzi]	**Diplom- / Examens- / Magisterarbeit**
importante – importanza [impor'tante – impor'tantsa]	wichtig – Bedeutung; Wichtigkeit
La tesi è una parte importante dell'esame di laurea.	Die Diplomarbeit ist ein wichtiger Teil der Diplomprüfung.
voto ['voːto]	**Note**

Noten, mit denen Leistungen bewertet werden, heißen *voti*: *dallo 0 al 10 nelle scuole superiori* (= die Noten von 6 bis 1), *dal 18 al 30 e lode all'università* (= die Noten von 4 bis 1). *Ha preso 10 in entrambi i compiti.* (= Er / Sie hat in beiden Arbeiten eine Eins bekommen.) *In scienze i suoi voti sono meno belli.* (= In den Naturwissenschaften sind seine / ihre Noten weniger gut.) *Ha passato l'esame di matematica per il rotto della cuffia.* (= Er / Sie hat die Mathematikprüfung gerade noch bestanden.)

ottimo ['ɔttimo]	**sehr gut, ausgezeichnet**
È un ottimo sciatore.	Er ist ein ausgezeichneter Skiläufer.
soddisfacente [soddisfa'tʃɛnte]	**zufriedenstellend, befriedigend**
La Sua prestazione è stata soddisfacente.	Ihre Leistung war zufriedenstellend.
sufficiente [suffi'tʃɛnte]	**ausreichend, genug**
È un buono stipendio, ma è appena sufficiente per mantenere una famiglia.	Das ist ein gutes Gehalt, aber es reicht gerade aus, um eine Familie durchzubringen.
pagella [pa'dʒɛlla]	(Jahres-)**Zeugnis**
certificato / attestato [tʃertifi'kaːto / attes'taːto]	(Prüfungs- / Abschluss-)**Zeugnis**
diploma *m* [dip'lɔːma]	**Abschlusszeugnis**

i Um zu **promovieren** (= *ottenere il diploma di dottorato di ricerca*) schreibt man auch in Italien u. a. eine Doktorarbeit oder Dissertation (= *tesi di dottorato*).

9.4 Insegnamento e studio
Lehren und Lernen

insegnare [inseˈɲaːre]	unterrichten; lehren
Chi te lo ha insegnato?	Wer hat dir das beigebracht?
insegnamento [inseɲaˈmento]	Unterricht
insegnamento delle lingue straniere	Fremdsprachenunterricht
insegnante m/f [inseɲˈɲante]	Lehrer(in)
scopo [ˈskɔːpo]	Zweck; Ziel
Lo scopo della scuola è l'educazione mentale.	Das Ziel der Schule ist die geistige Erziehung.
maestro(-a) [maˈestro]	Grundschullehrer(in)
maestro(-a) di tennis	Tennislehrer(in)
professore(-essa) [profesˈsoːre(-ˈessa)]	Lehrer(in) ab der 6. Klasse; Professor(in)
il/la prof (*ugs.*)	Lehrer(in) ab der 6. Klasse
istruttore(-trice) [istrutˈtoːre(-ˈtriːtʃe)]	Lehrer(in); Ausbilder(in)
istruttore di guida	Fahrlehrer
scolaro(-a) [skoˈlaːro] / **alunno(-a)** [aˈlunno]	Schüler(in)
spiegare – **spiegazione** f [spieˈgaːre – spiegatsiˈoːne]	erklären – Erklärung
Il nostro insegnante spiega in maniera molto chiara.	Unser Lehrer erklärt sehr klar.
chiaro [kiˈaːro]	klar; deutlich
lezione f [letsiˈoːne]	(Unterrichts-)Stunde
dare/prendere lezioni d'italiano	Italienischunterricht erteilen/nehmen
motivare [motiˈvaːre]	motivieren
motivare gli studenti	die Schüler motivieren
imparare [impaˈraːre]	lernen
imparare una poesia a memoria	ein Gedicht auswendig lernen
studiare [studiˈaːre]	studieren
Studia medicina a Padova.	Er/Sie studiert in Padua Medizin.
Sto studiando per il compito.	Ich lerne gerade für die Arbeit.
leggere [ˈlɛddʒere]	lesen
leggere un testo ad alta voce	einen Text (laut) vorlesen
libro [ˈliːbro] – **testo** [ˈtɛsto]	Buch – Text
libro di testo	Lehrbuch
riassumere – **riassunto** [riasˈsuːmere – riasˈsunto]	zusammenfassen – Zusammenfassung

E ora facciamo un breve riassunto. | Und nun machen wir eine kurze Zusammenfassung.

scrivere ['skri:vere] | **schreiben**
Oggi ho scritto due compiti. | Heute habe ich zwei Klausuren geschrieben.

penna a sfera / biro *f inv* ['penna a sfɛ:ra / bi:ro] | **Kugelschreiber**
penna stilografica ['penna stilo-'gra:fika] | **Füllfederhalter, Füller**
matita [ma'ti:ta] | **Bleistift; Buntstift**
gomma (per cancellare) ['gomma] | **Radiergummi**
quaderno [kua'dɛrno] | **Heft**
contare [kon'ta:re] | **zählen**
Contiamo da uno a venti! | Zählen wir von eins bis zwanzig!
calcolare [kalko'la:re] | **(er-, be)rechnen**
Devo solo calcolare questa linea, poi vengo. | Ich muss nur noch diese Linie berechnen, dann komme ich.
linea ['li:nea] – **tabella** [ta'bɛlla] | **Linie – Tabelle**
Questa tabella indica i vostri voti. | Diese Tabelle zeigt eure Noten.
in alto / in basso [in 'alto / in 'basso] | **oben / unten**
indicare [indi'ka:re] | **(auf)zeigen; empfehlen**
La soluzione è indicata in basso. | Die Lösung ist unten aufgezeigt.
risolvere [ri'sɔlvere] | **lösen**
Risolviamo questo compito insieme! | Lösen wir diese Aufgabe gemeinsam!
studente, -tessa [stu'dente, -'tessa] | **Schüler(in)** (*Oberstufe*); **Student(in)**
assente – presente [as'sɛnte – pre'zɛnte] | **abwesend – anwesend**
Oggi sono presenti tutti. | Heute sind alle anwesend.
compiti a casa ['kompiti a 'ka:za] | **Hausaufgabe(n); Hausarbeit(en)**
assegnare / dare i compiti a casa | Hausarbeiten aufgeben
ora ['o:ra] | **Stunde**
Quando comincia la terza ora? | Wann beginnt die dritte Stunde?
cominciare / iniziare [komin'tʃa:re / ini'tsia:re] | **beginnen; anfangen**
È già cominciata la lezione? | Hat der Unterricht schon begonnen?
finire [fi'ni:re] | **beenden; fertigmachen**
Lo finiamo domani, è tardi. | Das machen wir morgen fertig, es ist spät.
terminare [termi'na:re] | **beenden; fertig stellen**
Sergio ha terminato gli studi. | Sergio hat sein Studium abgeschlossen.

continuare [kontinu'a:re] — fortfahren, weitermachen, weiter-
Chi continua a leggere? — Wer liest weiter?
intervallo [inter'vallo] — Pause
A che ora c'è l'intervallo? — Um wie viel Uhr ist die Pause?
livello [li'vɛllo] — Höhe; Stand; Niveau
Il tuo italiano ha raggiunto un buon livello! — Dein Italienisch hat ein gutes Niveau erreicht!
progresso [pro'grɛsso] — Fortschritt
Hai fatto grandi progressi in poco tempo. — Du hast in kurzer Zeit große Fortschritte gemacht!
procedere [pro'tʃɛ:dere] — vorankommen; fortsetzen; fortfahren
Procediamo speditamente, ragazzi. — Wir kommen zügig voran, Kinder.
sapere [sa'pe:re] — können; wissen
Sai già molte cose. — Du weißt schon viele Sachen.
Sai nuotare molto bene. — Du kannst sehr gut schwimmen.
cercare di / **provare a** [tʃer'ka:re di / pro'va:re a] — versuchen
Ragazzi, cercate di concentrarvi! — Kinder, versucht euch zu konzentrieren!

concentrazione *f* – **concentrarsi** [kontʃentratsi'o:ne – kontʃen'tra:rsi] — Konzentration – sich konzentrieren
darsi da fare ['darsi da 'fa:re] — sich bemühen; sich ins Zeug legen
Bambini, datevi da fare! — Kinder, legt euch ins Zeug!
badare a [ba'da:re a] — aufpassen auf; sich kümmern um
fare attenzione ['fa:re attentsi'o:ne] — aufpassen
Fai attenzione a non inciampare in qualcosa! — Pass' auf, dass du nicht über irgendetwas stolperst!
toccare (a) [tok'ka:re] — dran sein
Tocca a te! — Du bist dran!
valere la pena [va'le:re la 'pe:na] — sich lohnen, der Mühe wert sein
Vale la pena fare quel corso? — Lohnt es sich, diesen Kurs zu machen?

conoscere [ko'noʃʃere] — kennen; kennen lernen
significare – **significato** [siɲifi'ka:re – siɲifi'ka:to] — bedeuten – Bedeutung
Conosci il significato della parola "addormentarsi"? — Kennst du die Bedeutung des Wortes einschlafen?
voler dire [vo'ler 'di:re] — bedeuten
sbaglio ['zba:ʎo] — Fehler
sbagliare [zba'ʎa:re] — einen Fehler machen
Vede? Ha sbagliato qui e qui. — Sehen Sie? Sie haben hier und hier einen Fehler gemacht.

sbagliarsi [sba'ʎarsi]
Purtroppo mi sono sbagliato.
domanda [do'manda]
Scusi, avrei una domanda.

domandare / **chiedere**
[doman'da:re / ki'ɛ:dere]
prendere ['prɛndere]
Chi ha preso il mio evidenziatore?

prendere appunti ['prɛndere ap'punti]
foglio ['fɔ:ʎo]
aprire – **chiudere** [a'pri:re –
ki'u:dere]
Bambini, aprite i libri a pagina
diciotto!
argomento [argo'mento]
Oggi abbiamo trattato un nuovo
argomento.
eccellente [ettʃel'lɛnte]
Le sue prestazioni sono eccellenti.

esempio [e'zempio]
Mi fai un esempio?
proposta [pro'posta]
Chi ha una proposta da fare?
pratica – **praticare** ['pra:tika –
prati'ka:re]
Bisogna praticare una lingua.
riguardare [riguar'da:re]
No, questa faccenda non mi
riguarda!
silenzio [si'lɛntsio]
parlare più / **meno forte**
[par'la:re pi'u / 'meno 'fɔrte]
Bambini, parlate meno forte!
Silenzio!
consegnare [konse'ɲa:re]
Se avete finito, consegnate!
bocciare [bot'tʃa:re]
Lo hanno bocciato! Deve ripetere
l'anno.
ripetere [ri'pɛ:tere]

sich irren
Leider habe ich mich geirrt.
Frage
Entschuldigen Sie, ich hätte da
eine Frage.
fragen

nehmen
Wer hat meinen Textmarker
genommen?
mitschreiben, sich Notizen machen
Blatt
öffnen, aufmachen – schließen

Kinder, macht die Bücher auf
Seite 18 auf!
Thema
Heute haben wir ein neues Thema
behandelt.
hervorragend
Seine / Ihre Leistungen sind
hervorragend.
Beispiel
Machst du mir ein Beispiel?
Vorschlag
Wer macht einen Vorschlag?
Übung, Praxis – praktizieren, üben

Eine Sprache muss man üben.
betreffen, angehen
Nein, diese Sache geht mich
nichts an!
Ruhe; Stille
lauter / leiser sprechen

Kinder, sprecht leiser! Ruhe!

übergeben; ab-, zurückgeben
Wenn ihr fertig seid, gebt ab!
nicht versetzen
Er ist nicht versetzt worden!
   Er muss das Jahr wiederholen.
wiederholen

9.4 Lehren und Lernen

Kapitel 10

10.1 Pittura e scultura
Malerei und Bildhauerei

arte *f* ['arte] — Kunst
In Italia si possono ammirare molte opere d'arte. — In Italien kann man viele Kunstwerke bestaunen.

artista *m/f* [ar'tista] — **Künstler(in)**

dipingere [di'pindʒere] — **malen**
dipingere un ritratto — ein Porträt malen

dipinto [di'pinto] — **bemalt; Bild; Gemälde**
un dipinto del Beato Angelico — ein Gemälde des Beato Angelico

pittore(-trice) [pit'to:re(-'tri:tʃe)] — **Maler(in)**

pittura [pit'tu:ra] — (die) **Malerei; Bild; Gemälde**
Si tratta di una pittura antica. — Es handelt sich um ein altes Bild.

quadro [ku'a:dro] — **Bild**
appendere un quadro — ein Bild aufhängen

disegno [di'seɲo] — **Zeichnung**

disegnare [diseɲ'na:re] — **zeichnen**
Ma sai disegnare molto bene! — Du kannst aber gut zeichnen!

fumetto [fu'metto] — **Comic**
Sturmtruppen è un noto fumetto italiano. — Sturmtruppen ist ein bekannter italienischer Comic.

tela ['te:la] — **Leinwand**

pennello [pen'nɛllo] — **Pinsel**
In uno studio non possono mancare tela e pennello. — In einem Atelier dürfen Leinwand und Pinsel nicht fehlen.

soggetto [sod'dʒetto] — **Gegenstand**

paesaggio [pae'zaddʒo] — **Landschaft**
Mi piace il soggetto di questo dipinto: il paesaggio è proprio ameno! — Mir gefällt der Gegenstand dieses Bildes: Die Landschaft ist wirklich lieblich!

ritratto – ritrattare [rit'ratto – ritrat'tare] — **Porträt – porträtieren**
Chi ti ha fatto quel ritratto? — Wer hat das Porträt von dir gemacht?

affresco [af'fresko] — **Fresko**
Guarda: tutte le pareti sono coperte di affreschi! — Schau: Alle Wände sind mit Fresken bedeckt!

nudo ['nu:do] — **Akt**
nudo seduto / in piedi / sdraiato — sitzender / stehender / liegender Akt

composizione *f* [kompositsi'o:ne]
La composizione di questo quadro mi sembra perfetta.
falso ['falso]
Secondo me quel dipinto è falso!

originale *m* [oridʒi'na:le]
È l'originale! L'ho fatto esaminare.

esposizione *f* [espozitsi'o:ne]
esporre [es'porre]
Espongono solo pochi quadri.
mostra – mostrare ['mostra – mos'tra:re]
Adesso ti mostro il mio quadro preferito.
galleria (d'arte) [galler'i:a (d'arte)]
museo [mu'zɛ:o]
i Musei Vaticani
scultura [skul'tu:ra]

una scultura di marmo
scultore – scultrice [skul'to:re, -'tri:tʃe]
Michelangelo fu un celebre scultore.
scolpire [skol'pi:re]
scolpire un blocco di porfido
una **statua** di marmo ['sta:tua]
un **busto** di bronzo ['busto]
una **figura** in gesso [fi'gu:ra]
mosaico [mo'za:iko]
i mosaici di Pompei
ammirazione *f* [ammiratsi'o:ne]
ammirare [ammi'ra:re]
Ammiro i bravi artisti.

Komposition; (Bild)Aufbau
Der Aufbau dieses Bildes scheint mir vollendet zu sein.
Fälschung; gefälscht, falsch
Meiner Ansicht nach ist dieses Bild falsch.

Original(-); ursprünglich; originell
Es ist das Original. Ich hab's überprüfen lassen.

Ausstellung
ausstellen
Sie stellen nur wenige Bilder aus.
Ausstellung – zeigen

Jetzt zeige ich dir mein Lieblingsbild.
(Kunst-)Galerie
Museum
das Vatikanmuseum
Skulptur; Plastik; Bildwerk; Bildhauerkunst; Bildhauerei
eine Marmorskulptur / -plastik
Bildhauer(in)

Michelangelo war ein berühmter Bildhauer.
(*Holz*) **schnitzen**; (*Stein*) **meißeln**
einen Porphyrblock behauen
eine Marmor**statue**
eine Bronze**büste**
eine Gips**figur**
Mosaik
die Mosaike von Pompei
Bewunderung
bewundern
Ich bewundere tüchtige Künstler.

Die wichtigsten Farben: *arancione* [aran'tʃo:ne] (= orange) • *azzurro* [ad'dzurro] (= himmel-, azurblau) • *bianco* [bi'aŋko] (= weiß) • *blu* [blu] (= blau) • *celeste* [tʃe'lɛste] (= hell-, himmelblau) • *giallo* ['dʒallo] (= gelb) • *grigio* ['gri:dʒo] (= grau) • *marrone* [mar'ro:ne] (= braun) • *nero* ['ne:ro] (= schwarz) • *rosso* ['rosso] (= rot) • *verde* ['verde] (= grün) • *colorato* [kolo'ra:to] (= farbig).

10.1 Malerei und Bildhauerei

10.2 Fotografia
Fotografie

fotografia [fotograˈfiːa] — (die) **Fotografie** (= *Kunst + Verfahren*); **Foto(grafie)**; **Aufnahme**
fotografie in bianco e nero / a colori — Schwarzweiß- / Farbabzüge
Ci farebbe una foto? — Würden Sie uns fotografieren?
fotografare [fotograˈfaːre] — **fotografieren**
Ho fotografato un tramonto stupendo. — Ich habe einen prächtigen Sonnenuntergang aufgenommen.
fotografo [foˈtɔːgrafo] — **Fotograf**
fotografico [fotogˈraːfiko] — **fotografisch; Foto-**
la mia attrezzatura fotografica — meine Fotoausrüstung
scattare alcune foto [skatˈtaːre alˈkuːne ˈfɔːto] — ein paar **Schnappschüsse machen**
flash *m* [ˈflɛʃ] — **Blitz(licht)**
Non mi piace usare il flash. — Ich blitze nicht gern.
macchina fotografica [ˈmakkina fotogˈraːfika] — **Kamera; (Foto-)Apparat**
una fotocamera digitale [didʒiˈtaːle] — **Digitalkamera**
obiettivo [objetˈtiːvo] — **Objektiv**
cambiare l'obiettivo — das Objektiv auswechseln
montare / smontare l'obiettivo — das Objektiv einsetzen / abnehmen
teleobiettivo — Teleobjektiv
grandangolo — Weitwinkelobjektiv
caricare la pellicola [kariˈkaːre la pelˈliːkola] — **den Film einlegen**
soggetto – motivo [sodˈdʒetto – moˈtiːvo] — (Aufnahme-)**Objekt – Motiv**
mirino [miˈriːno] — **Sucher**
mettere a fuoco [ˈmettere a fuˈɔːko] — **die Entfernung einstellen**
Il soggetto deve essere messo a fuoco. — Der Aufnahmegegenstand muss scharf sein.
apertura [aperˈtuːra] — **Blende(nöffnung)**
regolare l'apertura a 8 — die Blende auf 8 stellen
Sorridere, prego! [sorˈriːdere ˈprɛːgo] — **Bitte recht freundlich!**
riavvolgere la pellicola [riavˈvɔldʒere] — **den Film zurückspulen**
sviluppare la pellicola [zvilupˈpaːre] — **den Film entwickeln**
negativo [negaˈtiːvo] — **Negativ**

10.3 Musica e ballo
Musik und Tanz

Kunst und Literatur

musica ['muːzika]
Metto un po' di musica?

Musik
Soll ich ein bisschen Musik auflegen?

un brano musicale
classico ['klassiko]
Preferisci la musica classica o quella leggera?
musicale [muzi'kaːle]
strumento musicale
musicista *m/f* [muzi'tʃista]
I futuri musicisti studiano al conservatorio.
cantare [kan'taːre]
Mi dispiace ma non canto bene.
cantante *m/f* [kan'tante]
Le arie di quella cantante tolgono proprio il fiato!

ein Musikstück
klassisch
Magst du lieber klassische oder leichte Musik?
musikalisch; Musik-
Musikinstrument
Musiker(in)
Künftige Musiker studieren am Konservatorium.
singen
Leider kann ich nicht gut singen.
Sänger(in)
Die Arien dieser Sängerin verschlagen einem wirklich den Atem!

canto ['kanto]
Luca prende lezioni di canto.
canzone *f* [kan'tsoːne]
coro ['kɔːro]
Il coro del Nabucco è famoso.

Singen; Gesang
Lukas nimmt Gesangstunden.
Lied; Song; Chanson
(*Oper, Oratorium*) Chor; Refrain
Der Chor aus dem Nabucco ist berühmt.

melodia [melo'diːa]
Questa melodia è orecchiabile.
suonare [suɔ'naːre]
Sai suonare il pianoforte?
accompagnare [akkompa'ɲaːre]
Lui la accompagnava al piano.

Melodie
Diese Melodie geht ins Ohr.
(ein Musikinstrument) spielen
Kannst du Klavier spielen?
(instrumental) begleiten
Er begleitete sie auf dem Klavier.

Einige Musikinstrumente:

strumento (musicale) [stru'mento] (= (Musik-)Instrument) • *chitarra* [ki'tarra] (= Gitarre) • *organo* ['ɔrgano] (= Orgel) • *pianoforte m* [piano'fɔrte] (= Klavier) • *violino* [vio'liːno] (= Geige, Violine).

---

compositore(-trice) [komposi'toːre(-'triːtʃe)]
opera (lirica) ['ɔːpera]

Komponist(in)

Oper

10.3 Musik und Tanz | **127**

Verdi è tra i maggiori compositori di opere liriche italiani.

prima ['pri:ma]
La prima è stata un successo clamoroso.

direttore(-trice) [diret'to:re(-'tri:tʃe)]
Mio padre è stato un bravo direttore d'orchestra.

dirigere [di'ri:dʒere]
Il direttore dirige l'orchestra.

orchestra [or'kɛstra]
orchestra da camera

banda ['banda]

concerto [kon'tʃɛrto]

Siamo andati ad un concerto.

nota ['nɔta]
Sai leggere le note musicali?

tono ['tɔ:no]

scala ['ska:la]
la scala di do maggiore

maggiore – minore [mad'dʒo:re – mi'no:re]

tempo ['tɛmpo]
Perché non puoi stare a tempo?

ritmo ['ritmo]
Che ritmo! Balliamo?

impianto stereo [impi'anto 'stɛ:reo]
L'impianto stereo non sostituisce uno strumento musicale.

ballo / danza ['ballo / 'dantsa]
Ultimamente frequento una scuola di ballo.

ballare [bal'la:re]
Come sarebbe a dire che non sai ballare? Vieni!

ballerino(-a) [balle'ri:no]
È la prima ballerina della Scala.

balletto [bal'letto]

Verdi gehört zu den größten italienischen Opernkomponisten.

Premiere; Ur-/Erstaufführung
Die Premiere war ein riesiger Erfolg.

Dirigent(in)
Mein Vater ist ein tüchtiger Dirigent gewesen.

dirigieren
Der Dirigent dirigiert das Orchester.

Orchester
Kammerorchester

Kapelle; Band

Konzert (= *Veranstaltung + Komposition*)

Wir waren in einem Konzert.

Note
Kannst du Noten lesen?

Tonhöhe / -lage; Stimmlage

Tonleiter
die C-Dur-Tonleiter

Dur – Moll

Takt
Warum kannst du nicht im Takt bleiben?

Rhythmus
Was für ein Rhythmus! Tanzen wir?

Stereoanlage
Die Stereoanlage ersetzt kein Musikinstrument.

Tanz; Ball
In letzter Zeit gehe ich in eine Tanzschule.

tanzen
Was soll das heißen, dass du nicht tanzen kannst? Komm!

Tänzer(in)
Sie ist Primaballerina an der Scala.

(das) Ballett

10.4 Teatro e cinema
Theater und Film

teatro [te'aːtro]	**Theater**
Dai, andiamo a teatro!	Gehen wir doch ins Theater!
cinema *m* ['tʃiːnema]	**Kino**
Siamo andati al cinema.	Wir sind ins Kino gegangen.
sala ['saːla]	**Saal; Raum**
Dov'è la nostra sala?	Wo ist unser Vorführraum?
film *m* ['film]	**(Kino-)Film**
Scusa, dove danno quel film?	Entschuldige, wo läuft der Film?
fenomenale [fenome'naːle]	**phänomenal; großartig**
Fenomenale questo film!	Großartig dieser Film!
girare [dʒi'raːre]	**drehen; wenden; umblättern**
Questo film lo hanno girato in Sicilia.	Diesen Film haben sie auf Sizilien gedreht.
Potresti girare la pagina?	Könntest du umblättern?
schermo ['skermo]	**Leinwand; Kino; Bildschirm**
adattare per lo schermo	für die Leinwand bearbeiten
cassa ['kassa]	**(Theater-/Kino-)Kasse**
A che ora apre la cassa?	Um wie viel Uhr öffnet die Kasse?
biglietto d'ingresso [bi'ʎetto diŋ'gresso]	**Eintrittskarte**
Hai prenotato i biglietti?	Hast du die Karten reserviert?
abbonamento – abbonato [abbona'mento – abbo'naːto]	**Abonnement – abonniert**
abbonarsi [abbo'narsi]	**abonnieren**
Ti sei poi abbonato a quel ciclo di concerti?	Hast du diesen Konzertzyklus abonniert?
spettatore, spettatrice [spetta'toːre, -'triːtʃe]	**Zuschauer(in)**
il pubblico ['pubbliko]	das **Publikum**; die **Zuschauer**
Il pubblico era entusiasta.	Das Publikum war begeistert.
applauso – applaudire [app'laːuzo – applau'diːre]	**Applaus – applaudieren; klatschen**
Perché non applaudisci?	Warum klatschst du nicht?
rappresentazione *f* [rapprezenta-tsi'oːne]	**Vorstellung, Aufführung**
una rappresentazione noiosa	eine langweilige Aufführung
spettacolo [spet'taːkolo]	**Vorstellung**
Andiamo allo spettacolo della mezzanotte?	Gehen wir in die Mitternachtsvorstellung?

posto (a sedere) ['pɔsto]	(Sitz-)Platz
Non ci sono più posti a sedere.	Die Sitzplätze sind leider aus.
fila ['fi:la]	Reihe
In quale fila siamo?	In welcher Reihe sitzen wir?
programma m [prog'ramma]	Programm
essere in programma	auf dem Programm stehen
regista m/f – regia [re'dʒista – re'dʒi:a]	(Film- / Theater-)Regisseur(in) – Regie
famoso [fa'mo:so]	berühmt
Benigni è un attore e regista famoso.	Benigni ist ein berühmter Schauspieler und Regisseur.
palco(scenico) ['palko('ʃɛniko)]	Bühne
recitare sul palco	auf der Bühne spielen
costume m [ko'stu:me]	Kostüm
recitare [retʃi'ta:re]	spielen
Che ruolo reciti?	Was für eine Rolle spielst du?
ruolo [ru'ɔ:lo]	Rolle
pezzo – brano ['pɛttso – 'brano]	Stück
Di che cosa parla il pezzo?	Wovon handelt das Stück?
commedia – tragedia [kom'mɛdia – tra'dʒɛdia]	Komödie – Tragödie
le commedie di Dario Fo	die Komödien von Dario Fo
giallo ['dʒallo]	Krimi
1° atto, 3ª scena ['pri:mo 'atto, 'tɛrtsa 'ʃe:na]	1. Akt, 3. Szene
trama ['tra:ma]	Handlung
La trama è la seguente: …	Die Handlung ist folgende: …
azione f [atsi'o:ne]	Handlung; Action
In quel pezzo c'è molta azione.	In dem Stück passiert viel.
eroe / eroina [e'rɔ:e / ero'i:na]	Held(in)
L'eroe della commedia è …	Der Held des Stücks ist …
attore(-trice) [at'to:re(-'tri:tʃe)]	Schauspieler(in)
popolare [popo'la:re]	beliebt
un attore popolare	ein beliebter Schauspieler
critico ['kri:tiko]	Kritiker(in); kritisch
critica – criticare ['kri:tika – kriti'ka:re]	Kritik – kritisieren
un'aspra critica	eine harsche Kritik
successo – fiasco [sut'tʃɛsso – fi'asko]	Erfolg – Reinfall
un successo strepitoso – un fiasco clamoroso	ein Riesenerfolg – ein totaler Reinfall

10.5 Architettura e edilizia
Architektur und Bauwesen

architettura [arkitet'tu:ra]	(die) Architektur
architetto(-a) [arki'tetto]	Architekt(in)
architettonico [arkitet'tɔniko]	architektonisch
Il Bauhaus è uno stile architettonico.	Bauhaus ist ein Baustil.
progetto [pro'dʒetto]	Entwurf; Gestaltung
il progetto di un nuovo edificio	die Entwürfe für ein neues Gebäude
progettare [prodʒet'ta:re]	entwerfen
Gli architetti progettano edifici.	Architekten entwerfen Gebäude.
progettazione f [prodʒettatsi'o:ne]	(die) Planung
studio di progettazione	Planungsbüro
licenza di costruzione [li'tʃɛntsa]	(die) (Bau)genehmigung
concedere [kon'tʃɛ:dere]	erteilen; gewähren
Non sempre il comune concede una licenza.	Nicht immer erteilt die Gemeinde eine Genehmigung.
costruire [kostru'i:re]	bauen
Costruite una casa? Complimenti!	Ihr baut? Glückwunsch!
costruzione f [kostrutsi'o:ne]	Bauwerk; (das) Bauen
terreno da costruzione	Baugrundstück; Bauland
edilizia [edi'li:tsia]	Bauwesen
cantiere edile m [kanti'ɛ:re 'edile]	Baustelle
Nel Mezzogiorno ci sono molti cantieri abusivi.	In Süditalien gibt es viele ungenehmigte Baustellen.
edificio [edi'fi:tʃo]	Gebäude
Questo edificio è il Municipio.	Dieses Gebäude ist das Rathaus.
fontana [fon'ta:na]	(Spring)Brunnen
la fontana di Trevi	der Trevi-Brunnen

> *Chi lavora in un cantiere edile (= Wer arbeitet auf der Baustelle)?*
> *L'ingegnere edile* [indʒe'ɲe:re e'di:le] (= Bauingenieur) • *il geometra* [dʒe'ɔ:metra] (= Geometer; Statiker) • *il muratore* [mura'to:re] (= Maurer) • *il piastrellista* [piastrel'lista] (= Fliesenleger) • *l'elettricista* [elettri'tʃista] (= Elektriker) • *l'idraulico* [i'drauliko] (= Installateur)

mattone m [mat'to:ne]	Ziegelstein; Backstein
pietra – stucco – vetro [pi'ɛ:tra – 'stukko – 've:tro]	Stein – Stuck – Glas

10.6 Letteratura
Literatur

letteratura [lettera'tuːra]   (die) Literatur
storia della letteratura   Literaturgeschichte
opera ['ɔːpera]   **Werk**
Le opere di Alberto Moravia in 20 tomi.   Alberto Moravias Werke in 20 Bänden.

> *Generi di narrativa* (= Arten von Erzählliteratur)
> *romanzo* (= Roman) • *giallo* (= Krimi) • *novella* (= Novelle) •
> *romanzo rosa* (= Liebesroman) • *fantascienza* (= Science Fiction) •
> *romanzetto* (= Groschenheft) • *fotoromanzo* (= Fotoroman)

favola ['faːvola] / **fiaba** [fi'aːba]   **Märchen**
le favole della nonna   aus Omas Märchenstube
leggenda [led'dʒenda]   **Legende; Sage**
le leggende nordiche   nordische Sagen
biografia [biogra'fiːa]   **Biografie; Lebensbeschreibung**
Hai letto quella biografia di Dante?   Hast du diese Biographie über Dante gelesen?
diario [di'aːrio]   **Tagebuch**
Tengo un diario da molti anni.   Ich führe seit vielen Jahren Tagebuch.

> *I tre generi letterari e alcuni tipi di letteratura* (= Die drei Dichtungsgattungen und einige Arten von Literatur): *dramma m* ['dramma]
> (= Drama) • *prosa* ['prɔːza] (= Prosa) • *lirica* ['liːrika] (= Lyrik) •
> *commedia – comico* [kom'mɛːdia – 'kɔːmiko] (= Komödie – komisch) •
> *tragedia – tragico* [tra'dʒɛːdia – 'traːdʒiko] (= Tragödie – tragisch) •
> *satira – satirico* ['saːtira – sa'tiːriko] (= Satire – satirisch).

poesia – poetico [poe'ziːa – po'ɛːtico]   (die) Lyrik; Gedicht – poetisch
poeta, poetessa [po'ɛːta, poe'tessa]   **Dichter(-in)**
rima ['riːma]   **Reim**
"Cuore" fa rima con "dolore".   „Herz" reimt sich auf „Schmerz".
scrittore(-trice) [skrit'toːre(-'triːtʃe)]   **Schriftsteller(in)**
Mi piacciono gli scrittori contemporanei.   Mir gefallen zeitgenössische Schriftsteller.
autore(-trice) [au'toːre(-'triːtʃe)]   **Autor(in); Verfasser(in)**
atmosfera [atmos'fɛːra]   **Atmosphäre**

Kapitel 11

11.1 Giorni e occasioni di festa, vacanze
Feiertage, festliche Anlässe, Urlaub

Freizeit und Erholung

vacanza [vaˈkantsa] — Urlaub; Ferien
essere in vacanza — im Urlaub sein
ferie *fpl* [ˈfɛːrie] — Ferien
Chiuso per ferie. — Wegen Urlaub geschlossen.
trascorrere [trasˈkorrere] — verbringen
Quest'anno dove trascorri le vacanze? — Wo verbringst du dieses Jahr deinen Urlaub?
essere fortunato [ˈɛssere fortuˈnaːto] — Glück haben
Sei fortunato! Quattro settimane di vacanze sono lunghe! — Du hast Glück! Vier Wochen Urlaub sind lang!
rimandare [rimanˈdaːre] — verschieben
Dovrò rimandare le mie vacanze. — Ich werde meinen Urlaub verschieben müssen.

fine-settimana *m* / **week-end** *m* — Wochenende
[ˈfiːne-settiˈmaːna / ˈuiːkend]
Durante il fine-settimana siamo via. — Wir sind übers Wochenende weg / verreist.

---

i **Festività civili in Italia** (= Bürgerliche Feiertage)
Anniversario della Liberazione (25 aprile) (= Befreiungstag)
Festa del Lavoro (Primo maggio) (= 1. Mai / „Tag der Arbeit")
Festa della Repubblica (2 giugno) (= Tag der Republik)
Giorno dell'unità nazionale (4 novembre) (= Tag der Nationalen Einheit)

Carnevale (= Fasching) *con giovedì grasso* (= Altweiberfastnacht), *lunedì grasso e martedì grasso* (= Rosenmontag / Faschingsdienstag)

Festa della mamma (seconda domenica di maggio) (= Muttertag)
Festa del papà / San Giuseppe (19 marzo) (= Vatertag)
Festa della donna (8 marzo) (= Frauentag)
Festa degli innamorati / San Valentino (14 febbraio) (= Valentinstag)

---

i **Festività religiose in Italia** (= Kirchliche Feiertage)
Capodanno (= Silvester)
Epifania (= Heilige Drei Könige)
Pasqua (= Ostern), *Lunedì dell'Angelo* (= Ostermontag)

Ferragosto / Assunzione di Maria Vergine (15 agosto)
(= Mariä Himmelfahrt)
Ognissanti (1° novembre) (= Allerheiligen)
Festa dell' Immacolata (8 dicembre) (= Unbefleckte Empfängnis)
Natale (25 dicembre) (= Weihnachten)
Santo Stefano (26 dicembre) (= 2. Weihnachtsfeiertag)

celebrare [tʃeleb'ra:re]	feiern; (feierlich) **begehen**
celebrare un battesimo	eine Taufe feiern
festa ['festa]	**Feier; Feiertag**
festività [festivi'ta]	**Feier(lichkeit); Fest**
la festività del Santo Natale	das Heilige Weihnachtsfest
carnevale m [karne'va:le]	**Fasching; Karneval**
Vai al corteo di carnevale?	Gehst du zum Karnevalsumzug?
la maschera ['maskera]	**Maske**
vestirsi in maschera	sich verkleiden

i **Alcune delle maschere di Carnevale più famose:**
Arlecchino, Colombina, Pantalone, Pulcinella, Balanzone, Meneghino.

compleanno [komple'anno]	**Geburtstag**
Quand'è il tuo compleanno?	Wann hast du Geburtstag?
augurio [au'gu:rio]	**Glückwunsch**
Tanti auguri di buon compleanno!	Herzlichen Glückwunsch zum Geburtstag!
da parte di [da 'parte di]	**von**
Auguri anche da parte di Remo!	Alles Gute auch von Remo!
compiere gli anni ['kompiere ʎi 'anni]	**Geburtstag haben**
Rolando quando compie gli anni?	Wann hat Rolando Geburtstag?
augurare [augu'ra:re]	**wünschen**
Ti auguro ogni bene!	Ich wünsche dir alles Gute!
regalo [re'ga:lo]	**Geschenk**
Ti hanno fatto molti regali per il tuo compleanno?	Hast du viele Geschenke zum Geburtstag bekommen?
regalare [rega'la:re]	**schenken**
Cosa gli regaliamo?	Was schenken wir ihm?
ricordo [ri'kɔrdo]	**Erinnerung; Andenken**
Ti regalo questo ciondolo come ricordo.	Ich schenke dir diesen Anhänger als Andenken.
anniversario [anniver'sa:rio]	**Jahrestag; Jubiläum**
Celebriamo il 50° anniversario della ditta.	Wir feiern unser fünfzigjähriges Jubiläum/Bestehen.

11.2 I rapporti sociali
Gesellschaftlicher Umgang

compagnia [kompa'ɲi:a] — Gesellschaft; Umgang
Mi fai compagnia? — Leistet du mir Gesellschaft?
accompagnare [akkompa'ɲa:re] — begleiten
Nonno, ti accompagno io! — Opa, ich begleite dich!
visita ['vi:zita] — Besuch; Untersuchung (*Arzt*)
Pensavamo di farti una visita. — Wir hatten vor, dich zu besuchen.
andare a trovare [an'da:re a tro'va:re] — besuchen
visitare [vizi'ta:re] — besichtigen; untersuchen (*Arzt*); besuchen
Domani vengo a visitarti. — Morgen besuche ich dich.
trovarsi [tro'varsi] — sich treffen
incontrarsi [iŋkon'trarsi] — sich treffen
A che ora ci incontriamo? — Um wie viel Uhr treffen wir uns?
incontro [iŋ'kontro] — Treffen; Begegnung
incontrare [iŋkon'tra:re] — treffen; begegnen
Sai chi ho incontrato in centro? — Weißt du, wem ich im Zentrum begegnet bin?

accogliere [ak'kɔ:ʎere] — empfangen; begrüßen
Come ti hanno accolto? — Wie haben sie dich empfangen?
dare il benvenuto [benve'nu:to] — willkommen heißen
salutare [salu'ta:re] — (be)grüßen; (sich) verabschieden
Piero non saluta mai nessuno. — Piero grüßt niemanden.
saluto [sa'lu:to] — Gruß
Tanti saluti dai nonni! — Viele Grüße von den Großeltern!
farsi vivo ['farsi 'vi:vo] — sich melden; sich sehen lassen
Ti fai vivo domani? — Meldest du dich morgen?
uscire [u'ʃi:re] — ausgehen
Usciamo stasera? — Gehen wir heute abend aus?
appuntamento [appunta'mento] — Verabredung, Treffen
Ho fissato l'appuntamento per giovedì. — Ich habe das Treffen für Donnerstag vereinbart.
festa ['fɛsta] — Party
dare/fare una festa — eine Party geben/feiern
festeggiare [fested'dʒa:re] — feiern
Festeggi il tuo compleanno? — Feierst du deinen Geburtstag?
preparativo [prepara'ti:vo] — Vorbereitung
A che punto sono i preparativi? — Wie weit sind die Vorbereitungen?
riunione *f* [riuni'o:ne] — Treffen; Zusammenkunft, Meeting
Il capo è in riunione. — Der Chef ist in einem Meeting.

Tempo libero e ricreazione

ospite *m/f* [ˈɔspite]	Gastgeber(in); Gast
Marco è un ospite gentile.	Mario ist ein netter Gastgeber.
Abbiamo ospiti a cena.	Wir haben Gäste zum Abendessen.
invito [inˈviːto]	**Einladung**
Grazie per l'invito.	Danke für die Einladung.
invitare [inviˈtaːre]	**einladen**
Siamo invitati al party?	Sind wir zur Party eingeladen?
ringraziare [riŋgratsiˈaːre]	**(sich be)danken**
Ti ringrazio del gentile invito!	Ich dank' dir für die nette Einladung!

> 💡 Vorsicht! *Ringraziare* wird anders als im Deutschen **nicht rückbezüglich** gebildet! „*Mi ringrazio*" hieße also: ich danke mir selbst!

aderire [adeˈriːre]	annehmen; beitreten (Partei)
Aderisco volentieri al Suo invito.	Ich nehme Ihre Einladung gerne an.
accomodarsi [akkomoˈdarsi]	**Platz nehmen; sich setzen**
Prego, si accomodi!	Bitte nehmen Sie Platz!
presentare [prezenˈtaːre]	**vorstellen**
Ora ti presento ai miei amici.	Jetzt stelle ich dich meinen Freunden vor.
dare del tu/Lei [ˈdaːre del tu/lɛi]	**duzen/siezen**
Propongo di darci del tu.	Ich schlage vor, wir duzen uns.
addio [adˈdiːo]	**Abschied; leb'wohl**
la festa d'addio	das Abschiedsfest
rifiuto [rifiˈuːto]	**Ablehnung; Weigerung**
rifiutare [rifiuˈtaːre]	**ablehnen; zurückweisen**
rifiutare un invito	eine Einladung ablehnen
rifiutarsi [rifiuˈtarsi]	**sich weigern**
Mi rifiuto di venire in maschera.	Ich weigere mich, verkleidet zu kommen.
brindisi *m* [ˈbrindizi]	**Toast; Trinkspruch**
brindare [brinˈdaːre]	**anstoßen; trinken**
Brindiamo alla nostra amicizia!	Trinken wir auf unsere Freundschaft!
sollevare [solleˈvaːre]	**(er-, auf-)heben**
Solleviamo i bicchieri!	Erheben wir die Gläser!

> *i* **Tipici brindisi** (= Gebräuchliche Trinksprüche)
> *Alla Vostra / tua salute!* (= Auf Ihr/dein Wohl!)
> *Cin, cin!* (= Prost! / Prosit! / Zum Wohl!)

11.3 Divertimenti e hobby
Vergnügungen und Hobbys

circo ['tʃirko]	Zirkus
Andiamo al circo?	Gehen wir in den Zirkus?
discoteca [disko'tɛːka]	Diskothek
Andiamo spesso in discoteca.	Wir gehen oft in die Disko.
gara ['gaːra]	(Wett-)Kampf; Wettbewerb
scommettere [skom'mettere]	wetten
Scommettiamo che vince la gara il numero 4?	Wetten wir, dass die Nummer 4 den Wettbewerb gewinnt?
zoo ['dzɔo]	Tiergarten; Zoo
Bambini, andiamo allo zoo?	Kinder, gehen wir in den Zoo?
voglia ['vɔːʎa]	Lust
Hai voglia di andare al cinema?	Hast du Lust, ins Kino zu gehen?
divertimento [diverti'mento]	Vergnügen; Unterhaltung
Buon divertimento!	Viel Vergnügen!
divertirsi [diver'tirsi]	Spaß haben, sich amüsieren
Ciao bambini, e divertitevi!	Tschüss Kinder, amüsiert euch!
scherzo ['skertso]	Scherz; Spaß
L'ho detto per scherzo!	Das habe ich zum Spaß gesagt!
scherzare [sker'tsaːre]	scherzen
Scherzi?	Machst du Witze?
barzelletta [bardzel'letta]	Witz
Mi piacciono le barzellette.	Ich mag Witze.
risata [ri'zaːta]	Lachen; Gelächter
Ci siamo fatti molte risate.	Wir haben oft gelacht.
godersi [go'dersi]	genießen
Godiamoci il sole!	Genießen wir die Sonne!
passeggiata [passed'dʒaːta]	Spaziergang
passeggiare [passed'dʒaːre]	spazieren (gehen)
È bello passeggiare lungo un viale ombroso.	Es ist schön, eine schattige Allee entlang zu spazieren.
andare a spasso [an'daːre a 'spasso]	spazieren gehen
Chi va a spasso dopo pranzo?	Wer geht nach dem Mittagessen spazieren?
riposare [ripo'saːre]	(sich) ausruhen
Mi piace riposare dopo mangiato.	Ich ruhe mich gerne nach dem Essen aus.
riposarsi [ripo'sarsi]	sich ausruhen
indovinare [indovi'naːre]	(er)raten
Chi indovina di chi parlo?	Wer errät, von wem ich spreche?

gioco ['dʒɔːko]	Spiel
giocare a carte [dʒoˈkaːre a ˈkarte]	Karten spielen
hobby *m* [ˈɔbbi]	Hobby
I miei hobby sono ...	Zu meinen Hobbys gehören ...
passatempo [passaˈtempo]	Zeitvertreib; Hobby
Qual è il tuo passatempo preferito?	Was ist deine Lieblingsbeschäftigung?
interesse *m* [inteˈrɛsse]	Interesse(ngebiet)
Quali interessi ha Lei?	Was für Interessen haben Sie?
interessarsi [interesˈsarsi]	sich interessieren
Lui si interessa di francobolli.	Er interessiert sich für Briefmarken.
attività [attiviˈta]	Betätigung; Tätigkeit; Beschäftigung
le attività del tempo libero	Freizeitbeschäftigungen

Manualità (= Handarbeit, Kunsthandwerk, Basteln)
cucire (= nähen) • *lavorare a maglia* (= stricken) • *lavorare all'uncinetto* (= häkeln) • *ricamare* (= sticken) • *fare bricolage* (= basteln) • *lavorare con la ceramica* (= töpfern)

---

rilassarsi [rilasˈsarsi]	sich entspannen
Mi rilasso andando al cinema.	Ich entspanne mich durch Kinobesuche.
tempo libero [ˈtempo ˈliːbero]	Freizeit
Cosa fai nel tuo tempo libero?	Was machst du in deiner Freizeit?
dedicarsi a un hobby [dediˈkarsi]	sich einem Hobby **widmen**
collezione *f* [kollettsiˈoːne]	Sammlung
collezionare [kollettsioˈnaːre]	sammeln
I bambini collezionano figurine.	Kinder sammeln Abziehbildchen.

Cosa colleziona la gente (= Was die Leute so sammeln)
francobolli (= Briefmarken) • *cartoline* (= Postkarten) • *schede telefoniche* (= Telefonkarten) • *monete* (= Münzen) • *autografi* (= Autogramme) • *antichità* (= Antiquitäten)

---

pesca [ˈpeska] – **pescare** [pesˈkaːre]	Angeln; Fischen – angeln, fischen
Va a pesca per rilassarsi.	Zur Entspannung geht er angeln.
fotografia [fotograˈfiːa]	Fotografie
fotografare [fotograˈfaːre]	fotografieren
Ci potrebbe fotografare?	Könnten Sie mal fotografieren?
mi piace fare qualcosa [mi piˈaːtʃe]	ich tue etwas **gern**
Mi piace ascoltare la musica.	Ich höre gern Musik.

11.4 Viaggi e turismo, alloggio
Reisen und Tourismus, Unterkunft

agenzia viaggi [adʒen'tsia vi'addʒi]	Reisebüro
viaggio [vi'addʒo]	**Reise**
essere in viaggio d'affari	auf Geschäftsreise sein
Buon viaggio! Fai buon viaggio!	Gute Reise! Gute Fahrt!
viaggiare [viad'dʒa:re]	**reisen**
Preferisco viaggiare in treno.	Ich reise lieber mit dem Zug.
viaggiatore, viaggiatrice [viaddʒa'to:re, -'tri:tʃe]	**Reisende** m/f
I viaggiatori sono pregati di non fumare.	Die Reisenden werden gebeten, nicht zu rauchen.
andare [an'da:re]	**gehen; fahren**
Dove andate?	Wo fahrt ihr hin?
Come va?	Wie geht's?

 Andare / venire a prendere [an'da:re / ve'ni:re a 'prɛndere] (**abholen**). Der Gebrauch von *andare* oder *venire* hängt von der Sprechabsicht ab: Sprechen Sie von Dritten, benutzen Sie *andare*, wenden Sie sich an jemand anderen, benutzen sie *venire*. *Chi va a prendere il nonno* (Wer holt den Opa ab)? *Ti vengo a prendere* (Ich hole dich ab).

(ri)tornare [(ri)tor'na:re]	**zurückkehren, -kommen**
Quando tornate?	Wann kehrt ihr zurück?
turismo [tu'rizmo]	**Tourismus**
L'isola vive di turismo.	Die Insel lebt vom Tourismus.
turista m/f [tu'rista]	**Tourist(in)**
turistico [tu'ristiko]	**touristisch**
Quella località è molto turistica.	Jener Ort ist sehr touristisch.
all'estero [all'ɛstero]	**ins Ausland / im Ausland**
Quest'anno andiamo all'estero.	Dieses Jahr fahren wir ins Ausland.
giro ['dʒi:ro]	**Tour; (Rund-)Fahrt; (Rund-)Reise**
fare il giro della città	eine Stadttour machen
non veder l'ora [non ve'der l'ora]	**es nicht abwarten können**
Non vedo l'ora di partire.	Ich kann es gar nicht abwarten, abzufahren.
visitare [vizi'ta:re]	**besuchen; besichtigen**
Abbiamo visitato il duomo.	Wir haben den Dom besichtigt.
soggiorno [sod'dʒorno]	**Aufenthalt**
azienda autonoma di soggiorno	Fremdenverkehrsamt

guida [gu'i:da]	Fremdenführer; Reiseleiter(in) / Reiseführer (Buch)
La nostra guida parla anche tedesco.	Unser(e) Reiseleiter(in) spricht auch Deutsch.
orario di apertura [o'ra:rio di aper'tu:ra]	Öffnungszeiten
A che ora apre?	Wann wird hier geöffnet?
arrivare [arri'va:re]	ankommen
A che ora arriviamo?	Um wie viel Uhr kommen wir an?
arrivo [ar'ri:vo]	Ankunft
il tabellone degli arrivi	die Ankunftstafel / -anzeige
partire [par'ti:re]	abfahren, -reisen
Quando partite? – Domani.	Wann fahrt ihr los? – Morgen.
partenza [par'tɛntsa]	Abreise; Abfahrt; Abflug
il tabellone delle partenze	die Abfahrtstafel / -anzeige
ritardo [ri'tardo]	Verspätung; Verzögerung
Il treno arriva in ritardo.	Der Zug kommt verspätet an.
autostop *m* [auto'stɔp]	Autostopp; Trampen
fare l'autostop	Autostopp machen; trampen
dogana [do'ga:na]	Zoll
Abbiamo passato la dogana senza problemi.	Wir sind problemlos durch den Zoll gekommen.
visto ['visto]	Visum
richiedere un visto [riki'ɛ:dere]	ein Visum **beantragen**
richiesta di un visto [riki'ɛsta]	**Antrag** auf ein Visum
passaporto [passa'pɔrto]	(Reise-)**Pass**
Passaporti, prego!	Passkontrolle, bitte!
valido ['va:lido]	gültig
Questo visto è valido 90 giorni.	Dieses Visum ist 90 Tage gültig.
carta d'identità ['karta didenti'ta]	Personalausweis
assicurazione *f* [assikuratsi'o:ne]	Versicherung
assicurazione contro la perdita di ...	Versicherung gegen den Verlust von ...
cambio ['kambio]	Umtausch (*Geld*)
cambiare [kambi'a:re]	wechseln; umtauschen
cambiare dollari in euro	Dollar in Euro umtauschen
bagagli *mpl* [ba'ga:ʎi]	Gepäck
deposito bagagli	Gepäckaufbewahrung
valigia [va'li:dʒa]	Koffer
fare / disfare le valigie	die Koffer packen / auspacken
zaino ['dza:ino]	Rucksack
noleggiare [noled'dʒa:re]	(ver)mieten
Noleggia ombrelloni?	Vermieten Sie Sonnenschirme?

tariffa [ta'riffa]
Qual è la tariffa giornaliera?
alloggio [al'lɔddʒo]
un alloggio accogliente
hotel *m* [o'tɛl] / **albergo** [al'bɛrgo]
pensione *f* [pensi'o:ne]
Alcune pensioni offrono solo pernottamento e colazione.
ostello della gioventù [o'stɛllo 'della dʒoven'tu]
campeggio [kam'peddʒo]
Il campeggio si trova in una pineta.
prenotazione *f* [prenotatsi'o:ne]
prenotare [preno'ta:re]
Abbiamo prenotato una camera al Prince Hotel.
supplemento [supple'mento]
pernottamento [pernotta'mento]
Sono stati cinque pernottamenti.
camera ['ka:mera]
supplemento camera singola
singolo ['singolo] / **doppio** ['doppio]
camera singola con bagno
camera matrimoniale / doppia

disporre [dis'porre]
La camera dispone di tv satellitare.

colazione *f* [kolatsi'o:ne]
La colazione viene servita dalle 7.00 alle 9.00.
disturbare [distur'ba:re]
Non disturbare.
portiere(-a) [porti'ɛ:re]
Lasci le chiavi al portiere.

cassiere(-a) [kassi'ɛ:re]
C'è un cassiere o si paga all'automatico?

Tarif
Wie hoch ist der Tagestarif?
Unterkunft; (Nacht-)**Quartier**
eine gemütliche Unterkunft
Hotel
(Fremden-)**Pension**
Manche Pensionen bieten nur Übernachtung und Frühstück.
Jugendherberge

Campingplatz, Camping
Der Campingplatz liegt in einem Pinienhain.
(Zimmer-)Reservierung
buchen; reservieren
Wir haben ein Zimmer im Prince Hotel gebucht.
Aufschlag; Aufpreis
Übernachtung
Es waren fünf Übernachtungen.
Zimmer
Einzelzimmeraufschlag
Einzel- / Zweibett-
ein Einzelzimmer mit Bad
Zimmer mit Doppelbett / Zweibettzimmer

verfügen; (an)ordnen
Das Zimmer verfügt über Satelliten-TV.
Frühstück
Frühstück gibt es von 7.00 bis 9.00 Uhr.
stören
Bitte nicht stören.
(Hotel-)**Portier / Empfangsdame**
Hinterlassen Sie Ihre Schlüssel beim Portier.
Kassierer(in)
Gibt es einen Kassierer oder wird am Automaten gezahlt?

11.5 Acquisti
Einkaufen

Frasi utili — Nützliche Redensarten

Cerco ... ['tʃerko] — Ich suche ...
Avete/Ha ...? [a'veːte / a] — Haben/Führen Sie ...?
Dove trovo ...? ['doːve 'trɔːvo] — Wo finde ich ...?
Quanto costa ...? ['kuanto 'kosta] — Was kostet ...?
Quant'è? ['kuantɜ] — Was macht das?
Qual è ...? ['kual ɜ] — Welche(r) ist ...?

spesa ['speːsa] — Einkauf
carrello (per la spesa) [kar'rɛllo] — Einkaufswagen
fare la spesa ['fare la 'speːsa] — einkaufen
Di solito faccio la spesa sabato mattina. — Für gewöhnlich kaufe ich samstags vormittags ein.
fare spese ['fare 'speːse] — Shopping machen; shoppen
comprare [kom'praːre] — kaufen
Compriamo un po' di frutta? — Kaufen wir ein wenig Obst?
acquisto [akku'isto] — Kauf; Erwerb
Oggi ho fatto buoni acquisti. — Heute habe ich schöne Sachen gekauft.

acquistare [akku'istaːre] — kaufen; erwerben
Avete poi acquistato il villino? — Habt ihr das Häuschen dann schließlich gekauft?

negozio [ne'gɔːtsio] — Laden
andare per negozi — einen Einkaufsbummel machen
aperto [a'pɛrto] — offen; geöffnet
Vedi un po' se il negozio è aperto? — Schaust du mal, ob das Geschäft geöffnet ist?

chiuso [ki'uːso] — zu; geschlossen
chiuso per ferie — wegen Urlaub geschlossen
generi *mpl* **alimentari** ['dʒeneri alimen'taːri] — Lebensmittel
Dove trovo i generi alimentari? — Wo finde ich die Lebensmittel?
scelta ['ʃelta] — (Aus)wahl
In quel negozio hanno una vasta scelta. — In dem Geschäft haben sie eine große Auswahl.
negoziante *m/f* / **commerciante** *m/f* [negottsi'ante / 'kommer'tʃante] — Händler(-in)
commerciale [kommer'tʃale] — wirtschaftlich; geschäftlich; Geschäfts-

Il centro commerciale è a due chilometri.
Das Geschäftszentrum ist zwei Kilometer weit weg.

Alcune parti del negozio (Einige Teile des Ladens)
insegna (= Ladenschild) • *serranda* (= Rolladen) • *vetrina* (= Schaufenster) • *banco* (= Theke) • *bancone* m (= Ladentisch) • *scaffale* m (= Regal) • *espositore* m (= Display) • *il retrobottega* (= Hinterraum des Ladens)

cliente m/f [kli'ente]
Kunde / Kundin
Per l'assistenza clienti chiamate ...
Unsere Kundenbetreuung erreichen Sie unter der Nummer ...

clientela [klien'tɛla]
Kundschaft
commesso(-a) [kom'messo]
Verkäufer(in) (*in Laden, Kaufhaus etc.*)

offerta speciale [of'fɛrta spe'tʃaːle]
günstiges Angebot; Sonderangebot
Hai visto le offerte speciali?
Hast du die Sonderangebote gesehen?

risparmiare [risparmi'aːre]
sparen
Potete risparmiare fino al 40 per cento.
Sie können bis zu 40 Prozent sparen.

a buon prezzo / a buon mercato [a buˈɔn 'prɛttso / a buˈɔn merˈkaːto]
günstig; billig
L'ho comprato a buon prezzo.
Das habe ich günstig gekauft.

economico [ekoˈnɔːmiko]
(spott)billig
Ma quel prezzo è davvero economico.
Der Preis ist aber wirklich billig.

confronto [konˈfronto]
Vergleich
Fammi fare un confronto dei prezzi.
Lass' mich die Preise vergleichen.

confrontare [konfronˈtaːre]
vergleichen
A confrontare si può risparmiare.
Wenn man vergleicht, kann man sparen.

includere [inˈkluːdere]
beinhalten; umfassen
Il prezzo include l'assistenza tecnica?
Beinhaltet der Preis den technischen Kundendienst?

incluso / compreso [inˈkluːzo / komˈpreːso]
inklusive
Il servizio è compreso.
Der Service ist inklusive.

sconto ['skonto]
Preisnachlass; Rabatt
Mi fa uno sconto?
Geben Sie mir Rabatt?
No, non effettuiamo sconti.
Nein, wir geben keinen Rabatt.

11.5 Einkaufen

ricevuta [ritʃeˈvuːta]　　　　Quittung
scontrino [skonˈtriːno]　　　Kassenbon; Beleg
Mi dà lo scontrino, per favore?　Geben Sie mir bitte den Bon?
cassa [ˈkassa]　　　　　　　**Kasse**
C'è molto da aspettare alla cassa?　Muss man lange an der Kasse anstehen?

spingere [ˈspindʒere]　　　schieben; drängeln
Non spinga, per favore!　　　Drängeln Sie bitte nicht!
　Aspettiamo tutti.　　　　　　Wir warten alle.
Bimbi, chi spinge il carrello?　Kinder, wer schiebt den Einkaufswagen?

resto [ˈrɛsto]　　　　　　　**Rest(geld)**
EccoLe il resto!　　　　　　　Da ist Ihr Restgeld!
svendita [ˈsvendita]　　　　(Aus-/Schluss-)Verkauf
L'ho comprato in svendita.　　Das habe ich im Ausverkauf erstanden.

marca [ˈmarka]　　　　　　　**Marke**
Sara compra solo vestiti di marca.　Sara kauft nur Markenkleidung.

Tipi di negozi e negozianti

cartoleria (= Schreibwarengeschäft) – *cartolaio* (= Schreibwarenhändler)
merceria (= Kurzwarengeschäft) – *merciaio* (= Kurzwarenhändler)
tabaccheria (= Tabakwarengeschäft) – *tabaccaio* (= Tabakwarenhändler)
panetteria (= Bäckerei) – *panettiere* (= Bäcker)
drogheria (= Drogerie) – *droghiere* (= Drogist)
macelleria (= Metzgerei) – *macellaio* (= Metzger)
salumeria (= Wurstwarengeschäft) – *salumiere* (= Wurstwarenhändler)
pescheria (= Fischgeschäft) – *pescivendolo* (= Fischhändler)
edicola (= Zeitungsgeschäft) – *giornalaio* (= Zeitungshändler)
farmacia (= Apotheke) – *farmacista* (= Apotheker/-in)
oreficeria (= Goldschmiede) – *orefice* (= Goldschmied)
gioielleria (= Juweliergeschäft) – *gioielliere* (= Juwelier)
pasticceria (= Konditorei) – *pasticcere* (= Konditor)
negozio ortofrutticolo (Obst- und Gemüseladen) – *fruttivendolo* (Obst- und Gemüsehändler)
supermercato / *ipermercato* (= Supermarkt)
grande magazzino (= Kaufhaus)
centro commerciale (= Einkaufszentrum)

11.6 Sport
Sportarten

sport *m* ['spɔrt] — Sport; Sportart
sportivo(-a) [spor'ti:vo] — Sportler(in); sportlich
Che sport pratichi? — Welche Sportart betreibst du?
partita [par'ti:ta] — (Wett-)Spiel; Partie; Match
Facciamo una partita a scacchi? — Wollen wir eine Partie Schach spielen?

partita di tennis / di calcio — ein Tennismatch / ein Fußballspiel
gara ['ga:ra] — Wettbewerb
allenamento [allena'mento] — Training
allenarsi [alle'narsi] — trainieren
Sergio allena ogni mattina i suoi addominali. — Sergio trainiert jeden Morgen seine Bauchmuskeln.
allenatore(-trice) [allena'to:re, -'tri:tʃe] — Trainer(in)

muovere – muoversi [muɔ:vere – muɔ:versi] — (sich) bewegen
Muoversi fa bene. — Sich zu bewegen tut gut.
Non riesco a muovere il piede. — Ich kann den Fuß nicht bewegen.
sfidare [sfi'da:re] — herausfordern
Non bisogna sfidare il destino. — Man darf das Schicksal nicht herausfordern.

vincere (– vinsi – vinto) ['vintʃere] — gewinnen
perdere (– persi – perso) ['pɛrdere] — verlieren
Avete vinto o perso? — Habt ihr gewonnen oder verloren?
ultimo ['ultimo] — letzte; Letzte(r)
Poveretto, è arrivato ultimo! — Der Ärmste ist Letzter geworden!
atleta *m/f* [a'tlɛ:ta] — Athlet(in); Sportler(in)
Tutti gli atleti sognano medaglie. — Alle Athleten träumen von Medaillen.

medaglia [me'da:ʎa] — Medaille
Le è stata consegnata la medaglia di bronzo. — Ihr ist die Bronzemedaille verliehen worden.
campione(-ssa) (mondiale) [kampi'o:ne(-'nessa)] — (Welt-)Meister(in)
record (mondiale) *m* ['rɛkɔrd] — (Welt-)Rekord
stabilire / battere / detenere un record — einen Rekord aufstellen / brechen / halten
dilettante *m/f* – professionista *m/f* [dilet'tante – professio'nista] — Amateur(-) – Profi(-)

corsa ['korsa] — Rennen; (Wett-)Lauf; Rennsport
correre ['korrere] — rennen; laufen
Ho corso tutto il giorno. — Ich bin den ganzen Tag herumgerannt.

pista / percorso ['pista / per'korso] — (Renn-)Bahn; Rennstrecke; Piste
Il percorso è molto difficile. — Die Strecke ist sehr schwer.
sciare [ʃi'a:re] — Ski laufen; Ski fahren
Purtroppo non so sciare bene. — Leider kann ich nicht gut Ski laufen.

fare vela ['fa:re 've:la] — segeln
I laghi bavaresi sono ideali per fare vela. — Die bayrischen Seen sind ideal zum Segeln.
nuoto [nu'ɔ:to] — Schwimmen
nuotare [nuo'ta:re] — schwimmen
Dai, andiamo a nuotare! — Na los, gehen wir schwimmen!
calcio ['kaltʃo] — Fußball(spiel)
Gli italiani amano il calcio. — Italiener lieben Fußball.
squadra [sku'a:dra] — Mannschaft
La squadra azzurra è la nazionale italiana. — Die Blauen sind die italienische Nationalmannschaft.
giocatore(-trice) [dʒoka'to:re, -'tri:tʃe] — Spieler(in)
pallone [pal'lo:ne] — Fußball
A molti piace giocare a pallone. — Viele spielen gerne Fußball.
arbitro ['arbitro] — Schiedsrichter
Quell'arbitro è una schiappa! — Der Schiedsrichter ist eine Flasche!
fischiare [fiski'a:re] — pfeifen
Chi fischia la partita? — Wer pfeift das Spiel?
stadio ['sta:dio] — Stadion
Sabato prossimo andiamo allo stadio? — Gehen wir nächsten Samstag ins Stadion?
campo (da gioco) ['kampo] — Spielfeld
I giocatori scendono in campo. — Die Spieler laufen auf.
go(a)l *m* [gol] — Tor, Treffer
segnare [se'ɲa:re] — erzielen
Chi ha segnato il primo goal? — Wer hat das erste Tor erzielt?
sconfiggere [skon'fiddʒere] — besiegen
Accidenti, ci hanno sconfitti! — Mist, sie haben uns besiegt!
campionato [kampio'na:to] — Meisterschaft
Quante squadre disputano il campionato? — Wie viele Mannschaften spielen um die Meisterschaft?
spettatore(-trice) [spetta'to:re, -'tri:tʃe] — Zuschauer(-in)
tifoso(-a) [ti'fo:so] — Fan

Kapitel 12

12.1 Cielo, clima e tempo
Himmel, Klima und Wetter

Die Erde

astronomia [astroˈmiːa]	Astronomie
universo [uniˈvɛrso]	Universum
spazio [ˈspattsio]	Weltraum, Weltall

> **Die Raumfahrt:** *astronauta m/f* [astroˈnaːuta] (= Astronaut /-in) • *astronave f* [astroˈnaːve] (= Raumschiff) • *lancio* [ˈlantʃo] (= Abschuss, Start) • *navicella* [naviˈtʃɛlla] (= Raumfähre) • *satellite m* [saˈtɛllite] (= Satellit) • *spaziale* [spattsiˈaːle] (= Weltraum-, Raum-).

pianeta *m* [piaˈneːta]	Planet
luna [ˈluːna]	Mond
stella [ˈstella]	Stern
brillare [brilˈlaːre]	glänzen; leuchten
Le stelle brillano nel cielo.	Die Sterne leuchten am Himmel.
sole *m* [ˈsole]	Sonne
soleggiato [soledˈdʒaːto]	sonnig
splendere [ˈsplɛndere]	scheinen
È tornato a splendere il sole!	Die Sonne scheint wieder!
raggio [ˈraddʒo]	Strahl
I raggi del sole riscaldano già.	Die Sonnenstrahlen wärmen schon.
ombra [ˈombra]	Schatten
atmosfera [atmosˈfɛːra]	Atmosphäre
clima *m* [ˈkliːma]	Klima
Un cambiamento di clima Le farà bene.	Ein Klimawechsel wird Ihnen gut tun.
mite – rigido [ˈmiːte – ˈriːdʒido]	mild – rau; streng
Il clima qui è mite / rigido.	Das Klima hier ist mild / rau.
aria [ˈaːria]	Luft
L'aria di campagna è pura.	Landluft ist rein.
tempo [ˈtɛmpo]	Wetter
Com'è il tempo? / Che tempo fa?	Wie ist denn das Wetter?
Fa / C'è bel / brutto tempo.	Es ist schön / schlecht.
Il tempo è bello / brutto.	Das Wetter ist schön / schlecht.
splendido [ˈsplɛndido]	herrlich; großartig; toll
giornata [dʒorˈnaːta]	Tag (*fig.* aufs Wetter bezogen)
Che splendida giornata!	Was für ein herrlicher Tag!

> Beachten Sie bitte den Unterschied zwischen 1) *mattina | giorno | sera | notte* und 2) *mattinata | giornata | serata | nottata*. 1) bezieht sich auf den Zeitpunkt, 2) bezieht sich auf die Dauer und die Wetterbedingungen: *in mattinata* (= im Laufe des Vormittags).

temperatura [tempera'tu:ra]	Temperatur
termometro [ter'mɔ:metro]	Thermometer
Il termometro segna la temperatura.	Das Thermometer zeigt die Temperatur an.
caldo – freddo ['kaldo – 'freddo]	warm; heiß; Wärme; Hitze – kalt; Kälte
fa caldo / freddo	es ist warm / kalt
tiepido [ti'ɛ:pido]	(lau)warm
fare la doccia con l'acqua tiepida	mit lauwarmem Wasser duschen
fresco ['fresko]	kühl; frisch
È diventato più fresco.	Es ist kühler geworden.
Questo pesce è freschissimo.	Dieser Fisch ist ganz frisch.
cielo ['tʃɛlo]	Himmel
Il cielo è terso.	Der Himmel ist stahlend blau.
sereno [se're:no]	heiter
Oggi il tempo rimarrà sereno.	Heute wird es heiter bleiben.
coperto [ko'pɛrto]	bedeckt; bewölkt
nuvoloso [nuvo'lo:so]	bewölkt; wolkig; bedeckt
Rimarrà in prevalenza nuvoloso.	Es bleibt überwiegend bewölkt.
nuvola ['nu:vola]	Wolke
Vedi quelle nuvole grigie? Arriva un temporale.	Siehst du die grauen Wolken? Es zieht ein Gewitter auf.
temporale *m* [tempo'ra:le]	Gewitter
lampo / fulmine *m* ['lampo / 'fulmine]	Blitz
Ho visto il primo lampo!	Ich hab' den ersten Blitz gesehen!
tuono [tu'ɔ:no]	Donner
In lontananza si ode il rombo del tuono.	In der Ferne hört man Donnergrollen.
fuoco – incendio [fu'ɔ:ko – in'tʃɛndio]	Feuer – Brand
Non si gioca col fuoco.	Mit dem Feuer spielt man nicht.
bruciare [bru'tʃa:re]	brennen
L'incendio ha bruciato tutta la pineta.	Bei dem Brand ist der gesamte Pinienhain abgebrannt.
fiamma [fi'amma]	Flamme
estinguere le fiamme	die Flammen löschen
pioggia – piovere [pi'ɔddʒa – pi'ɔ:vere]	Regen – regnen

Nelle giornate di pioggia non serve annaffiare.
An regnerischen Tagen braucht man nicht zu gießen.

Tra poco si metterà a piovere.
Bald wird es regnen.

piovoso [pio'vo:so]
regnerisch, Regen-

L'inverno è piovoso.
Der Winter ist regnerisch.

goccia – gocciolare ['gottʃa – gottʃo'la:re]
Tropfen – tropfen

Il rubinetto in bagno gocciola.
Der Wasserhahn im Bad tropft.

grandine f **– grandinare** ['grandine – grandi'na:re]
Hagel – hageln

La grandine ha danneggiato il raccolto.
Der Hagel hat die Ernte beschädigt.

colpire [kol'pi:re]
treffen; schlagen

Un fulmine ha colpito l'albero.
Ein Blitz hat den Baum getroffen.

neve f **– nevicare** ['neve – nevi'ka:re]
Schnee – schneien

Stanotte è caduta la neve.
Heute Nacht ist Schnee gefallen.

gelo – gelare ['dʒɛlo – dʒe'la:re]
Frost – frieren

Con le prime notti fredde gelano i laghi.
In den ersten kalten Nächten frieren die Seen zu.

Che mani gelate!
Was für eisige Hände!

ghiaccio – ghiacciare [gi'attʃo – giat'tʃa:re]
Eis – vereisen

La serratura è ghiacciata!
Das Schloss ist eingefroren!

sciogliersi ['ʃɔːʎersi]
schmelzen

A marzo la neve si scioglie.
Im März schmilzt der Schnee.

asciutto – bagnato [aʃʃutto – ba'ɲato]
trocken – nass

umido ['u:mido]
feucht

un clima umido
ein feuchtes Klima

nebbia – nebbioso ['nebbia – nebbi'o:so]
Nebel – neb(e)lig

Che nebbia! Va piano!
Was für ein Nebel! Fahr' langsam!

afa – afoso ['afa – a'fo:so]
Schwüle – schwül

Agosto a Milano è molto afoso.
Der August ist in Mailand sehr schwül.

vento – ventoso ['vɛnto – ven'to:so]
Wind – windig

S'è alzato un gelido vento di tramontana.
Es ist ein eisiger Nordwind aufgekommen.

tempesta [tem'pɛsta]
Sturm; Unwetter

Per i laghi c'è un avviso di tempesta.
Für die Seen gilt eine Unwetterwarnung.

12.1 Himmel, Klima und Wetter

12.2 La Terra
Die Erde

Terra / terra ['tɛrra] – **terrestre** [ter'rɛstre]
Erde (*Planet*); Erde (*Erdreich*) – irdisch

La Terra ruota intorno al sole.
Die Erde dreht sich um die Sonne.

(all') **Equatore** *m* [ekua'to:re]
(am) Äquator

continente *m* [konti'nɛnte]
Kontinent; Erdteil

polo ['pɔlo]
Pol

I pinguini vivono al polo sud.
Pinguine leben am Südpol.

orizzonte *m* [orid'dzonte]
Horizont

Il sole si alza sull'orizzonte.
Die Sonne geht am Horizont auf.

Europa – **europeo(-a)** [eu'rɔ:pa – euro'pɛ:o]
Europa – europäisch; Europäer(in)

L'Europa è detta il Vecchio Continente.
Europa wird der alte Kontinent genannt.

America – **americano(-a)** [a'mɛ:rika – ameri'ka:no]
Amerika – amerikanisch; Amerikaner(in)

l'America settentrionale / meridionale
Nord- / Südamerika

Australia – **australiano(-a)** [aust'ra:lia – australi'a:no]
Australien – australisch; Australier(in)

Africa – **africano(-a)** ['a:frika – afri'ka:no]
Afrika – afrikanisch; Afrikaner(in)

Asia – **asiatico(-a)** ['a:zia – azi'a:tiko]
Asien – asiatisch; Asiate, Asiatin

Austria – **austriaco(-a)** ['a:ustria – aus'tri:ako]
Österreich – österreichisch; Österreicher(in)

Gran Bretagna – **britannico(-a)** [gran bre'ta:ɲa – bri'tanniko]
Großbritannien – britisch; Brite, Britin

Francia – **francese** [fran'tʃa – fran'tʃe:ze]
Frankreich – französisch; Franzose, Französin

Germania – **tedesco(-a)** [dʒer'ma:nia – te'desko]
Deutschland – deutsch; Deutsche(r)

Grecia – **greco(-a)** ['grɛ:tʃa – 'grɛ:ko]
Griechenland – griechisch; Grieche, Griechin

Inghilterra – **inglese** [iŋgil'tɛrra – iŋ'gle:ze]
England – englisch; Engländer(in)

Olanda – **olandese** [o'landa – olan'de:ze]
Holland – holländisch; Holländer(in)

Portogallo – **portoghese** [porto'gallo – porto'ge:ze]
Portugal – portugiesisch; Portugiese, Portugiesin

Russia – russo(-a) ['russia – 'russo] — Russland – russisch; Russe, Russin

Spagna – spagnolo(-a) ['spaɲa – spa'ɲɔːlo] — Spanien – spanisch; Spanier(in)

Svizzera – svizzero(-a) ['zvittsera – 'zvittsero] — Schweiz – schweizerisch; Schweizer(in)

Stato del Vaticano ['staːto del vati'kaːno] — Vatikanstaat

Turchia – turco(-a) [tur'kiːa – 'turko] — Türkei – türkisch; Türke, Türkin

occidente *m* / **ovest** *m* / **occidentale** [ottʃi'dɛnte – 'ɔvest / -den'taːle] — Westen; West- – westlich / West-

Milano è a ovest di Bergamo. — Mailand ist westlich von Bergamo.

oriente / **est** *m* – **orientale** [ori'ɛnte / 'ɛst – orien'taːle] — Osten / Ost- – östlich / Ost-

il Vicino Oriente / il Medio Oriente / l'Estremo Oriente — der Nahe / Mittlere / Ferne Osten

settentrione *m* / **nord** *m* [settentri'oːne / 'nɔrd] — Norden; Nord-

(Loro) si sono trasferiti nel nord. — Sie sind nach Norden gezogen.

settentrionale / **del nord** [settentrio'naːle / del 'nɔrd] — nördlich; Nord-

L'Italia del nord è benestante. — Norditalien ist wohlhabend.

meridione *m* / **sud** *m* [meridi'oːne / 'sud] — Süden; Süd-

a sud del fiume — südlich des Flusses

meridionale / **del sud** [meridio'naːle / del 'sud] — südlich; Süd-

l'Italia settentrionale / centrale / meridionale — Nord- / Mittel- / Süditalien

i Mit *Mezzogiorno* (= wörtlich: Mittag) bezeichnet man das südliche – wirtschaftlich, sozial und politisch – unterentwickelte Italien. Zum *Mezzogiorno* gehören die Regionen Abruzzen, Molise, Kampanien, Apulien, Basilikata, Kalabrien, Sizilien und Sardinien.

regione *f* [re'dʒoːne] — Gebiet; Gegend; Fläche; Region

L'Italia ha 20 regioni. — Italien besteht aus 20 Regionen.

territorio [terri'tɔːrio] — Gebiet; Territorium

Il territorio del parco occupa una superficie di 100 ettari. — Der Park umfasst eine Fläche von 100 Hektar.

terreno [ter'reːno] — Gelände; Terrain

Su terreni accidentati ci vuole una jeep. — Auf unebenem Gelände ist ein Jeep erforderlich.

12.3 Mari, laghi, fiumi
Meere, Seen, Flüsse

mare *m* ['ma:re]	(die) See; (das) Meer
(Mar) Mediterraneo [mediter'ra:neo]	Mittelmeer
Oggi il mare è calmo/mosso.	Heute ist das Meer ruhig/bewegt.
oceano [o'tʃɛ:ano]	Ozean; Meer
Le acque degli oceani sono profonde.	Die Gewässer der Ozeane sind tief.
profondo [pro'fondo]	tief
costa ['kɔsta]	Küste
Molti tratti di costa italiani sono rocciosi.	Viele italienische Küstenabschnitte sind felsig.
(in/sulla) spiaggia [spi'addʒa]	(am) Strand
Andiamo in spiaggia?	Gehen wir an den Strand?
lago ['la:go]	(der) See
Il Lago di Garda è sempre molto affollato.	Der Gardasee ist immer sehr voll.
fiume *m* [fi'u:me]	Fluss; Strom
Il Po sfocia nell'Adriatico.	Der Po mündet in die Adria.
scorrere ['skorrere]	fließen
Il fiume scorre attraverso una pianura.	Der Fluss fließt durch eine Ebene.
la riva [la 'ri:va]	das Ufer
Sostiamo in riva al fiume.	Wir rasten am Fluss.
sulle rive del Reno	an den Ufern des Rheins
canale *m* [ka'na:le]	Fahrrinne; (Fluss-)Bett; Kanal
I Navigli sono canali navigabili.	Die Navigli sind schiffbare Kanäle.
torrente *m* [tor'rɛnte]	Wildbach
I torrenti in piena sono molto irruenti.	Wildbäche sind bei Hochwasser sehr reißend.
sorgente *f* (termale) [sor'dʒɛnte]	(Thermal-)Quelle
una famosa sorgente termale	eine berühmte Thermalquelle
corrente *f* [kor'rɛnte]	Strömung
Fa attenzione alle correnti!	Pass' auf die Strömungen auf!
bassa/alta marea [ma'rɛa]	Ebbe/Flut
isola ['i:zola]	Insel
L'isola di Capri è molto bella.	Die Insel Capri ist sehr schön.
penisola [pe'ni:zola]	Halbinsel
L'Italia è una penisola.	Italien ist eine Halbinsel.
porto ['pɔrto]	Hafen
La nave entra nel porto.	Das Schiff läuft in den Hafen ein.

12.4 Il paesaggio e l'agricoltura
Die Landschaft und die Landwirtschaft

campagna [kam'paːɲa]	Land(schaft)
Vivo in campagna.	Ich lebe auf dem Land.
paesaggio [pae'zaddʒo]	Landschaft
(Lei) adora il paesaggio toscano.	Sie liebt die Landschaft der Toskana.
suolo [su'ɔːlo]	Boden, Erde
In Lombardia il suolo è fertile.	In der Lombardei ist der Boden fruchtbar.
monte *m* ['monte]	(hoher) Berg
Il Monte Cervino è alto 4478 metri.	Das Matterhorn ist 4478 m hoch.
montagna [mon'taɲa]	Berg; Gebirge
In montagna è già nevicato.	Im Gebirge hat es schon geschneit.
vetta / cima ['vetta / 'tʃiːma]	(Berg-)Gipfel
Le cime più alte restano innevate.	Die höchsten Gipfel bleiben schneebedeckt.
scoglio – scogliera rocciosa ['skɔːʎo – skoʎ'ʎɛːra]	(Steil-)Klippe
Andiamo a pescare sugli scogli o andiamo a cercare conchiglie?	Gehen wir auf den Klippen fischen oder Muscheln suchen?
le Alpi [le 'alpi]	die Alpen
Le Dolomiti fanno parte delle Alpi.	Die Dolomiten sind ein Teil der Alpen.
alpino [al'piːno]	alpin
Il clima alpino è molto salutare.	Das Alpenklima ist sehr gesund.
ghiacciaio [giat'tʃaːio]	Gletscher
Ai piedi del ghiacciaio c'è un rifugio.	Am Fuße des Gletschers ist eine Hütte.
ripido ['riːpido]	steil
Gli alpinisti scalano una ripida parete.	Die Bergsteiger klettern eine steile Wand hinauf.
vulcano [vul'kaːno]	Vulkan
L'Etna è un vulcano attivo.	Der Ätna ist ein aktiver Vulkan.
collina – colle *m* [kol'liːna – 'kɔlle]	Hügel
I sette colli di Roma sono storici.	Die sieben Hügel Roms sind historisch.
roccia ['rɔttʃa]	Fels(en)
La via ferrata è scolpita nella roccia.	Der Klettersteig ist in den Fels gehauen.

valle f ['valle]	**Tal**
Andiamo a valle o restiamo ancora?	Steigen wir zu Tal oder bleiben wir noch?
sentiero [senti'ɛːro]	**Weg, Pfad**
Dov'è il sentiero? Ci siamo smarriti!	Wo ist der Weg? Wir haben uns verlaufen!
funivia [funi'viːa]	**Seilbahn**
seggiovia [seddʒo'viːa]	**Sessellift**
Prendiamo la seggiovia o camminiamo?	Nehmen wir den Sessellift oder laufen wir?
grotta ['grɔtta]	**Höhle; Grotte**
Nelle grotte di Toirano si possono ammirare impronte umane.	In den Höhlen von Toirano kann man menschliche Fußabdrücke bestaunen.
pianura [pia'nuːra]	**Ebene; Flachland**
Il Po attraversa la pianura padana.	Der Po fließt durch die Poebene.
prateria [prate'riːa]	**Prärie**
deserto [de'zɛrto]	**Wüste**
I deserti avanzano.	Die Wüsten breiten sich aus.
sabbia ['sabbia]	**Sand**
Aspetta che ho sabbia nella scarpa!	Warte, ich habe Sand im Schuh!
palude f [pa'luːde]	**Sumpf**
macchia ['makkia]	**Gebüsch; Gesträuch, Macchia**
Lasciamo la macchia o piantiamo alberi?	Lassen wir das Gesträuch stehen oder pflanzen wir Bäume?
foresta / selva [fo'rɛsta / 'selva]	(größerer) **Wald, Forst**
Molti fanno trecking nella Selva Bavarese.	Viele gehen im Bayerischen Wald wandern.
bosco ['bɔsko]	(kleinerer) **Wald**
Facciamo una passeggiata nel bosco?	Gehen wir im Wald spazieren?

 „Hain, Wäldchen" wird auch durch die Endung *-eto / -eta* ausgedrückt: *un uliveto* (= ein Olivenhain), *la pineta* (= der Pinienhain).

radura [ra'duːra]	**Lichtung**
una radura ai margini del bosco	eine Lichtung am Waldesrand
parco ['parko]	**Park**
parco nazionale	(geschützter) Nationalpark
campo ['kampo]	**Feld; Acker**
I contadini lavorano nei campi.	Die Bauern arbeiten auf den Feldern.

pascolo ['paskolo]
I pastori portano il loro gregge di pecore al pascolo.
giardino [dʒar'di:no]
orto / orticello ['ɔrto / orti'tʃɛllo]
frutteto [frut'te:to]
vigneto [vi'ɲe:to]
La Sicilia è ricca di orti, frutteti e vigneti.
agricoltura [agrikol'tu:ra]
Sempre meno persone lavorano nell'agricoltura.
agricolo [a'gri:kolo]
fattoria [fatto'ri:a]
allevamento – allevare [alleva'mento – alle'va:re]
In quella fattoria allevano maiali.

contadino(-a) [konta'di:no]
irrigare – irrigazione *f* [irri'ga:re – irrigatsi'o:ne]
In estate bisogna irrigare i campi spesso.
coltivare [kolti'va:re]
Qui si coltiva molto l'asparago.
crescere ['kreʃere]
Qui il riso non cresce.
seme *m* **– seminare** ['se:me – semi'na:re]
seminare il grano
raccolto [rak'kɔlto]
Con questa calura il raccolto sarà magro.
raccolta – raccogliere [rak'kɔlta – rak'koʎʎere]
La raccolta delle olive avviene a novembre.
bestiame *m* [besti'a:me]
Il bestiame pascola sui prati.
stalla ['stalla]
In inverno gli animali restano in stalla.
fieno [fi'ɛno]

Weide
Die Hirten führen ihre Schafherde auf die Weide.
Garten
Gemüsegarten
Obstgarten
Weinberg; Weingarten
Sizilien besitzt viele Gemüse-, Obst- und Weingärten.
Landwirtschaft
Immer weniger Menschen arbeiten in der Landwirtschaft.
landwirtschaftlich, Land-
Bauernhaus
Zucht – züchten

Auf diesem Bauernhof werden Schweine gezüchtet.
Landwirt(in); Bauer / Bäuerin
bewässern – Bewässerung

Im Sommer muss man oft die Felder bewässern.
bestellen; anbauen
Hier wird viel Spargel angebaut.
wachsen; anbauen; anpflanzen
Reis gedeiht hier nicht.
Samen – säen

Getreide anbauen / säen
Ernte
Bei dieser Hitze wird die Ernte mager ausfallen.
Ernte (*Vorgang*) – ernten

Die Olivenernte findet im November statt.
Vieh; Viehbestand
Auf den Wiesen weidet das Vieh.
Stall
Im Winter bleiben die Tiere im Stall.
Heu

12.4 Die Landschaft und die Landwirtschaft | 155

12.5 La città
Die Stadt

città [tʃit'ta]	(größere) Stadt
Abitiamo in città.	Wir wohnen in der Stadt.
fuori città	außerhalb
centro ['tʃentro]	(Stadt)Zentrum
Domani andiamo in centro?	Fahren wir morgen ins Zentrum?
luogo ['luɔːgo]	Ort; Platz
È un luogo malfamato!	Das ist ein verrufener Ort!
località [lokali'ta]	Ort
Porto San Giorgio è una bella località balneare.	Porto San Giorgio ist ein schöner Badeort.
municipio [muni'tʃiːpio]	Rathaus
sindaco ['sindako]	Bürgermeister
Chi è il vostro sindaco?	Wer ist euer Bürgermeister?
abitante m/f [abi'tante]	Stadtbewohner(in)
Milano ha più di un milione di abitanti.	Mailand hat mehr als eine Million Einwohner.
pianta [pi'anta]	Karte / Plan
una pianta del centro di Roma	ein Plan der Innenstadt Roms
periferia [perife'riːa]	Stadtrand
stabilirsi in periferia	sich am Stadtrand niederlassen
dintorni mpl [din'torni]	Umgebung
nei dintorni di Monaco	in der Umgebung Münchens
quartiere m [kuarti'ɛːre]	Stadtviertel
Questo è un quartiere bene.	Das ist ein elegantes Viertel.
zona ['dzɔːna]	Gebiet; Gegend
La zona industriale si trova fuori città.	Das Industriegebiet liegt außerhalb der Stadt.
piazza [pi'aːttsa]	Platz
strada ['straːda]	Straße
Quella strada porta in centro.	Diese Straße führt ins Zentrum.
via ['viːa]	Straße (in der Stadt)
Abito in via Cristoforo Colombo, 1.	Ich wohne in der Cristoforo Colombo-Straße 1.
viale m [vi'aːle]	Allee
passeggiare lungo i viali	die Alleen entlangspazieren

> **Unterschied zwischen *strada* und *via***
> *Strada* ist ein allgemeiner Begriff für einen Verkehrsweg, im Unterschied zu *via*, der bei bewohnten Gegenden benutzt wird.

12.6 La tutela dell'ambiente
Der Umweltschutz

ambiente m [ambi'ɛnte] — Umwelt
tutela – tutelare [tu'tɛ:la – tute'la:re] — Schutz – schützen
la tutela dell'ambiente — Umweltschutz
ambientale [ambien'ta:le] — **Umwelt-**
problemi ambientali — Umweltprobleme
natura – naturale [na'tu:ra – natu'ra:le] — **Natur – natürlich**
La colza è una fonte d'energia naturale e rigenerativa. — Raps ist eine natürliche, nachwachsende Energiequelle.
alternativo [alterna'ti:vo] — alternativ
fonti d'energia alternative — alternative Energiequellen
inquinamento – inquinare [inkuina'mento – inkui'na:re] — (Umwelt)Verschmutzung – verschmutzen
I gas di scarico inquinano. — Abgase verschmutzen.
ecologia [ekolo'dʒi:a] – **ecologico** [eko'lɔdʒiko] — Ökologie – ökologisch
detersivo ecologico — Ökowaschmittel
rifiuti mpl / **immondizie** fpl [rifi'u:ti / immon'di:tsie] — Abfall / Abfälle; Müll
vietato depositare immondizie — Müllabladen verboten
discarica [dis'ka:rika] — Müllkippe
Esistono molto discariche abusive. — Es gibt viele wilde Müllkippen.
buttare via [but'ta:re 'vi:a] — wegwerfen, -schmeißen
Meglio usare le cose più volte che buttarle via. — Besser die Dinge mehrmals verwenden als sie wegzuschmeißen.
gettare [dʒet'ta:re] — werfen; schmeißen
Getta quella lattina nel cestino! — Wirf' die Dose in den Korb.
nucleare [nukle'a:re] — nuklear; Atom-; Kern-
energia nucleare — Kernenergie
solare [so'la:re] — Sonnen-
lo sfruttamento dell'energia solare — die Nutzung der Sonnenenergie
riciclare – riciclaggio [ritʃik'la:re – ritʃik'laddʒo] — wieder verwerten / wieder verarbeiten / recyceln – Recycling
Molte cose si possono riciclare. — Vieles kann recycelt werden.
raccolta [rak'kɔlta] — Sammlung
fare la raccolta differenziata — Abfalltrennung betreiben
rendere ['rendere] — zurückgeben; abwerfen (Ertrag)
bottiglia a rendere / a perdere — Einweg- / Mehrwegflasche
Questo BOT rende … . — Dieser Schatzbrief wirft … ab.

Kapitel 13

13.1 Animali
Tiere

creatura [krea'tu:ra]	Wesen; Geschöpf
Sotto il solleone non c'era creatura vivente.	Unter der sengenden Sonne war kein lebendes Wesen.
animale *m* [ani'ma:le]	**Tier**
animali mansueti / selvatici	zahme / wilde Tiere
bestia ['bestia]	**Tier; Bestie**
A cuccia! ... Brava bestia!	Platz! ... Gutes Tier!
domestico [do'mestiko]	**Haus-**
animali domestici	Haustiere
docile – mansueto ['dɔːtʃile – mansu'ɛːto]	**zahm**
Non avere paura! Nerone non fa niente, è mansueto!	Keine Angst! Nerone tut nichts, er ist zahm!
feroce [fe'ro:tʃe]	**wild** (= *aggressiv*)
Gli squali sono animali feroci.	Haie sind wilde Tiere.
selvaggio [sel'vaddʒo]	**wild** (= *wild lebend*)
Nei parchi nazionali vivono animali selvaggi.	In den Nationalparks leben wilde Tiere.
pelle *f* ['pɛlle]	**Fell** (= *i. S. v. Haut*)
Molti animali vengono cacciati per la loro pelle.	Viele Tiere werden wegen ihres Fells gejagt.
pelo ['pe:lo]	**Fell** (= *Pelz*)
Il gatto si liscia il pelo.	Die Katze putzt sich das Fell.
mammifero [mam'mi:fero]	**Säugetier**
I mammiferi allattano i loro cuccioli.	Säugetiere säugen ihre Kleinen.
razza ['rattsa]	**Rasse**
coda ['ko:da]	**Schwanz**
Il gatto agita la coda quando è nervoso.	Die Katze zuckt mit dem Schwanz, wenn sie nervös ist.
saltare [sal'ta:re]	**springen; hüpfen**
Il gatto è saltato sulla sedia.	Die Katze ist auf den Stuhl gesprungen.
mordere ['mɔrdere]	beißen
Alcuni cani mordono.	Einige Hunde beißen.
nutrirsi di [nu'trirsi di]	sich ernähren von; fressen
Le mucche si nutrono di erba.	Kühe fressen Gras.

nutrire [nu'tri:re]
Il contadino nutre i suoi animali con foraggio.
allevare [alle'va:re]
Alcuni contadini allevano bestiame.
traccia ['trattʃa]
Nel sottobosco ci sono tracce di cinghiali.

füttern
Der Bauer füttert seine Tiere mit Viehfutter.
aufziehen; züchten
Einige Bauern züchten Vieh.

Spur, Fährte
Im Unterholz sind Wildschweinspuren.

Alcuni mammiferi (= Einige Säugetiere)
cane m – *cagna* ['ka:ne – 'ka:ɲa] (= Hund – Hündin) • gatto(-a) ['gatto] (= Katze; Kater – Katze) • *criceto* [kri'tʃeto] (= Hamster) • cavallo [ka'vallo] (= Pferd) • *toro* ['tɔ:ro] (= Stier) • *mucca / vacca* ['mukka / 'vakka] (= Kuh) • *vitello* [vi'tɛllo] (= Kalb) • maiale m [mai'a:le] (= Schwein) • *pecora* ['pɛ:kora] (= Schaf) • *agnello* [a'ɲello] (= Lamm) • *asino / somaro* ['a:zino / so'ma:ro] (= Esel) • *capra* ['ka:pra] (= Ziege) • *coniglio* [ko'niʎʎo] (= Kaninchen) • *topo* ['tɔ:po] (= Maus) • *ratto* ['ratto] (= Ratte) • *cervo* ['tʃervo] (= Hirsch) • *capriolo* [kapri'ɔ:lo] (= Reh) • *cinghiale* m [tʃingi'a:le] (= Wildschwein) • *lepre* f ['lɛpre] (= Hase) • *scoiattolo* [skoi'attolo] (= Eichhörnchen) • *volpe* f ['volpe] (= Fuchs) • *lupo* ['lu:po] (= Wolf) • *orso* ['orso] (= Bär) • *leone, leonessa* [le'o:ne, leo'nessa] (= Löwe, Löwin) • *tigre* f ['tigre] (= Tiger) • *scimmia* ['ʃimmia] (= Affe) • *foca* ['fɔ:ka] (= Seehund) • *balena* [ba'le:na] (= Wal) • *delfino* [del'fi:no] (= Delphin)

uccello [ut'tʃɛllo]
uccello migratore / canoro
uccello rapace / predatore
penna ['penna]
I gufi hanno zampe forti, artigli aguzzi e penne morbide.
ala ['a:la], *pl: le ali*
L'uccellino si è spezzato un'ala.

nido ['ni:do]
Nel nostro giardino hanno fatto il nido due merli.
volare [vo'la:re]
In autunno gli uccelli migratori volano verso Sud.
cantare [kan'ta:re]
gabbia ['gabbia]

Vogel
Zug- / Singvogel
Raub- / Greifvogel
Feder
Eulen haben kräftige Läufe, scharfe Krallen und weiche Federn.
Flügel
Das Vögelchen hat sich einen Flügel gebrochen.
Nest
In unserem Garten haben zwei Amseln genistet.
fliegen
Im Herbst fliegen die Zugvögel Richtung Süden.
singen
Käfig

Il canarino canta nella sua gabbia.   Der Kanarienvogel singt in
                                      seinem Käfig.

> **Alcuni uccelli** (= Einige Vögel)
> *pollo* ['pollo] (= Huhn) • *gallina – gallo* [gal'liːna – 'gallo] (= Henne –
> Hahn) • *anatra* ['aːnatra] (= Ente) • *oca* ['ɔːka] (= Gans) • *cigno* ['tʃiɲo]
> (= Schwan) • *colombo / piccione* m [ko'lombo / pit'tʃoːne] (= Taube) •
> *passero* ['passero] (= Sperling; Spatz) • *rondine* f ['rondine] (= Schwal-
> be) • *gabbiano* [gabbi'aːno] (= Möwe) • *pappagallo* [pappa'gallo]
> (= Papagei) • *canarino* [kana'riːno] (= Kanarienvogel)

pesce m ['peʃe]	Fisch
nuotare [nuo'taːre]	schwimmen
I pesci rossi nuotano nello stagno.	Die Goldfische schwimmen im Teich.
pesce m **rosso** ['peʃʃe 'rosso]	Goldfisch
squalo / pescecane m [sku'aːlo / peʃʃe'kaːne]	Hai(fisch)
spina ['spiːna]	Gräte
Fate attenzione alle spine!	Passt auf die Gräten auf!
rettile m ['rɛttile]	Reptil; Kriechtier
insetto [in'sɛtto]	Insekt
strisciare [striʃ'ʃaːre]	kriechen; krabbeln
Il serpente striscia sull'erba.	Die Schlange kriecht durchs Gras.
pungere ['pundʒere]	stechen
Mi ha punto una zanzara.	Mich hat eine Mücke gestochen.
ronzare [ron'dzaːre]	summen; brummen
Le api ronzano attorno al cespuglio.	Die Bienen summen um den Busch herum.

> **Alcuni rettili e insetti** (= Einige Reptilien und Insekten)
> *serpente* m [ser'pɛnte] (= Schlange) • *rana* ['raːna] (= Frosch) • *rospo*
> ['rɔspo] (= Kröte) • *lumaca* [lu'maːka] (= Schnecke) • *coccodrillo* [kok-
> ko'drillo] (= Krokodil) • *ragno* ['raɲo] (= Spinne) • *farfalla* [far'falla]
> (= Schmetterling) • *ape* f ['aːpe] (= Biene) • *vespa* ['vɛspa] (= Wespe) •
> *mosca* ['moska] (= Fliege) • *zanzara* [dzan'dzaːra] (= Mücke) • *formica*
> [for'miːka] (= Ameise) • *verme* m ['vɛrme] (= Wurm)

veterinario(-a) [veteri'naːrio]	Tierarzt / Tierärztin
Il nostro cagnolino sta male. Ci sa dire dov'è il prossimo veterinario?	Unserem Hündchen geht es schlecht. Können Sie uns sagen, wo der nächste Tierarzt ist?

13.2 Piante
Pflanzen

vegetazione f [vedʒetatsi'o:ne]
La collina è coperta da una fitta vegetazione.
vegetale [vedʒe'ta:le]
il regno vegetale
pianta – **piantare** [pi'anta – pian'ta:re]
Il giardiniere ha trapiantato le piantine nell'aiuola.
giardino [dʒar'di:no]
Che bel giardino che avete!

fiore m – **fiorire** [fi'o:re – fio'ri:re]
Che belle quelle rose in fiore!

fiori recisi
I fiordalisi fioriscono a giugno.
mazzo ['mattso]
cogliere ['kɔ:ʎere]
Cogliamo un mazzo di fiori?
annaffiare [annaffi'a:re]
Non piove da giorni. Bisogna annaffiare i fiori!

radice f [ra'di:tʃe]
Che bello, l'alberello ha messo radici!
foglia ['fɔʎʎa]
In autunno gli alberi perdono le foglie.

Vegetation, Pflanzen
Der Hügel ist mit dichter Vegetation bedeckt.
pflanzlich, Pflanzen-
das Pflanzenreich
Pflanze – (an)pflanzen

Der Gärtner hat die Pflänzchen ins Beet umgepflanzt.
Garten
Was für einen schönen Garten ihr habt!
Blume / Blüte – blühen
Wie schön diese blühenden Rosen sind!
Schnittblumen
Kornblumen blühen im Juni.
Strauß
pflücken
Pflücken wir einen Blumenstrauß?
gießen
Es regnet seit Tagen nicht. Die Blumen müssen gegossen werden!
Wurzel
Wie schön, das Bäumchen hat Wurzeln geschlagen!
Blatt
Im Herbst werfen die Bäume ihre Blätter ab.

Alcuni tipi di fiori (= Einige Blumenarten)
margherita [marge'ri:ta] (= Margerite) • *garofano* [ga'rɔ:fano] (= Nelke) • *tulipano* [tuli'pa:no] (= Tulpe) • *rosa* ['rɔza] (= Rose) • *giglio* ['dʒiʎʎo] (= Lilie) • *girasole* m [dʒira'so:le] (= Sonnenblume) • *papavero* [pa'pa:vero] (= Klatschmohn)

---

erba – **erbe** ['ɛrba – 'ɛrbe]
Chi taglia l'erba sabato?

Gras – Gräser / Kraut / Kräuter
Wer mäht am Samstag den Rasen?

albero ['albero]
In primavera gli alberi mettono le foglie ed in autunno le perdono.

Baum
Im Frühjahr treiben die Bäume Blätter und im Herbst werfen sie sie ab.

bosco – foresta ['bɔsko – fo'rɛsta]
Quest'anno passiamo le ferie nella Foresta Nera.

Wald – Forst
Dieses Jahr verbringen wir die Ferien im Schwarzwald.

tronco ['tronco]
Questa quercia ha un tronco enorme.

Stamm
Diese Eiche hat einen riesigen Stamm.

ramo ['ramo]
Durante il temporale è caduto un ramo.

Ast
Während des Gewitters ist ein Ast herabgefallen.

abbattere [ab'battere]
Quest'albero è malato. Dobbiamo abbatterlo.

fällen
Dieser Baum ist krank. Wir müssen ihn fällen.

Alcuni tipi di alberi (= Einige Baumarten)

abete m bianco/rosso [a'be:te bi'aŋko/'rosso] (= Tanne/Fichte) • *betulla* [be'tulla] (= Birke) • *faggio* ['faddʒo] (= Buche) • *gelso* ['dʒelso] (= Maulbeerbaum) • *pino* ['pi:no] (= Pinie) • *quercia* ['ku̯ɛrtʃa] (= Eiche) • *salice m* ['sa:litʃe] (= Weide) • *tiglio* ['tiʎʎo] (= Linde)

---

tagliare [ta'ʎa:re]

schneiden / mähen / fällen (*Baum*)

vite *f* – **viticcio** ['vi:te – vi'tittʃo]
I muri della casa sono coperti di viti.

Wein(rebe) – Ranke
Die Mauern des Hauses sind mit Reben bedeckt.

fungo ['fungo]
andare a raccogliere i funghi

Pilz
Pilze sammeln gehen

tartufo [tar'tu:fo]
Esistono tartufi neri e bianchi.

Trüffel
Es gibt schwarze und weiße Trüffel.

mangereccio – velenoso
[mandʒe'rettʃo – vele'no:so]
Il porcino è un fungo mangereccio, l'amanita è molto velenosa.

essbar – giftig, Gift-

Der Steinpilz ist ein essbarer Pilz, der Knollenblätterpilz ist sehr giftig.

cereale *m* [tʃere'a:le]
I cereali fanno bene alla salute.

Getreide
Getreide ist gut für die Gesundheit.

grano ['gra:no]
Il campo di grano si estendeva fino all'orizzonte.

Korn; Weizen
Das Kornfeld reichte bis zum Horizont.

Kapitel 14

14.1 Fisica
Physik

Wissenschaft und Technik

scienza – **scientifico** ['ʃɛntsa – ʃen'ti:fiko]
Wissenschaft – wissenschaftlich

scienziato(-a) [ʃentsi'a:to]
Wissenschaftler(in)

Gli scienziati studiano le cause dei fenomeni naturali.
Wissenschaftler studieren die Ursachen von Naturphänomenen.

fisica ['fi:zika]
(die) Physik

La fisica studia la materia e l'energia.
Die Physik setzt sich mit Materie und Energie auseinander.

teoria [teo'ri:a]
Theorie

la teoria della relatività di Einstein
Einsteins Relativitätstheorie

teorico(-a) [te'ɔ:riko]
Theoretiker(in) – theoretisch

esperimento [esperi'mento]
Experiment; Versuch

condurre / effettuare un esperimento
einen Versuch ausführen / machen

atomo – **atomico** ['a:tomo – a'tɔ:miko]
Atom – Atom-

nucleare [nukle'a:re]
Atom(kraft)-, Kern(kraft)-

In Italia non si costruiscono centrali nucleari.
In Italien werden keine Atomkraftwerke gebaut.

trasformare [trasfor'ma:re]
verändern; verwandeln

trasformare energia in elettricità
Energie in Elektrizität verwandeln

magnetico [ma'ɲɛ:tiko]
Magnet- / magnetisch

un campo magnetico
ein Magnetfeld

calore m [ka'lo:re]
Wärme

velocità [velotʃi'ta]
Geschwindigkeit

forza ['fɔrtsa]
Kraft

solido ['sɔ:lido]
fest; Festkörper; fester Körper

liquido ['li:kuido]
flüssig; Flüssigkeit

una sostanza solida / liquida
ein fester / flüssiger Stoff

gas m ['gas] – **vapore** m [va'po:re]
Gas – Dampf

onda ['onda]
Welle

microonde
Mikrowellen

misura – **misurare** [mi'zu:ra – mizu'ra:re]
Maß – messen

misurare una corrente
einen Strom messen

peso ['pe:zo]
Gewicht

equilibrio [ekui'li:brio]
Gleichgewicht

14.1 Physik | **163**

14.2 Chimica
Chemie

chimica – chimico ['kiːmiko – 'kiːmika]	(die) **Chemie – chemisch**
l'industria chimica	die chemische Industrie
farmacia – farmaceutico [farma'tʃiːa – farma'tʃɛːutiko]	**Pharmazie – pharmazeutisch / Pharma-**
industria farmaceutica	Pharmaindustrie
laboratorio [labora'tɔːrio]	**Laboratorium; Labor**
assistente m/f di laboratorio	Laborant(in)
osservazione f [osservatsi'oːne] – **osservare** [osser'vaːre]	**Beobachtung – beobachten**
Hanno unito e osservato le due sostanze in laboratorio.	Sie haben die beiden Substanzen im Laboratorium miteinander verbunden und beobachtet.
unire [u'niːre]	**vereinigen; verbinden**
analisi f – **analizzare** [a'naːlizi – analid'dzaːre]	**Analyse / Untersuchung – untersuchen**
analizzare un campione	eine Probe untersuchen
sostanza [so'stantsa]	**Substanz; Stoff**
sostanze cancerogene	krebserzeugende Stoffe
miscela [mi'ʃeːla]	**Gemenge; Gemisch**
una miscela esplosiva	ein explosives Gemisch
esplosivo [esplo'ziːvo]	**explosiv; Sprengstoff**
esplosione [esplozi'oːne]	**Explosion**
esplodere [es'plɔːdere]	**explodieren; platzen**
Non urtare quella sostanza, altrimenti esplode!	Stoß' nicht gegen diese Substanz, sonst explodiert sie!
scoppiare [skoppi'aːre]	**ausbrechen** *(Krieg)*; **explodieren**
Accidenti! È scoppiata.	Mist! Sie ist explodiert.
simbolo ['simbolo]	**Symbol**
O è il simbolo dell'ossigeno.	O ist das Symbol für Sauerstoff.
alcol m ['alkol]	**Alkohol**
sintesi f ['sintezi]	**Synthese**

> Substantive griechischer Herkunft, die auf *-i* enden, sind weiblich und unveränderlich: *l'analisi* (= die Analyse), *la crisi* (= die Krise).

sintetizzare – sintetico [sintetid'dzaːre – sin'tɛːtiko]	**synthetisch herstellen – synthetisch, Chemie-**
fibra ['fiːbra] sintetica	**Chemiefaser**

14.3 Matematica
Mathematik

matematica [mate'ma:tika]	(die) Mathematik
se la matematica non è un'opinione ...	nach Adam Riese ...
calcolo ['kalkolo]	(Be-)Rechnung
fare dei calcoli	(Be-)Rechnungen anstellen
(Lui) (non) sa fare bene i calcoli.	Er kann (nicht) gut rechnen.
calcolare [kalko'la:re]	(aus)rechnen
contare [kon'ta:re]	zählen
Il bambino ora sa contare fino a 8.	Das Kind kann jetzt bis 8 zählen.
addizionare – sottrarre	addieren – subtrahieren
[additsio'na:re – sot'trarre]	
addizionare dei numeri	Zahlen zusammenrechnen
somma ['somma]	Summe
sommare [som'ma:re]	zusammenzählen, addieren
moltiplicare – dividere	multiplizieren – dividieren
[moltipli'ka:re – di'vi:dere]	

> $55 + 44 = 99$: *55 più 44 fa / è uguale a 99; 55 e 44 fa 99; addizionando 55 e 44 si ha 99.*
> $99 - 44 = 55$: *99 meno 44 fa 55; 44 da 99 è 55; sottraendo 44 da 99 si ha 55.*
> $11 \times 6 = 66$: *11 per 6 fa 66; moltiplicando 11 per 6 si ha 66.*
> $66 / 11 = 6$: *66 diviso 11 fa 6; dividendo 66 per 11 si ha 6.*

percento – per cento [per'tʃento]	Prozent
Il prezzo delle sigarette è salito del venti per cento.	Der Zigarettenpreis ist um zwanzig Prozent gestiegen.
quadrato [kua'dra:to]	Quadrat; quadratisch; Quadrat-
due metri quadrati	zwei Quadratmeter
12^2 (= 12 al quadrato) fa 144	12 hoch 2 ist 144
uguale [ugu'a:le]	gleich
cerchio ['tʃerkio]	Kreis
rettangolo – rettangolare	Rechteck – rechteckig
[ret'tangolo – rettango'la:re]	
triangolo – triangolare	Dreieck – dreieckig
[tri'angolo – triango'la:re]	
angolo ['angolo]	Winkel
un angolo di 90 gradi	ein Winkel von 90 Grad

14.4 I numeri
Zahlen

numero ['nuːmero]	Zahl; Nummer
pari – dispari ['paːri / 'dispari]	gerade – ungerade
zero ['dzɛːro]	Null
Il termometro segna dieci gradi sotto zero.	Das Thermometer zeigt minus 10 Grad an.

Numeri cardinali (= Grundzahlen)

0 = *zero*, 1 = *uno*, 2 = *due*, 3 = *tre*, 4 = *quattro*, 5 = *cinque*, 6 = *sei*, 7 = *sette*, 8 = *otto*, 9 = *nove*, 10 = *dieci*, 11 = *undici*, 12 = *dodici*, 13 = *tredici*, 14 = *quattordici*, 15 = *quindici*, 16 = *sedici*, 17 = *diciassette*, 18 = *diciotto*, 19 = *diciannove*,
20 = *venti*, 21 = *ventuno*, 22 *ventidue*, 23 = *ventitre*, ...
30 = *trenta*, 31 = *trentuno*, 32 = *trentadue*, ...
40 = *quaranta*, 41 = *quarantuno*, 42 = *quarantadue*, ...
50 = *cinquanta*, 51 = *cinquantuno*, 52 = *cinquantadue*, ...
60 = *sessanta*, 61 = *sessantuno*, 62 = *sessantadue*, ...
70 = *settanta*, 71 = *settantuno*, 72 = *settantadue*, ...
80 = *ottanta*, 81 = *ottantuno*, 82 = *ottantadue*, ...
90 = *novanta*, 91 = *novantuno*, 92 = *novantadue*, ...
100 = *cento*, 101 = *cento e uno / centouno*, 102 = *centodue*, 108 = *centootto*, 111 = *centoundici*, ...
200 = *duecento*, 288 = *duecentoottantotto*, ...
300 = *trecento*, 400 = *quattrocento*, 500 = *cinquecento*, 600 = *seicento*, 700 = *settecento*, 800 = *ottocento*, 900 = *novecento*,
1 000 = *mille*, 1 001 = *mille e uno / milleuno*, 1 050 = *millecinquanta*, 1 100 = *millecento*, ...
2 000 = *duemila*, ...
10 000 = *diecimila*, ...
100 000 = *centomila*, ...
1 000 000 = *un milione*, 1 200 000 = *un milione e duecentomila*, ...
5 000 000 = *cinque milioni*, ...
1 000 000 000 = *un miliardo*

Aussprachehinweise

Bei den Zahlen *u̱ndici* bis *se̱dici* muss die erste Silbe deutlich betont gesprochen werden (Ausnahme: *quattordici*). Von *diciasse̱tte* bis *dianno̱ve* muss die zweite Silbe betont werden.
Bei den Ordnungzahlen wird (von 11° bis 100°) die auf das Zahlwort folgende Silbe betont: *undice̱simo*.

Numeri ordinali (= Ordnungszahlen)

1° *primo*, 2° *secondo*, 3° *terzo*, 4° *quarto*, 5° *quinto*, 6° *sesto*, 7° *settimo*, 8° *ottavo*, 9° *nono*, 10° *decimo*, 11° *undicesimo*, 12° *dodicesimo*, 13° *tredicesimo*, 14° *quattordicesimo*, 15° *quindicesimo*, 16° *sedicesimo*, 17° *diciassettesimo*, 18° *diciottesimo*, 19° *diciannovesimo*, 20° *ventesimo*, 21° *ventunesimo*, 22° *ventiduesimo*, ...
100° *centesimo*, 101° *centesimoprimo / centunesimo*, 102° *centesimosecondo*, ...
1 000° *millesimo*, 1 001° *millesimoprimo*, 1 002° *millesimosecondo*, ...
10 000° *d(i)ecimillesimo*, ...
100 000° *centomillesimo*, ...
1 000 000° *milionesimo*

Paolo VI (sesto)	Paul VI.
Questa è l'ottava volta.	Dies ist das achte Mal.
essere al nono mese	im neunten Monat sein
una decina di ['u:na de'tʃi:na di]	**etwa zehn**
un centinaio di ['un tʃenti'na:io di]	**etwa hundert**
un migliaio di ['un mi'ʎa:io di]	**etwa tausend**
In quanti eravate? – Boh, una decina forse.	Wie viele wart ihr? – Hm, vielleicht zehn.

💡 Unregelmäßig sind die Pluralformen von *mille* (= ...*mila*, also z.B. *duemila*), *centinaio* (= *centinaia*) und *migliaio* (= *migliaia*), die obendrein weiblich werden!

Numeri frazionari, le frazioni (= Brüche)

$1/2$ = *un mezzo / una metà* • $3/2$ = *tre mezzi* • $1\,1/2$ = *uno e mezzo*
$1/3$ = *un terzo* • $2/3$ = *due terzi* • $2\,1/3$ = *due e un terzo*
$1/4$ = *un quarto* • $3/4$ = *tre quarti*
$4/5$ = *quattro quinti* • $3\,3/5$ = *tre e tre quinti* • $145/360$ *centoquarantacinquetrecentosessantesimi*

Numeri decimali (= Dezimalzahlen)

2,684 = *due virgola seicentoottantaquattro*
0,259 = *zero virgola duecentocinquantanove*

Jahreszahlen

1900 = *millenovecento*
1991 = *millenovecentonovantuno*
2005 = *duemila e cinque*

14.5 Materiali, attrezzi, macchine
Werkstoffe, Werkzeuge, Maschinen

tecnica ['tɛknika]	**Technik**
tecnologia [teknolo'dʒi:a]	(die) **Technik / Technologie**
Disponiamo di un'attrezzatura ad alta tecnologia.	Wir haben eine High-Tech-Ausstattung.
tecnologico [tekno'lɔ:dʒiko]	**technologisch, technisch**
il progresso tecnologico	der technische Fortschritt
ingegneria [indʒeɲe'ri:a]	(angewandte) **Technik;** Ingenieurwesen
materiale *m* [materi'a:le]	**Material; Werkstoff**
lavorare un materiale	ein Material bearbeiten
essere di ['ɛssere di]	**sein aus**
Questo tavolo è di vetro.	Dieser Tisch ist aus Glas.
essere composto di ['ɛssere kom'posto di]	**bestehen aus**
Questo distributore è composto di molte componenti.	Dieser Automat besteht aus vielen Bauteilen.

Come può essere un materiale? (= Wie kann ein Material beschaffen sein?)
artificiale [artifi'tʃa:le] (= künstlich, Kunst-) • *leggero* [led'dʒɛ:ro] (= leicht) • *pesante* [pe'sante] (= schwer) • *liscio* ['liʃʃo] (= glatt) • *morbido* ['mɔrbido] (= weich) • *tenero* ['tɛ:nero] (= weich, zart) • *ruvido* ['ru:vido] (= rauh, hart) • *rigido* ['ri:dʒido] (= hart; steif) • *sottile* [sot'ti:le] (= dünn) • *spesso* ['spesso] (= dick) • *fragile* ['fra:-dʒile] (= zerbrechlich)

Alcuni materiali (= Einige Materialien)
carbone m [kar'bo:ne] (= Kohle) • *cemento* [tʃe'mento] (= Zement) • *marmo* ['marmo] (= Marmor) • *metallo* [me'tallo] (= Metall) • *acciaio* [at'tʃa:io] (= Stahl) • *legno* / *legname m* ['leɲɲo / le'ɲa:me] (= Holz) • *legna* ['leɲɲa] (= Brennholz) • *vetro* ['ve:tro] (= Glas) • *ceramica* [tʃe'ra:mika] (= Keramik) • *plastica* ['plastika] (= Plastik, Kunststoff) • *gomma* ['gomma] (= Gummi) • *stoffa* ['stɔffa] (= Stoff) • *seta* ['se:ta] (= Seide) • *cotone m* [ko'to:ne] (= Baumwolle) • *lana* ['la:na] (= Wolle)

---

attrezzo [att'rettso]	**Werkzeug**
i miei attrezzi	meine Werkzeuge

martello e scalpello [mar'tɛllo e skal'pɛllo]	Hammer und Meißel
chiodo [ki'ɔ:do]	Nagel
piantare un chiodo nel muro	einen Nagel in die Wand schlagen
vite *f* [vi:te]	Schraube
avvitare / svitare	(fest-, an)schrauben / abschrauben
cacciavite *m* [kattʃa'vi:te]	Schraubenzieher
trapano – trapanare ['tra:pano – trapa'na:re]	Bohrmaschine – bohren
le **forbici** ['fɔrbitʃi]	Schere
Dove sono le mie forbici?	Wo ist meine Schere?
tenaglia (*meist* le tenaglie) [te'na:ʎa]	Kneif- / Beißzange
Hai preso tu le mie tenaglie?	Hast du meine Kneifzange?
sega – segare ['se:ga – se'ga:re]	Säge – sägen
apparecchio [appa'rekkio]	Gerät
Questo apparecchio è complicato.	Dieses Gerät ist kompliziert.
automatico [auto'ma:tiko]	automatisch
maneggiare [maned'dʒa:re]	handhaben, umgehen mit
macchinario [makki'na:rio]	(große) Maschine
potenza [po'tɛntsa]	Kraft, Energie
potente [po'tɛnte]	(leistungs)stark, kräftig
I macchinari per il movimento di terra sono molto potenti.	Erdbewegungsmaschinen sind sehr leistungsstark.
macchina ['makkina]	Maschine
elemento / pezzo di macchina	Maschinenteil
funzionare [funtsio'na:re]	funktionieren
funzione *f* [funtsi'o:ne]	Funktion; Betrieb
Adesso ti spiego le varie funzioni di questa macchina.	Jetzt erkläre ich dir die verschienen Funktionen dieser Maschine.
L'ascensore non è in funzione.	Der Aufzug ist außer Betrieb.
uso ['u:zo]	Gebrauch
istruzioni per l'uso	Gebrauchsanweisung
utile ['u:tile]	nützlich
utilizzare [utilid'dza:re]	benutzen, verwenden
Molte imprese utilizzano macchine utensili.	Viele Unternehmen setzen Werkzeugmaschinen ein.
regolare [rego'la:re]	einstellen
Come si regola il calore?	Wie stellt man die Wärme ein?
motore *m* [mo'to:re]	Motor
aggiustare [addʒus'ta:re]	reparieren
pompa ['pompa] – **tubo** ['tu:bo]	Pumpe – Rohr, Röhre
pressione *f* [pressi'o:ne]	Druck

14.5 Werkstoffe, Werkzeuge, Maschinen

14.6 Elettricità ed elettronica
Elektrizität und Elektronik

elettricità [elettritʃi'ta]	Elektrizität; (elektrischer) **Strom**
elettrico [e'lɛttriko]	elektrisch
lo schema elettrico	Schaltplan
una scossa elettrica	ein Stromschlag
centrale *f* **elettrica** [tʃen'tra:le e'lettrika]	Elektrizitätswerk, Kraftwerk
Molte centrali elettriche si trovano vicino a un fiume.	Viele Kraftwerke befinden sich in der Nähe eines Flusses.
elettronica [elett'rɔ:nika]	Elektronik
elettronico [elet'trɔ:niko]	elektronisch
ingegnere elettronico	Elektronikingenieur(in)
contatore *m* [konta'to:re]	**(Strom-)Zähler**
generare [dʒene'ra:re]	erzeugen
generare elettricità	Elektrizität / Strom erzeugen
batteria [batte'ri:a]	**Batterie**
carico – scarico [(s)ka:riko]	**voll – leer** (*Batterie*)
caricare [kari'ka:re]	aufladen
(ri)caricare una batteria	eine Batterie (wieder)aufladen
scaricarsi [skari'karsi]	sich entladen
corrente *f* [kor'rɛnte]	**Strom**
presa (di corrente) ['pre:sa]	Steckdose
spina ['spi:na]	Stecker
introdurre la spina nella presa	den Stecker in die Steckdose stecken
rete elettrica *f* ['re:te e'lɛttrika]	**Stromnetz**
interruttore *m* [interrut'to:re]	**Schalter**
staccare l'interruttore centrale	den Strom am Hauptschalter abschalten
cavo ['ka:vo]	**Kabel; Leitung**
circuito [tʃir'ku:ito]	**Stromkreis; Schaltkreis**
corto circuito	Kurzschluss
allacciare [allat'tʃa:re]	**anschließen**
Non può funzionare, non è allacciato.	Es kann nicht funktionieren, es ist ja gar nicht angeschlossen.
staccare [stak'ka:re]	**abschalten; abklemmen**
staccare la corrente	den Strom abschalten
accendere – spegnere [at'tʃendere – 'spe:ɲere]	**ein- / ausschalten – einen Schalter an- / ausknipsen**
acceso – spento	(*an elektrischen Geräten*) an – aus

14.7 Contenitori
Behälter

contenitore *m* [konteni'to:re]	Behälter; Gefäß
cartone *m* [kar'to:ne]	Pappkarton
Mettilo in un cartone!	Pack's in einen Pappkarton!
scatola ['ska:tola]	Schachtel
la scatola per le scarpe	Schuhschachtel
pacco ['pakko]	Packung; Paket
un pacco di biscotti	eine Packung Kekse
pacchetto [pak'ketto]	Päckchen; Schachtel
un pacchetto di sigarette	eine Schachtel Zigaretten
busta ['busta]	Tüte
una busta di latte	eine Tüte Milch
busta (da lettere)	(Brief-)Umschlag
vasetto [va'zetto]	Becher
un vasetto di yogurt	ein Becher Joghurt
cassa ['kassa]	Kiste; Kasten
una cassa di vino / birra	eine Kiste Wein / Bier
sacco ['sakko]	Sack
un sacco di patate	ein Sack Kartoffeln
sacchetto [sak'ketto]	Tüte
sacchetto di plastica	Plastiktüte
borsetta [bor'setta]	Handtasche
borsa ['borsa]	Tragetasche
borsa diplomatica (la ventiquattrore)	Aktentasche
valigia [va'li:dʒa]	Koffer
valigetta diplomatica	Diplomatenkoffer
cartella [kar'tɛlla]	Schulranzen
una cartella di cuoio	ein Schulranzen aus Leder
secchio ['sekkio]	Eimer
un secchio di vernice	ein Eimer Farbe
lattina [lat'ti:na]	Büchse; Dose (*für Getränke*)
una lattina di coca-cola	eine Cola-Dose
scatola – barattolo ['ska:tola – ba'rattolo]	Büchse – Dose (*für Essbares*)
una scatola di fagioli	eine Büchse / Dose Bohnen
botte *f* ['botte]	Fass
spillare una botte	ein Fass anzapfen
bottiglia [bot'tiʎa]	Flasche
una bottiglia di quello buono	eine Flasche von dem Guten

Kapitel 15

15.1 Espressioni di spazio e di direzione
Raum- und Richtungsangaben

dove ['do:ve] — wo; wohin
Scusi, dov'è la stazione? — Entschuldigen Sie, wo ist der Bahnhof?
Dove vai così di fretta? — Wohin gehst du so eilig?

a [a] — auf; an; in; zu
Alla fiera c'erano solo pochi visitatori. — Auf der Messe waren nur wenige Besucher.
L'anno prossimo voglio andare ai Caraibi. — Nächstes Jahr möchte ich in die Karibik fahren.

da [da] — aus; von; bei; zu
Il treno parte dal binario 5. — Der Zug fährt von Gleis 5 ab.
Da Mario è sempre molto bello. — Bei Mario ist es immer sehr schön.

in [in] — in; nach
Vado in centro con il tram. — Ich fahre mit der Straßenbahn ins Zentrum.

per [per] — durch; nach; über
Il Giro d'Italia passa per tutta la penisola. — Der Giro geht durch die ganze Halbinsel.
I Rossi sono partiti per Civezza. — Die Rossis sind nach Civezza abgereist.

su [su] — auf; hin-, herauf; oben
Sul tavolo c'è un giornale. — Auf dem Tisch liegt eine Zeitung.
Chi è? Ah, venga pure su. — Wer ist da? Ach so, kommen Sie doch herauf.

giù [dʒu] — her-, hinunter; unten
Andiamo giù nel cortile a giocare? — Gehen wir in den Hof hinunter spielen?
Il papà è su nello studio o giù in cantina? — Ist der Papa oben im Arbeitszimmer oder unten im Keller?

laggiù [lad'dʒu] — da hinten; dort unten; da hinunter
lassù [las'su] — da oben; da hinauf
Laggiù vedi il paese, lassù le vette. — Dort unten siehst du das Dorf, da oben die Gipfel.

via ['vi:a] — weg, fort
Il capo è già andato via. — Der Chef ist schon fortgegangen.

a destra [a 'dɛstra] — rechts

a sinistra [a si'nistra]
Per la stazione non deve svoltare a destra, ma a sinistra.
destro ['dɛstro]
sinistro [si'nistro]
Le fa male il piede destro o quello sinistro?
diritto [di'ritto]
Prosegua diritto per due chilometri, poi …
in alto – in basso [in 'alto – in 'basso]
Le marmellate stanno in alto, i sughi in basso.
accanto a / a fianco di [ak'kanto a / a fi'aŋko di]
Il macellaio si trova a fianco della cartoleria.
avanti [a'vanti]
Avanti! Si accomodi pure.
Chi va avanti?
indietro [indi'ɛ:tro]
davanti (a) [da'vanti]
La fermata è davanti al cinema.
dietro (a) [di'ɛ:tro]
Dietro a Milano si vedono le Alpi.

attorno a [at'torno a]
intorno a [in'torno a]
I boy-scout siedono intorno al falò.
qui – qua [ku'i – ku'a]
Da qui non si vede niente.
lì – là [li – la]
di qua – di là [di ku'a – di la]
Andiamo di là, la mamma ha preparato la cena.
dappertutto [dapper'tutto]
Povero te! Sei stato punto dappertutto!
dovunque [do'vuŋkue]
Dovunque tu vada, amore, ti seguirò.

links
Zum Bahnhof müssen Sie nicht rechts, sondern links abbiegen.
rechte(r, -s)
linke(r, -s)
Tut Ihnen der rechte oder der linke Fuß weh?
gerade; geradeaus
Fahren Sie zwei Kilometer geradeaus, dann …
hoch; oben – runter; unten

Die Marmeladen sind oben, die Saucen unten.
neben

Der Metzger ist neben dem Schreibwarenhändler.
herein; nach vorn, näher; vor
Herein! Nehmen Sie ruhig Platz.
Wer geht vor?
zurück
vorne; vor
Die Haltestelle ist vor dem Kino.
hinten; hinter
Hinter Mailand sieht man die Alpen.

um (herum)
um … herum, rings um
Die Pfadfinder sitzen rings um das Lagerfeuer.
hier; hierhin, (hier)her
Von hier aus sieht man nichts.
da, dort; dahin, (dort)hin
hier – rüber; drüben
Gehen wir rüber, die Mama hat das Abendessen zubereitet.
überall
Du Ärmster! Du bist ja ganz zerstochen!
wo / wohin (auch) immer; überall
Wohin du auch gehen magst, Liebling, ich werde dir folgen.

15.1 Raum- und Richtungsangaben

verso [ˈvɛrso]	nach; in Richtung
rasserenamenti verso il mare	Auflockerungen in Richtung Meer
contro [ˈkontro]	an; gegen
Appoggiamo la scala contro la parete.	Lehnen wir die Leiter an die Wand.
di fronte (a) [di ˈfronte]	gegenüber
I vicini della casa di fronte sono simpatici.	Die Nachbarn vom Haus gegenüber sind sympathisch.
in fondo (a) [in ˈfondo]	hinten; am Ende
Il bagno è in fondo al corridoio.	Die Toilette ist am Ende des Gangs.
da quelle / queste parti [da kuˈelle / kuˈeste ˈparti]	in jener / dieser Gegend
Da queste parti si cucina con l'olio, da quelle parti invece col burro.	In dieser Gegend kocht man mit Öl, in jener dagegen mit Butter.
dentro [ˈdentro]	drinnen; hinein; herein
fuori [fuˈɔːri]	draußen; hinaus; heraus
Restiamo dentro o andiamo fuori?	Bleiben wir drinnen oder gehen wir hinaus?
esterno [esˈtɛrno]	äußere(r, -s), Außen-
interno [inˈtɛrno]	innere(r, -s), Innen-
Quella finestra dà sul cortile interno.	Dieses Fenster geht auf den Innenhof.
interno – esterno [inˈtɛrno – esˈtɛrno]	Innere – Äußere
(di) sopra [ˈsoːpra]	oben; über
Sopra il tavolo è appesa una lampada.	Über dem Tisch hängt eine Lampe.
(di) sotto [ˈsotto]	unten; unter
inferiore [inferiˈoːre]	untere(r, -s)
superiore [superiˈoːre]	obere(r, -s)
È danneggiata solo la parte inferiore.	Nur der untere Teil ist kaputt.
lontano (da) [lonˈtaːno]	weit (entfernt von)
È lontano il centro? – No, non è lontano da qui.	Ist das Zentrum weit weg? – Nein, es ist nicht weit entfernt von hier.
vicino (a) [viˈtʃiːno a]	nahe, in der Nähe
Abito vicino allo zoo.	Ich wohne in der Nähe des Zoos.
fra / tra [fra / tra]	zwischen; unter
Fra la periferia ed il centro ci sono spesso code.	Zwischen dem Umland und dem Zentrum gibt es oft Staus.
Tra i presenti ho visto anche Alessandro.	Unter den Anwesenden habe ich auch Alessandro gesehen.

in mezzo a [in 'mɛddzo a] | in der Mitte von; unter
In mezzo alla piazza c'è una fontana. | In der Mitte des Platzes steht ein Brunnen.
attraverso [attra'vɛrso] | durch
Per raggiungere l'autostrada bisogna passare attraverso il centro. | Um die Autobahn zu erreichen, muss man durchs Zentrum fahren.
oltre (a) ['oltre] | jenseits; neben; weiter
Il tribunale è oltre il fiume. | Das Gericht ist jenseits des Flusses.
Oltre a lui sono venuti anche Maura e Gino. | Neben ihm sind auch Maura und Gino gekommen.
centrale [tʃen'traːle] | mittlere(r, -s); zentral
laterale [late'raːle] | seitlich
di ritorno [di ri'torno] | zurück
Sarò di ritorno per pranzo, va bene? | Ich werde zum Mittagessen zurück sein, o.k.?
in cima [in 'tʃiːma] | oben; auf der Spitze
Saliamo in cima alla Torre Pendente? | Steigen wir auf die Spitze des schiefen Turms?
in giro [in 'dʒiːro] | umher, herum; unterwegs
andare in giro | herumlaufen, -fahren
direzione *f* [diretsi'oːne] | Richtung
In che direzione devo andare? | In welche Richtung soll ich gehen?
lato ['laːto] | Seite
opposto [op'posto] | gegensätzlich, entgegengesetzt
Il rifugio si trova dal lato opposto della valle. | Die Hütte befindet sich auf der entgegengesetzten Seite des Tals.
circondare [tʃirkon'daːre] | umgeben
Queste spesse mura circondano tutta la rocca. | Diese dicken Mauern umgeben die ganze Burg.
distanza [dis'tantsa] | Entfernung
Da Monaco a Milano c'è una distanza di circa 550 km. | Die Entfernung von München bis Mailand beträgt ungefähr 550 km.
posizione *f* [pozitsi'oːne] | Position
La posizione della vostra casa è molto panoramica. | Die Position eures Hauses erlaubt eine schöne Aussicht.
spazio ['spaːtsio] | Platz, Raum
Siediti che c'è spazio anche per te! | Setz' dich, für dich ist auch Platz da!

15.2 Espressioni di tempo
Zeitangaben

giorno ['dʒorno]	Tag

lunedì m [lune'di] (= Montag) • *martedì m* [marte'di] (= Dienstag) • *mercoledì m* [merkole'di] (= Mittwoch) • *giovedì m* [dʒove'di] (= Donnerstag) • *venerdì m* [vener'di] (= Freitag) • *sabato m* ['sa:bato] (= Samstag) • *domenica f* [do'me:nika] (= Sonntag)

mattina / mattino [mat'ti:na / -no]	Morgen
Di mattina ci alziamo sempre presto.	Morgens stehen wir immer früh auf.
stamattina [stamat'ti:na]	heute Morgen
presto ['prɛsto]	bald; früh
A presto!	Bis bald!
Domani dobbiamo alzarci presto.	Morgen müssen wir früh aufstehen.
mezzogiorno [meddzo'dʒorno]	Mittag
A mezzogiorno si pranza.	Mittags isst man zu Mittag.
pomeriggio [pome'riddʒo]	Nachmittag
Ci vediamo oggi pomeriggio?	Sehen wir uns heute Nachmittag?
sera ['se:ra]	Abend
tardi ['tardi]	spät
È già tardi, torniamo a casa.	Es ist schon spät, gehen wir heim.
notte *f* ['nɔtte]	Nacht
notturno [not'turno]	nächtlich, Nacht-
buio ['bu:io]	Dunkelheit – dunkel
Che buio!	Ist das dunkel!
mezzanotte *f* [meddza'nɔtte]	Mitternacht
stanotte [sta'nɔtte]	heute Nacht
Stanotte non ho chiuso occhio.	Heute Nacht habe ich kein Auge zugemacht.
sorgere ['sordʒere]	aufgehen
sorgere *m* del sole [del 'so:le]	Sonnenaufgang
Ci siamo alzati al sorgere del sole.	Wir sind bei Sonnenaufgang aufgestanden.
tramonto [tra'monto]	Sonnenuntergang
tramontare [tramon'ta:re]	untergehen
Il sole tramonta a occidente.	Die Sonne geht im Westen unter.
settimana [setti'ma:na]	Woche
fine-settimana *m* [finesetti'ma:na]	Wochenende

Buon fine-settimana!	Schönes Wochenende!
mese *m* ['me:ze]	**Monat**
mensile [men'si:le]	**monatlich, Monats-**
anno ['anno]	**Jahr**
stagione *f* [sta'dʒo:ne]	**Jahreszeit**

> *I mesi e le stagioni* (= die Monate und die Jahreszeiten)
> Die Monatsnamen sind alle männlich!
> *gennaio* [dʒen'na:io] (= Januar) • *febbraio* [feb'bra:io] (= Februar) • *marzo* ['martso] (= März) • *aprile* [a'pri:le] (= April) • *maggio* ['maddʒo] (= Mai) • *giugno* ['dʒu:ɲo] (= Juni) • *luglio* ['luːʎo] (= Juli) • *agosto* [a'gosto] (= August) • *settembre* [set'tɛmbre] (= September) • *ottobre* [ot'to:bre] (= Oktober) • *novembre* [no'vɛmbre] (= November) • *dicembre* [di'tʃɛmbre] (= Dezember) • *primavera* [prima'vɛ:ra] (= Frühling, Frühjahr) • *estate f* [es'ta:te] (= Sommer) • *autunno* [au'tunno] (= Herbst) • *inverno* [in'vɛrno] (= Winter).

ora ['o:ra]	**Stunde**
ora solare / legale	Winter- / Sommerzeit
mezz'ora [meddz'o:ra]	**halbe Stunde**
minuto [mi'nu:to]	**Minute**
secondo [se'kondo]	**Sekunde**
in punto [in 'punto]	**Punkt, genau**

> *Che ore sono?* (= Wie spät ist es?)
> *Sono le due e dieci* (= zehn nach zwei), *le due e un quarto* (= viertel nach zwei), *le due e mezzo/a* (= halb drei), *le tre meno un quarto* (= viertel vor drei), *le tre in punto* (= Punkt drei Uhr). Aber: *È l'una* (= es ist ein Uhr).

istante *m* [is'tante]	**Augenblick, Moment**
momento [mo'mento]	**Moment, Augenblick**
Un momento, per favore!	Einen Augenblick, bitte!
data ['da:ta]	**Datum**
Oggi quanti ne abbiamo?	Der wievielte ist heute?
periodo [pe'ri:odo]	**Zeit, Zeitraum**
secolo ['sɛ:kolo]	**Jahrhundert**
durata – durare [du'ra:ta du'ra:re]	**Dauer – dauern**
Quanto dura il film?	Wie lange dauert der Film?
fine *f* ['fi:ne]	**Ende, Schluss**
Mi sono perso la fine della trasmissione.	Ich habe das Ende der Sendung verpasst.

finale [fi'naːle]	**Schluss-, End-**
gli esami finali	die Abschlussprüfungen
finalmente [final'mente]	**endlich**
Finalmente arrivi!	Endlich kommst du!
alla fine – infine ['alla 'fiːne – in'fiːne]	**schließlich**
Vedi? Alla fine sono venuto!	Siehst du? Schließlich bin ich doch noch gekommen!
definitivo [defini'tiːvo]	**endgültig, definitiv**
Questo voto è definitivo.	Diese Note ist definitiv.
tempo ['tɛmpo]	**Zeit**
Il tempo vola.	Die Zeit verfliegt.
da quanto tempo [da ku'anto 'tɛmpo]	**wie lange schon**
Da quanto tempo studi il tedesco?	Wie lange lernst du schon Deutsch?
in tempo [in 'tɛmpo]	**rechtzeitig**
Venite in tempo, altrimenti dobbiamo fare la fila!	Kommt rechtzeitig, sonst müssen wir anstehen!
in ritardo [in ri'tardo]	**zu spät, verspätet**
I treni arrivano spesso in ritardo.	Züge kommen oft zu spät an.
in anticipo [in an'tiːtʃipo]	**im Voraus**
Bisogna pagare in anticipo?	Muss man im Voraus bezahlen?
volta ['vɔlta]	**Mal**
prossimo ['prɔssimo]	**künftig, nächste(r, -s)**
La prossima volta sei puntuale, va bene?	Nächtes Mal bist du pünktlich, o.k.?
puntuale [puntu'aːle]	**pünktlich**
scorso ['skorso]	**vergangen, letzte(r, -s)**
L'anno scorso siamo andati al mare.	Letztes Jahr sind wir ans Meer gefahren.
presente *m* [pre'zɛnte]	**Gegenwart**
questo [ku'esto]	**heute** (+ *Zeitangabe*)
Questa sera usciamo.	Heute Abend gehen wir aus.
oggi ['ɔddʒi]	**heute**
al giorno d'oggi [al 'dʒorno 'dɔddʒi]	**heutzutage, heute**
Al giorno d'oggi è di moda lamentarsi.	Heutzutage ist es „in" zu jammern.
adesso / ora [a'dɛsso]	**jetzt, nun**
Ora non posso, ma tra poco.	Jetzt kann ich nicht, aber bald.
finora [fi'noːra]	**bis jetzt**
Finora non posso lamentarmi.	Bis jetzt kann ich nicht klagen.
per ora [per 'oːra]	**für den Augenblick, fürs Erste**
Per ora tengo la macchina.	Fürs Erste behalte ich das Auto.

passato [pas'saːto] — Vergangenheit
ieri [i'ɛːri] — gestern
l'altro ieri – ieri l'altro ['laltro i'ɛːri] — vorgestern
L'ho visto ieri o ieri l'altro. — Ich habe ihn gestern oder vorgestern getroffen.

l'altro giorno ['laltro 'dʒorno] — kürzlich; neulich
Sai chi ho visto l'altro giorno? — Weisst du, wen ich kürzlich getroffen habe?

di recente [di re'tʃɛnte] — vor kurzem, kürzlich
Di recente hanno inaugurato un monumento. — Vor kurzem ist ein Denkmal eingeweiht worden.

fa [fa] – **poco fa** [pɔːko 'fa] — vor – vor kurzem, eben
L'incidente è successo mezz'ora fa. — Der Unfall ist vor einer halben Stunde passiert.

ultimamente [ultima'mente] — in letzter Zeit
Ultimamente si comporta in maniera strana. — In letzter Zeit benimmt er sich merkwürdig.

futuro [fu'tuːro] — Zukunft; zukünftige(r, -s)
domani [do'maːni] — morgen
dopodomani [dopodo'maːni] — übermorgen
Andiamo in montagna domani o dopodomani? — Fahren wir morgen oder übermorgen in die Berge?

fra / **tra** [fra / tra] — in
La camera è pronta tra cinque minuti. — Das Zimmer ist in fünf Minuten bereit.

in [in] — in (innerhalb von)
Questo lavoro lo possiamo fare in poche ore. — Diese Arbeit können wir in wenigen Stunden erledigen.

dopo ['dɔːpo] — nach; nachher, später; danach
Dopo una lunga giornata si è stanchi. — Nach einem langen Tag ist man müde.

poi ['pɔːi] — dann; später
Prima o poi dovremo cambiare appartamento. — Früher oder später werden wir umziehen müssen.

in seguito [in 'seːguito] — danach
a poco a poco [a 'pɔːko a 'pɔːko] — nach und nach
A poco a poco si faceva buio. — Nach und nach wurde es dunkel.

al più presto [al pi'u 'prɛsto] — sobald wie möglich; frühestens
Sarete richiamati al più presto. — Sie werden sobald wie möglich zurückgerufen.

al più tardi [al pi'u 'tardi] — spätestens
Dobbiamo essere al teatro al più tardi alle sette. — Wir müssen spätestens um sieben im Theater sein.

15.2 Zeitangaben

di nuovo [di nu'ɔːvo] — wieder, noch (ein)mal
Si è messo di nuovo sul bello. — Das Wetter ist wieder schön geworden.

finché [fiŋ'ke] — solange
Finché non studia non può raggiungere buoni risultati. — Solange er nicht lernt, kann er keine guten Ergebnisse erzielen.

fino a ['fiːno a] — bis
Restiamo fino a domani. — Wir bleiben bis morgen.

già [dʒa] — schon
Sono già le due? — Es ist schon zwei Uhr?

subito ['suːbito] — gleich, sofort
Un attimo che vengo! — Einen Augenblick, ich komme ja!

immediatamente [immediata'mente] — sofort

direttamente [diretta'mente] — direkt, unmittelbar

intanto [in'tanto] — unterdessen, währenddessen

nel frattempo [nel frat'tempo] — währenddessen, inzwischen
Se tu apparecchi la tavola, io nel frattempo stendo la biancheria. — Wenn du den Tisch deckst, hänge ich inzwischen die Wäsche auf.

sempre ['sɛmpre] — immer
È sempre la stessa zolfa. — Es ist stets die gleiche Leier.

frequente [freku'ɛnte] — häufig
Questo è un errore frequente. — Das ist ein häufiger Fehler.

spesso ['spesso] — oft
Vado spesso a spasso. — Ich gehe oft spazieren.

raramente [rara'mente] — selten
Guardi spesso la tv? No, raramente. — Siehst du oft fern? Nein, selten.

raro ['raːro] — rar, selten
È raro che lui frequenti gli amici. — Er trifft sich selten mit seinen Freunden.

a volte / talvolta [a 'vɔlte / tal'vɔlta] — manchmal
A volte dormo a lungo. — Manchmal schlafe ich aus.

mai ['maːi] — je, jemals
Sei mai stato a Roma? — Bist du je in Rom gewesen?

non ... mai [non ... 'maːi] — nie, niemals
Non, non sono mai stato a Roma. — Nein, ich bin noch nie in Rom gewesen.

pronto ['pronto] — bereit, fertig
Sei pronto? — Bist du soweit?

quando [ku'ando] — wann; wenn; als
Quando vieni? — Wann kommst du?
Quando il sole picchia, resto all'ombra. — Wenn die Sonne stark scheint, bleibe ich im Schatten.

15.3 Espressioni di misura e di quantità
Maß- und Mengenangaben

misura – misurare [mi'zuːra – mizu'raːre]	Maß – messen
misurare la distanza	die Entfernung messen
profondità – profondo [profondi'ta – pro'fondo]	Tiefe – tief
Qui il mare è profondo!	Hier ist das Meer tief!
altezza [al'tettsa]	Höhe
alto – basso ['alto – 'basso]	hoch – tief; niedrig
Qui l'acqua non è alta, è bassa.	Hier ist das Wasser nicht hoch, es ist niedrig.
larghezza – largo [lar'gettsa – 'largo]	Breite; Weite – breit; weit
lunghezza – lungo [luŋ'gettsa – 'luŋgo]	Länge – lang
Il soggiorno misura sei metri di larghezza e cinque metri di lunghezza.	Das Wohnzimmer ist sechs Meter breit und fünf Meter lang.
ampio – angusto ['ampio – an'gusto]	weit, geräumig – eng
Per quanto sia ampia la camera dei bambini, la camera da letto è angusta.	Das Kinderzimmer mag ja geräumig sein, aber das Schlafzimmer ist eng.

> *Misure e pesi* [mi'zuːre e peːzi] (= Maße und Gewichte)
> *millimetro (mm)* [mil'liːmetro] (= Millimeter) • *centimetro (cm)* [tʃen'tiːmetro] (= Zentimeter) • *metro (m)* ['mɛːtro] (= Meter) • *chilometro (km)* [ki'lɔːmetro] (= Kilometer) • *metro quadrato (m²)* ['mɛːtro kua'draːto] (= Quadratmeter) • *ettaro (ha)* ['ɛttaro] (= Hektar) • *litro (l)* ['liːtro] (= Liter) • *grammo (g)* ['grammo] (= Gramm) • *etto(grammo) (hg)* ['etto('grammo)] (= 100 Gramm) • *chilo(grammo) (kg)* ['kiːlo('grammo)] (= Kilogramm) • *tonnellata (t)* [tonnel'laːta] (= Tonne)

 Kaufen Sie Wurst oder Käse ein, verlangen Sie „*etti*" und nicht „*grammi*"!

peso ['peːzo]	Gewicht; Last
peso netto / lordo	Netto- / Bruttogewicht
pesare [pe'zaːre]	wiegen
Bisogna pesare la frutta?	Muss man das Obst wiegen?
pesante – leggero [pe'sante – led'dʒɛːro]	schwer – leicht

mucchio ['mukkio]	Menge; Haufen
dozzina [dod'dzi:na]	Dutzend
mezza dozzina di uova	ein halbes Dutzend Eier
quanto [ku'anto]	**wie viel**
Quanto costano le pere?	Wie viel kosten die Birnen?
Quant'è?	Was macht das?
molto – **poco** ['molto – 'pɔ:ko]	**viel(e) – wenig(e)**
In quel ristorante si mangia bene e si spende poco.	In diesem Restaurant isst man gut und gibt wenig aus.
troppo ['trɔppo]	**zu viel; zu viele**
Non lo prendo, costa troppo.	Ich nehme es nicht, es kostet zu viel.
assai [as'sa:i]	sehr; viel
Voglio assai bene alla mia famiglia.	Ich habe meine Familie sehr lieb.
tutto – **(non) niente** ['tutto – (non) ni'ente]	**alle(s); ganz – nichts**
Desidera altro? – No grazie, niente.	Wünschen Sie noch etwas? – Nein danke, nichts.
un po' [un 'pɔ]	**etwas, ein bisschen**
Mi dia ancora un po' di sugo, per favore.	Geben Sie mir bitte noch etwas Sauce.
non ... nessuno [non ... nes'su:no]	niemand, keine(r, -s)
Qui non c'è nessuno.	Hier ist niemand.
né ... né [ne]	weder ... noch
né l'uno né l'altro	weder das eine noch das andere
non ... affatto [non ... af'fatto]	gar nicht, überhaupt nicht
Non ho affatto sonno.	Ich bin überhaupt nicht müde.
più [pi'u] – **meno** ['me:no]	**mehr – weniger** *(oder mit Komparativ übersetzt)*
più o meno	mehr oder weniger
È più alto di suo fratello.	Er ist größer als sein Bruder.
il / la più [il / la pi'u]	*(mit dem Superlativ übersetzt)*
Lì fanno la pizza più buona del paese.	Dort machen sie die beste Pizza des Ortes.
circa ['tʃirka]	**etwa, ungefähr**
Costerà circa 50 euro.	Es wird etwa 50 Euro kosten.
quasi [ku'a:zi]	**fast**
Aspetta che ho quasi finito.	Warte, ich bin fast fertig.
massimo – minimo ['massimo – 'mi:nimo]	höchste – niedrigste, geringste
il prezzo minimo è di ...	der Mindestpreis beträgt ...
al massimo – al minimo [al 'massimo – al 'mi:nimo]	höchstens – mindestens

Al massimo prendo un caffè, sono pieno. | Ich nehme höchstens einen Kaffee, ich bin voll.

aumento [au'mento] | **Erhöhung**

aumentare [aumen'ta:re] | **steigern, erhöhen; zunehmen, steigen**

I prezzi della benzina aumentano. | Die Benzinpreise steigen.
Hanno aumentato ancora le tariffe per gli ombrelloni. | Die Sonnenschirmtarife sind schon wieder erhöht worden.

riduzione f [ridutsi'o:ne] | **Verringerung, Senkung**
ridurre [ri'durre] | **verringern; senken**
Qui hanno ridotto i prezzi. | Hier sind die Preise gesenkt worden.

ridursi [ri'dursi] | **zurückgehen**
Il numero dei fumatori si è ridotto sensibilmente. | Die Anzahl der Raucher ist deutlich zurückgegangen.

diminuire [diminu'i:re] | **verringern; sinken**
La temperatura stanotte è diminuita di dieci gradi. | Die Temperatur ist heute Nacht um zehn Grad gesunken.

limite m ['li:mite] | **Grenze, Begrenzung**
limitare [limi'ta:re] | **be-, einschränken; begrenzen**
Dobbiamo limitare le spese. | Wir müssen die Ausgaben einschränken.

comprendere [kom'prɛndere] | **beinhalten; umfassen**
Il pacchetto viaggio comprende un'escursione. | Das Reisepaket beinhaltet einen Ausflug.

contenere [konte'ne:re] | **enthalten**
Questa confezione contiene mezzo chilo di pesce. | Diese Packung enthält ein halbes Kilo Fisch.

medio ['mɛ:dio] | **durchschnittlich, Durchschnitts-**
il prezzo medio è di ... | der Durchschnittspreis beträgt ...

metà [me'ta] | **Hälfte**
la metà di una mela | die Hälfte von einem Apfel

mezzo ['mɛddʒo] | **halb**
Mezzo chilo di patate, per favore. | Ein Pfund Kartoffeln, bitte.

quarto [ku'arto] | **Viertel**
Prendo un altro quarto di vino! | Ich nehme noch ein Viertel Wein!

numeroso [nume'ro:so] | **zahlreich, viel; groß**
In Italia ci sono pochissime famiglie numerose. | In Italien gibt es außerordentlich wenige große Familien.

in totale [in to'ta:le] | **insgesamt**
In totale mi devi ... . | Insgesamt schuldest du mir ... .

unico ['u:niko] | **einzige(r, -s)**
affatto [af'fatto] | **durchaus, ganz und gar**

15.3 Maß- und Mengenangaben

Kapitel 16

16.1 Libri ed editoria
Bücher und Verlagswesen

editoria [edito'ri:a]	Verlagswesen
casa editrice ['ka:sa edi'tri:tʃe]	Verlag(shaus)
La Hueber è una casa editrice di libri di lingue.	Hueber ist ein Sprachbuch-Verlag.
pubblicare [pubbli'ka:re]	veröffentlichen; publizieren; verlegen

Il libro è stato pubblicato lo scorso maggio. (= Das Buch ist im vergangenen Mai erschienen.) • *pubblicare un libro* (= ein Buch herausbringen) • *lanciare un libro sul mercato* (= ein Buch auf den Markt bringen)

editoriale [editori'a:le]	Lektorats-; Redaktions-
(articolo) editoriale	Leitartikel
libro ['li:bro]	Buch

i Typisch für Italien ist die *bancarella* [banka'rɛlla], ein Bücherstand unter freiem Himmel mit gebrauchten oder antiquarischen Büchern und Remittenden.

libro illustrato ['li:bro illus'tra:to]	**Bilderbuch**
Quale libro illustrato ci guardiamo?	Welches Bilderbuch sehen wir uns an?
enciclopedia [entʃiklope'di:a]	**Enzyklopädie; Lexikon**
(Lui) è un enciclopedia ambulante.	Er ist ein wandelndes Lexikon.
dizionario [ditsio'na:rio]	**Wörterbuch**
cercare un termine nel dizionario	einen Begriff im Wörterbuch suchen
manuale *m* [manu'a:le]	**Handbuch**
consultare un manuale	in einem Handbuch nachschlagen
catalogo [ka'ta:logo]	**Katalog**
elenco [e'lɛnko]	**Verzeichnis; -buch**
elenco telefonico	Telefonbuch
elenco degli indirizzi	Adressbuch
libreria [libre'ri:a]	**Buchhandlung; Bücherschrank**
Da quando ci sono negozi virtuali le librerie sono in crisi.	Seit es Onlineshops gibt, stecken die Buchhandlungen in der Krise.

biblioteca [biblio'te:ka] — Bibliothek; Bücherei
prendere in prestito un libro dalla biblioteca — ein Buch aus der Bücherei entleihen
libro tascabile / tascabile *m* — Taschenbuch
copertina (di un libro) [koper'ti:na (di un 'li:bro)] — **Umschlag**
copertina salvalibri — Schutzumschlag
introduzione *f* [introdutsi'o:ne] — **Einleitung; Einführung**
introduzione di Sergio Albertini — Einführung von Sergio Albertini
introduzione all'architettura — Einführung in die Architektur
pagina ['pa:dʒina] — (Buch-)Seite
vedi a pagina diciannove — siehe Seite neunzehn
autore(-trice) [au'to:re(-'tri:tʃe)] — **Autor(in)**
Stefano Benni è un noto autore satirico contemporaneo. — Stefano Benni ist ein bekannter zeitgenössischer Satiriker.
lettore(-trice) [let'to:re(-'tri:tʃe)] — **Leser(in); Lektor(in)**
I lettori non vedono l'ora che venga pubblicato il nuovo volume di Harry Potter. — Die Leser können es gar nicht abwarten, dass der neue Band von Harry Potter erscheint.
tradurre – traduzione *f* [tra'durre – tradutsi'o:ne] — **übersetzen / übertragen – Übersetzung**
Quando parlo, traduco ancora dal tedesco in italiano. — Wenn ich spreche, übersetze ich noch vom Deutschen ins Italienische.

stampare – stampa [stam'pa:re – 'stampa] — **drucken – Druck**
stampato su carta priva di acidi — auf säurefreiem Papier gedruckt
copia ['kɔ:pia] — **Exemplar**
cinque copie del libro — fünf Exemplare des Buches

 Ein sehr spannendes Buch ist *un libro avvincente*.

archivio [ar'ki:vio] — **Archiv**
Nell'archivio conserviamo documenti e libri antichi. — Im Archiv bewahren wir antike Dokumente und Bücher auf.
documento [doku'mento] — **Dokument; Ausweis; Papier**
Favorisca i documenti. — Ihre Papiere, bitte.

16.1 Bücher und Verlagswesen

16.2 La stampa
Die Presse

stampa ['stampa]	**Presse**
stampa rosa / scandalistica	Regenbogenpresse; Klatschpresse
realtà [real'ta]	**Wahrheit; Wirklichkeit**
La stampa ogni tanto distorce la realtà.	Die Presse verdreht manchmal die Wahrheit.
attuale [attu'a:le]	**derzeitig, gegenwärtig; aktuell**
attualità [attuali'ta]	**Aktualität**
i (mass) **media** sono ... [i 'mæs 'mi:diə 'so:no]	die (Massen-)**Medien** sind ...
un evento per i mass media	ein Medienereignis
giornalista m/f [dʒorna'lista]	**Journalist(in)**
giornale m [dʒor'na:le]	**Zeitung**
leggere qualcosa sul giornale	etwas in der Zeitung lesen
apparire [appa'ri:re]	**(er)scheinen**
Questa testata appare ogni giovedì.	Dieses Blatt erscheint jeden Donnerstag.
giornalaio(-a) [dʒorna'la:io]	**Zeitungshändler(in)**
edicola [e'di:kola]	**Zeitungskiosk; Zeitungsstand**
In quell'edicola hanno una scelta molto vasta.	An diesem Zeitungsstand haben sie eine sehr große Auswahl.
cronaca ['krɔ:naka]	**Bericht; Nachrichtenteil**
cronaca nera	Nachrichtenteil über Verbrechen und Unfälle
titolo ['ti:tolo]	**Titel**
sottotitolo	Untertitel
articolo [ar'ti:kolo]	**Artikel**
quotidiano [kuotidi'a:no]	**Tageszeitung**
settimanale m [settima'na:le]	**Wochenzeitung / -zeitschrift**
periodico [peri'ɔ:diko]	**Zeitschrift**
periodico mensile / satirico	eine Monats- / satirische Zeitschrift
rivista [ri'vista]	**Magazin; Zeitschrift**
rivista di attualità / di informazioni	Nachrichtenmagazin
informazione f – **informare** [informatsi'o:ne – infor'ma:re]	**Information – informieren**
leggere un'informazione sul giornale	eine Information in der Zeitung lesen
annuncio [an'nuntʃo]	**Bekanntgabe; Annonce**
mettere un annuncio sul giornale	eine Annonce in die Zeitung setzen

annunciare [annun'tʃaːre]	ankündigen
comunicare – **segnalare** [komuni'kaːre – seɲa'laːre]	berichten; melden; ankündigen
riportare [ripor'taːre]	berichten
Quell'avvenimento è stato riportato da tutti i giornali.	Über dieses Ereignis wurde in allen Zeitungen berichtet.
avvenimento – **avvenire** [avveni'mento – avve'niːre]	**Ereignis** – **geschehen, sich ereignen**
faccenda [fat'tʃɛnda]	**Angelegenheit, Sache**
evento [e'vɛnto]	**Ereignis**
Di quell'evento hanno parlato tutte le riviste specializzate.	Über dieses Ereignis haben alle Fachzeitschriften berichtet.
caso ['kaːso]	Fall
esagerare [ezadʒe'raːre]	übertreiben
questione *f* [kuesti'oːne]	**Frage**
la questione del Meridione	die Süditalienfrage
avvertire [avver'tiːre]	**benachrichtigen; warnen**
critica – **criticare** ['kriːtika – -aːre]	**Kritik** – **kritisieren**
La stampa ha aspramente criticato il governo.	Die Presse hat die Regierung harsch kritisiert.
servizio [ser'viːtsio]	**Bericht; Reportage**
un servizio sulla mafia	ein Bericht über die Mafia
bollettino [bollet'tiːno]	**Meldung; Nachricht; Bulletin**
bollettino meteorologico	Wetterbericht
notizia [no'tiːtsia]	**Nachricht**
dare/divulgare una notizia	eine Nachricht bringen/verbreiten
copertina [koper'tiːna]	(*Magazin*) **Titelseite**
articolo di prima pagina/dossier *m*	Titelgeschichte
rubrica [ru'briːka]	**Spalte; Teil**
rubrica sportiva/economica	Sport-/Wirtschaftsteil
supplemento [supple'mento]	**Beilage**
supplemento della domenica	Sonntagsbeilage
redattore(-trice) [redat'toːre(-'triːtʃe)]	**Redakteur(in)**
redazionale [redatsio'naːle]	**Redaktions-**
redazione *f* [redatsi'oːne]	**Redaktion**
corrispondente *m/f* [korrispon'dɛnte]	**Korrespondent(in)**
dal nostro corrispondente	eigener Bericht
portavoce *m/f* [porta'voːtʃe]	(Presse-)**Sprecher(in)**
abbonarsi – **abbonato(-a)** – **abbonamento** [abbo'narsi – abbo'naːto – abbona'mento]	**abonnieren** – **Abonnent(in)** – **Abonnement**
abbonarsi a un giornale	eine Zeitung abonnieren

16.3 Radio e televisione
Rundfunk und Fernsehen

radio	f ['raːdio]	Rundfunk / Radio(gerät)
ascoltare la radio — Radio hören
L'ho sentito alla radio. — Das habe ich im Radio gehört.
giornale radio *m* — Nachrichtensendung im Radio
radioascoltatore(-trice) — Rundfunkhörer(in)

televisione / TV *f* – televisivo [televiziˈoːne / tiˈvu – televiˈziːvo] — (das) **Fernsehen** – **Fernseh-**
Cosa c'è in televisione stasera? — Was gibt's heute Abend im Fernsehen?

guardare la televisione / la TV — fernsehen
telespettatore(-trice) — Fernsehzuschauer(in)
telegiornale *m* [teledʒorˈnaːle] — **Nachrichten**
Stasera dobbiamo guardare il telegiornale. — Heute Abend müssen wir die Nachrichten ansehen.
televisore *m* [televiˈzoːre] — **Fernseher**
Posso accendere il televisore? — Kann ich den Fernseher anmachen?

telecomando [telekoˈmando] — **Fernbedienung**
Bambini, dov'è il telecomando? — Kinder, wo ist die Fernbedienung?
registrare [redʒisˈtraːre] — **aufzeichnen, aufnehmen**
Potresti registrarmi il film? — Könntest du mir den Film aufnehmen?

trasmettere [trazˈmettere] — **senden; übertragen; ausstrahlen**
trasmettere un evento in diretta — ein Event live übertragen
in diretta [in diˈrɛtta] — **live**
canale *m* [kaˈnaːle] — **(Fernseh-)Kanal / Programm**
cambiare canale — umschalten
programma *m* [proˈgramma] — **Sendung**
programma per i bambini — Kindersendung
intervista [interˈvista] — **Interview**
Dai vieni, che fanno un'intervista a Trapattoni! — Komm' schon, Trapattoni wird interviewt!
episodio / puntata [epiˈzɔːdio / punˈtaːta] — **Folge** (einer Fernsehserie)
un film in / di sei puntate — ein Film in sechs Folgen
ripetizione *f* [ripetitsiˈoːne] — **Wiederholung**
ripetere [riˈpɛːtere] — **wiederholen**
Stasera ripetono la prima puntata che mi sono perso. — Heute Abend wird die erste Folge wiederholt, die ich verpasst habe.

16.4 Il servizio postale
Der Postdienst

posta ['pɔsta] — Post
Lo mandiamo per posta. — Wir schicken es mit der Post.
postale [po'sta:le] — Post-
codice *m* postale — (die) Postleitzahl
ufficio postale — Post(filiale/-amt)
lettera ['lettera] — Brief
cartolina [karto'li:na] — Postkarte
imbucare [imbu'ka:re] — einwerfen
Vado a imbucare la lettera. — Ich geh' den Brief einwerfen.
buca delle lettere ['bu:ka 'delle lɛttere] — Briefkasten
cassetta delle lettere [kas'setta 'delle 'lɛttere] — (Haus)briefkasten
Quanta pubblicità oggi nella cassetta! — Soviel Werbung heute im Briefkasten!
mandare [man'da:re] — schicken, senden
ricevere [ri'tʃe:vere] — erhalten, bekommen
Chi non manda lettere, non ne riceve. — Wer keine Briefe verschickt, bekommt auch keine.
pacco ['pakko] — Paket
pacchetto [pak'ketto] — Päckchen
stampe *fpl* ['stampe] — Drucksachen
urgente [ur'dʒɛnte] — dringend, eilig
per espresso [es'prɛsso] — als Eilbrief
in contrassegno [kontras'seɲo] — per Nachnahme
raccomandata [rakkoman'da:ta] — Einschreiben
raccomandata con ricevuta di ritorno — per Einschreiben mit Rückschein
mittente *m/f* [mit'tɛnte] — Absender(in)
destinatario [destina'ta:rio] — Empfänger
indirizzo [indi'rittso] — Adresse
timbro – timbrare ['timbro – tim'bra:re] — Stempel – stempeln
affrancatura [affranka'tu:ra] — Porto
francobollo [franko'bollo] — Briefmarke
dieci francobolli da 45 centesimi — zehn Briefmarken zu 45 Cents

Für Postzusteller(in) / Briefträger(in) / Postfrau etc. gibt es mehrere Entsprechungen: *il postino / la postina, il/la portalettere*.

16.5 Telefono, fax e cellulare
Telefon, Fax und Handy

telefono – **telefonico** [te'lɛːfono – tele'fɔːniko]	Telefon – Fernsprech- / Telefon-
Il nostro telefono è guasto.	Unser Telefon ist gestört.
rispondere al telefono	ans Telefon gehen
telefono senza filo (il cordless)	schnurloses Telefon
far installare un nuovo allacciamento telefonico	einen neuen Anschluss einrichten lassen
tariffe *fpl* telefoniche	Telefongebühren
servizio informazione telefonica	(die) Telefonauskunft
elenco telefonico [e'lɛŋko tele'foːniko]	**Telefonbuch**
consultare l'elenco telefonico	im Telefonbuch nachschauen
le **pagine gialle** ['paːdʒine 'dʒalle]	die **Gelben Seiten**
guardare sulle pagine gialle	in den gelben Seiten nachschauen
carta telefonica ['karta tele'foːnika]	**Telefonkarte**
telefono a carta telefonica	Kartentelefon
carta ricaricabile ['karta rikari'kaːbile]	**Prepaid-Karte**
carta SIM	SIM-Karte
ricaricare [rikari'kaːre]	**wiederaufladen**
Come faccio a ricaricare questa carta?	Wie kann ich diese Karte wiederaufladen?
cabina telefonica [ka'biːna tele'foːnika]	**Telefonzelle**
Ormai le cabine telefoniche non funzionano più a gettoni.	Inzwischen funktionieren Telefonzellen nicht mehr mit Münzen.
segreteria telefonica [segrete'riːa tele'foːnika]	**Anrufbeantworter**
Questa è la segreteria telefonica di Paolo Ponfo. Se volete, lasciatemi un messaggio dopo il beep.	Das ist der Anrufbeantworter von Paolo Ponfo. Wenn Sie wollen, hinterlassen Sie mir eine Nachricht nach dem Piepton.
telefonare – **telefonata** [telefo'naːre – telefo'naːta]	anrufen – Anruf
Ti telefono stasera.	Ich rufe dich heute Abend an.
fare una telefonata	ein Telefongespräch führen
chiamare – **chiamata** / (**dare un**) **colpo di telefono** [kia'maːre – kia'maːta / 'kolpa di tele'fono]	**anrufen** – **Anruf** / **Telefonat**

Posso richiamarLa?	Kann ich Sie zurückrufen?
Grazie della chiamata.	Vielen Dank für den Anruf.
Dammi un colpo di telefono!	Ruf mich doch mal an!

 „Mit jemandem telefonieren" heißt im Italienischen *telefonare a qualcuno* (nicht etwa *„con"*!) oder *chiamare qualcuno*!

sillabare [silla'ba:re]	**buchstabieren**
Mi può sillabare il Suo nome?	Können Sie mir Ihren Namen buchstabieren?
chiamata (inter)urbana [kia'ma:ta (inter)ur'ba:na]	**Orts-/Ferngespräch**
Per le chiamate interurbane bisogna fare il prefisso.	Bei Ferngesprächen muss man die Vorwahl wählen.
numero di telefono / telefonico ['nu:mero di te'lɛ:fono / tele'fɔ:niko]	**Telefonnummer**
Può chiamarmi a questo numero.	Sie können mich unter dieser Nummer anrufen.
Ha sbagliato numero.	Sie sind falsch verbunden.
fare un numero	eine Nummer wählen
numero verde	gebührenfrei anrufbare Nummer

 Come dire un numero telefonico (= Wie man Telefonnummern spricht)
Dalla Germania il prefisso per l'Italia è 0039 (zero zero trentanove).
Il prefisso per Roma è 06 (zero sei).
Il nostro numero è 06 / 82 57 071 (zero sei, ottantadue, cinquantasette, zero settantuno).
Il mio numero di fax è 561 790 53 (cinquecentosessantuno, settecentonovanta, cinquantatré).

prefisso [pre'fisso]	**Vorwahl(nummer)**
Per chiamare l'Italia dalla Germania, bisogna fare anche lo zero del prefisso della città.	Um aus Deutschland nach Italien anzurufen, muss man die Null der Städtevorwahl mitwählen.
segnale *m* [se'ɲa:le]	**Signal; -zeichen**
segnale di libero	Freizeichen; Wählton; Rufton
occupato [okku'pa:to]	**besetzt**
È occupato.	Die Nummer ist besetzt.

Modi di dire usati al telefono (= Redensarten, die man am Telefon benutzt)
Pronto? (= Hallo?) • *Chi parla?* (= Wer ist da?) • *Parlo con la signora Rossi?* (= Ist da Frau Rossi?) • *Al telefono.* (– Am Apparat) •

16.5 Telefon, Fax und Handy

Posso parlare con Cristina? (= Kann ich bitte Christina sprechen?) • *Gliela passo subito / La collego subito.* (= Moment, ich verbinde Sie.) • *Attenda un momento.* (= Einen Augenblick bitte.) • *Attenda in linea* (= Bleiben Sie dran.) • *Sono Mario Bianchi* (= Hier ist/ spricht Mario Bianchi.) • *Può parlare un pò più forte, per favore?* (= Können Sie bitte ein bisschen lauter sprechen?) • *È caduta la linea.* (= Die Verbindung ist unterbrochen worden.)

 Für das deutsche Substantiv „der/die Anrufer(in)" gibt es im Italienischen keine genaue Entsprechung. Man würde den Anrufer mit „*colui che chiama*" übersetzen.

collegamento / linea [kollega'mento / 'liːnea]	Verbindung
un cattivo collegamento	eine schlechte Verbindung/Leitung
ricevitore *m* **/ cornetta** [ritʃevi'toːre / kor'netta]	(Telefon-)**Hörer**
alzare la cornetta	den Hörer abnehmen
(ri)attaccare (la cornetta)	einhängen; auflegen
fax *m* – **spedire per / via fax / faxare** [faks – spe'diːre per / 'viːa faks / fak'saːre]	(Tele-)**Fax** – **faxen**
Le do il numero del mio fax.	Ich gebe Ihnen meine Faxnummer.
Glielo trasmettiamo per / via fax.	Wir faxen es Ihnen durch.
telefax *m* [tele'faks]	(Tele-)**Faxgerät**
(telefono) cellulare *m* / **telefonino** [(te'lɛːfono) tʃellu'laːre / telefo'niːno]	**Handy / Mobiltelefon**
telefono (cellulare) veicolare	Autotelefon
batteria [batte'riːa]	**Akku(mulator)**
Sbrigati, che la mia batteria è quasi scarica!	Beeil' dich, mein Akku ist fast leer!
carico / scarico	voll / leer (*Akku*)
un **SMS** *m* [un 'ɛsse 'emme'ɛsse]	eine **SMS**
inviare un **MMS** *m* [un 'ɛmme 'ɛmme 'ɛsse]	eine **MMS** versenden
suoneria [suone'riːa]	**Klingelton**
In questo sito puoi scaricare suonerie.	Auf dieser Site kannst du Klingeltöne downloaden.
auricolare *m* [auriko'laːre]	**Headset**
Anche in Italia è proibito telefonare in macchina senza vivavoce o auricolare.	Auch in Italien ist es verboten, im Auto ohne Freisprecheinrichtung oder Headset zu telefonieren.

16.6 Il computer
Computer

informatica [infor'maːtika]	(die) Informatik
computer *m* – calcolatore *m* [kompi'uːter – kalkola'toːre]	Computer – Rechner
lavorare al computer	am Computer arbeiten
immettere dati *mpl* nel computer	Daten in den Computer eingeben
(far) partire il computer	den Computer starten
portatile *m* [por'taːtile]	tragbar; Laptop
palmare *m* [pal'maːre]	Palm® / Handheld
usare [u'zaːre]	benutzen; bedienen
Sai usare il computer?	Kannst du mit einem Computer umgehen?
hardware *m* ['ardːuɛr]	Hardware
disco fisso ['disko 'fisso]	Festplatte
software *m* ['sɔftːuɛr]	Software
sistema operativo	Betriebssystem
tastiera [tasti'ɛːra] – tasto ['tasto]	Tastatur – Taste
premere il tasto Enter	Eingabetaste drücken
mouse *m* ['maʊs]	Maus
tappetino	Mouse Pad
schermo / monitor *m* ['skermo / 'mɔnɪtɔr]	Bildschirm
stampante *f* [stam'pante]	Drucker
stampa – stampare ['stampa – stam'paːre]	Ausdruck – drucken
stampare un testo	einen Text drucken
scanner *m* ['skænə(r)]	Scanner
scandire / scannerizzare	scannen
modem *m* ['mɔdem]	Modem
dischetto [dis'ketto]	Diskette
CD-ROM *m* [tʃidi'rɔm]	CD-ROM
programma *m* [pro'gramma]	Programm
(far) girare	laufen (lassen) *(Programm)*
dati *mpl* ['daːti]	Daten
trasmissione *f* (di) dati	Datenübertragung / -transfer
file *m* ['faɪl]	Datei
creare un file	eine Datei anlegen / erstellen
simbolo ['simbolo]	Symbol
fare doppio clic su un simbolo	auf ein Bildsymbol doppelklicken
copiare – copia [kopi'aːre – 'kɔːpia]	kopieren – Kopie

Mi copi questo videogioco?	Kopierst du mir dieses Videospiel?
accesso [at'tʃɛsso] a Internet	**Zugang** zum Internet
accedere ai dati	auf Daten zugreifen
(s)caricare [(s)kari'ka:re]	**laden**
scaricare un file dalla rete	eine Datei aus dem Netz herunterladen
attivare / cliccare [atti'va:re / klik'ka:re]	**aktivieren; anklicken**
cliccare (su) una opzione	eine Option anklicken
eseguire [ezegu'i:re]	**ausführen**
eseguire un comando	einen Befehl ausführen
uscire [u'ʃi:re]	**verlassen**
uscire da un programma	ein Programm verlassen
evidenziare [evidentsi'a:re]	**hervorheben; markieren**
elaborare [elabo'ra:re]	**editieren; bearbeiten**
elaborare dei dati	Daten bearbeiten
cancellare [kantʃel'la:re]	**löschen**
Quale cretino mi ha cancellato tutto il mio lavoro?!	Welcher Idiot hat mir meine ganze Arbeit gelöscht?
salvare / memorizzare [sal'va:re / memorid'dza:re]	**(ab)speichern; sichern**
salvare un file	eine Datei speichern
memoria [me'mɔ:ria]	**Speicher**
capacità di memoria	Speicherkapazität
errore *m* [er'ro:re]	**Fehler**
correggere un errore	einen Fehler beheben
crollare – crollo [krol'la:re – 'krɔllo]	**abstürzen – Absturz** (*Computer*)
Ieri mi è crollato il computer.	Gestern ist mir der Computer abgestürzt.
piantarsi – ripartire [pian'tarsi – ripar'ti:re]	**hängen bleiben – wieder laufen** (*Computer + Programm*)
Mi si è piantato il programma.	Mein Programm hat sich aufgehängt.
installare – installazione *f* [instal'la:re – installatsi'o:ne]	**installieren – Installation**
accendere – spegnere [at'tʃendere – 'spe:ɲere]	**an- / einschalten – ab- / ausschalten**
registrarsi ['farsi redʒis'tra:re]	**sich anmelden**
registrarsi su / in un sito	sich auf / bei einer Seite anmelden
riconoscere – riconoscimento [riko'no:ʃere – rikonoʃi'mento]	**erkennen / lesen – Erkennung** (*bei Maschinen*)
codice *m* ['kɔ:ditʃe]	**Code**
codice a barre	Strichcode; Barcode; Balkencode

aggiornare [addʒor'naːre]	aktualisieren
aggiornare il software	die Software aktualisieren
Internet *f* [inter'nɛt]	**Internet**
navigare (in Internet) [navi'gaːre]	(im Internet) **surfen**
motore *m* **di ricerca** [mo'toːre 'di ri'tʃerka]	**Suchmaschine**
cercare in Internet / in rete	im Internet suchen
@ / chiocciola [at - ki'ɔttʃola]	**at / Klammeraffe**
dominio [do'miːnio] **Internet**	**Domain**
riservare un dominio	eine Domain reservieren
sito Internet (web) / homepage *f* ['siːto inter'nɛt / 'uɛb / 'ompeidʒ]	**Website / Homepage**
visitare un sito	eine Site besuchen
internauta *m/f* **/ navigatore** *m* [inter'nauːta / naviga'toːre]	**Surfer** (im Internet)
connettersi - (di)sconnettersi [kon'nettersi - (di)skon'nettersi]	**sich einloggen - sich ausloggen**
chatroom *f* **- chattare / ciattare** [tʃat'ruːm - tʃat'taːre]	**Chatroom - chatten**
Devo chattare per vedere se trovo quella parte di ricambio.	Ich muss chatten um zu sehen, ob ich nicht dieses Ersatzteil finde.
password *f* [pass:uord]	**Passwort / Benutzerkennwort**
digitare la password	das Passwort eingeben
commercio elettronico / e-commerce *m* [kom'merːtʃo elet'trɔːniko - i'komers]	**elektronischer Handel**
DVD *m* [divu'di]	**DVD** (Digital Versatile Disc)
masterizzare un DVD	eine DVD brennen
virus *m* ['viːrus]	**Virus**
beccarsi un virus	sich einen Virus (ein)fangen
(programma) antivirus *m*	Antivirusprogramm
rimuovere / eliminare un virus	einen Virus entfernen
e-mail *f* **/ posta elettronica** [i'mɛɪl / 'posta elet'trɔːnika]	**E-Mail; elektronische Post**
inviare / ricevere un'e-mail	eine E-Mail versenden / erhalten
messaggio [mes'saddʒo]	**Mitteilung; Meldung**
indirizzo e-mail [indi'rittːso i'mɛɪl]	**E-Mail-Adresse**
mailbox *f* **/ casella di posta elettronica** [mɛɪlbɔks]	**Mailbox**
controllare le e-mail	die E-Mails abfragen
allegato (e-mail) / attachment *m*	(E-Mail) Anlage

16.6 Computer

Kapitel 17

17.1 Veicoli a motore e traffico stradale
Kraftfahrzeuge und Straßenverkehr

veicolo (a motore) [ve'i:kolo]	(Kraft-)**Fahrzeug**
un **mezzo di trasporto** efficiente [un 'mɛddzo di tras'pɔrto effi'tʃɛnte]	ein effizientes **Transport-/ Verkehrsmittel**
automezzo [auto'mɛddzo]	**Kraftfahrzeug**
vietato per automezzi pesanti	für LKWs gesperrt
auto(mobile) *f* [auto'mɔ:bile]	**Auto**
autonoleggio	Autovermietung
auto presa a noleggio	Mietwagen
automobilista *m/f* [automobi'lista]	**Autofahrer(in)**
autista *m/f* [au'tista]	**Chauffeur(-in), Fahrer(in)**
Gli uomini politici si fanno accompagnare da autisti.	Politiker lassen sich von Chauffeuren fahren.
macchina ['makkina]	**Auto**
In genere vado in macchina.	Meistens fahre ich mit dem Wagen.
È a un'ora di macchina (da qui).	Mit dem Auto ist es eine Stunde (von hier).
usato [u'za:to]	**gebraucht, Gebraucht-**
Hai una nuova macchina? – Sì, ma l'ho comprata usata.	Hast du ein neues Auto? – Ja, aber ich habe es gebraucht gekauft.
veloce – **lento** [ve'lo:tʃe – 'lɛnto]	**schnell – langsam**
Il traffico diventa sempre più veloce.	Der Verkehr wird immer schneller.
camion *m* ['ka:mion]	**Lastwagen; Lkw; Laster**
camion con rimorchio	Lkw mit Anhänger
furgone *m* [fur'go:ne]	**Lieferwagen**
(auto)furgone	(geschlossener) Lieferwagen
motocicletta [mototʃi'kletta]	**Motorrad**
motorino	Moped
Per i motociclisti il casco è obbligatorio.	Für Motorradfahrer ist das Tragen eines Helms vorgeschrieben.
obbligatorio [obbliga'tɔ:rio]	**vorgeschrieben, obligatorisch**
guidare [gui'da:re]	**fahren** (*am Steuer sitzen*)
(Lei) guida molto bene.	Sie fährt sehr gut.
accompagnare [akkompa'ɲa:re]	**jemanden (irgendwohin) fahren**
Vuole che l'accompagni a casa?	Soll ich Sie nach Hause fahren?
andare in/con [an'da:re in/kon]	**fahren mit**

Andiamo in macchina o in moto?   Fahren wir mit dem Auto oder mit dem Motorrad?

 Das Wort „**fahren**" wird auf unterschiedliche Weise übersetzt: Wenn „Auto fahren" gemeint ist, übersetzt man es mit *guidare*; im Sinne von „sich mit einem Kraftfahrzeug fortbewegen" heißt es *andare* und im Sinne von „jemanden bringen" heißt es *accompagnare*.

andare a 90 km all'ora	90 km/h schnell fahren
giungere ['dʒundʒere]	**gelangen; erreichen**
giungere a destinazione	ans Ziel gelangen
pendolare *m/f* [pendo'la:re]	**Pendler(in)**
fare il pendolare	pendeln
dare un passaggio ['da:re un pas'saddʒo]	**mitnehmen**
Può darmi un passaggio?	Können Sie mich mitnehmen?
accelerare – rallentare [attʃele'ra:re – rallen'ta:re]	**beschleunigen – langsamer fahren, gehen, werden**
Rallenta che c'è il limite di velocità!	Fahr' langsamer, hier gibt's eine Geschwindigkeitsbegrenzung!
limite *m* **di velocità** ['li:mite di velotʃi'ta]	**Geschwindigkeitsbegrenzung, zulässige Höchstgeschwindigkeit**
sorpassare [sorpas'sa:re]	**überholen**
Bisogna sorpassare con prudenza.	Man muss vorsichtig überholen.
girare [dʒi'ra:re]	**abbiegen**
voltare [vol'ta:re]	**abbiegen; umblättern**
Deve girare/voltare alla prossima traversa.	Sie müssen an der nächsten Querstraße abbiegen.
imboccare l'autostrada [imbok'ka:re]	in die Autobahn **einbiegen**
raggiungere [rad'dʒundʒere]	**erreichen; nachkommen**
Dopo circa un chilometro raggiunge un semaforo.	Nach etwa einem Kilometer erreichen Sie eine Ampel.
Quando ci raggiungete?	Wann kommt ihr nach?
fermare [fer'ma:re]	**(an)halten**
La polizia lo ha fermato.	Die Polizei hat ihn angehalten.
fermarsi [fer'marsi]	**(an)halten; sich aufhalten, bleiben**
Papà, fermati che mi scappa!	Papa, halt' an, ich muss mal!
Per quanto tempo vi fermate a Forte dei Marmi?	Wie lange bleibt ihr in Forte dei Marmi?
sostare [sos'ta:re]	**anhalten; stehen bleiben**
È vietato sostare sulla corsia d'emergenza.	Es ist verboten, auf dem Stand-/Pannenstreifen stehen zu bleiben.

perdere la strada / perdersi — sich verlaufen, sich verirren; sich verfahren
['pɛrdere la 'stra:da / 'pɛrdersi]
Questa è una strada bianca, amore. Temo che ci siamo persi. — Diese Straße ist nirgendwo eingezeichnet, Liebling. Ich fürchte, wir haben uns verirrt.

strada ['stra:da] — **Straße** (als Verkehrsweg allgemein und außerhalb von Städten)

stradale [stra'da:le] — **Verkehrs-; Straßen-**
via ['vi:a] — **Straße** (*innerstädtisch*)
Abitavo in Via Frapolli. — Ich wohnte in der Via Frapolli.
strada secondaria / trasversale — Neben- / Querstraße
strada a senso unico / senso unico — Einbahnstraße
strada senza uscita / vicolo cieco — Sackgasse
segnale *m* **stradale** — **Verkehrsschild, -zeichen**
[se'ɲa:le stra'da:le]
le indicazioni stradali / segnaletica — Beschilderung
seguire la segnaletica — der Beschilderung folgen
curva ['kurva] — **Kurve**
La strada fa una curva sulla destra. — Die Straße macht eine Rechtskurve.
all'**angolo** [al'langolo] — an der **Ecke**
incrocio (stradale) [in'kro:tʃo (stra'da:le)] — (Straßen-)**Kreuzung**
fermarsi a un incrocio — an einer Kreuzung (an)halten
semaforo [se'ma:foro] — **Verkehrsampel**
Quando arriva al semaforo giri a destra. — Biegen Sie an der Ampel rechts ab.
galleria [galle'ri:a] — **Tunnel**
bloccare [blok'ka:re] — **blockieren, versperren**
La galleria è rimasta bloccata da una frana. — Der Tunnel ist durch einen Erdrutsch versperrt.
deviazione *f* [deviatsi'o:ne] — **Umleitung; Umweg**
Abbiamo fatto una deviazione. — Wir haben einen Umweg gemacht.
tangenziale *f* [tandʒentsi'a:le] — **Umgehungsstraße; Tangente**
marciapiede *m* [martʃapi'ɛ:de] — **Bürgersteig; Gehsteig**
pedone *m* [pe'do:ne] — **Fußgänger(in)**
pedonale [pedo'na:le] — **Fußgänger-**
zona pedonale — Fußgängerzone
passaggio pedonale — Fußgängerüberweg
attraversare [attra'vɛrsa:re] — **überqueren**
Attraversare sulle strisce pedonali. — Die Straße auf dem Zebrastreifen überqueren.

traffico intenso ['traffiko in'tenso] — starker / dichter **Verkehr**

traffico regolare / scorrevole
rimanere bloccati nel traffico
Via Mazzini è una strada molto trafficata e rumorosa.
rumoroso [rumo'ro:zo]
code *fpl* sull'autostrada ['kɔ:de]
Qui si formano spesso code.
distributore *m* **di benzina**
[distribu'to:re di ben'dzi:na]
stazione *f* **di servizio**
[statsi'o:ne di ser'vi:tsio]
consumare [konsu'ma:re]
benzina [ben'dzi:na]
fare il pieno ['fa:re il pi'ɛ:no]
Questa macchina consuma troppa benzina, devo di nuovo fare il pieno!
area di servizio ['a:rea di ser'vi:tsio]
un **guasto** (alla macchina) [gu'asto]
giubbotto *m* **di sicurezza**
[dʒiu'bɔtto di siku'ret:tsa]
La mia macchina è **in officina / dal meccanico**. [in offi'tʃi:na / dal mek'ka:niko]
pneumatico di scorta [pneu'ma:tiko]
controllare la pressione degli pneumatici
ruota [ru'ɔ:ta]
bucare [bu'ka:re]
Ho bucato e ho solo un ruotino. Che devo fare?
servizio di assistenza
[ser'vi:tsio di assis'tɛntsa]
Qui vicino c'è un servizio d'assistenza Audi.
riparare [ripa'ra:re]
Può ripararlo?
riparazione *f* [riparatsi'o:ne]
pezzo di ricambio ['pɛttso di ri'kambio]
cintura di sicurezza [tʃin'tu:ra di siku'rettsa]

normaler / fließender Verkehr
im Verkehr stecken bleiben
Via Mazzini ist eine vielbefahrene und laute Straße.
laut
Staus auf der Autobahn
Hier kommt es oft zu Staus.
Tankstelle

Tankstelle

verbrauchen
Benzin; Sprit
voll tanken
Dieses Auto verbraucht zu viel Sprit, ich muss schon wieder voll tanken.
(Autobahn-)**Raststätte**
eine **Panne**

Warn- / Pannen- / Sicherheitsweste

Mein Auto ist **in der Werkstatt**.

Ersatz**reifen**
den Reifendruck prüfen

Rad
einen Platten haben
Ich habe einen Platten und nur ein Notrad. Was soll ich tun?
Kundendienst, -service

Hier in der Nähe ist ein Audi-Kundendienst.
reparieren
Können sie das reparieren?
(die) **Reparatur**
Ersatzteil

Sicherheitsgurt

17.1 Kraftfahrzeuge und Straßenverkehr

allacciarsi la cintura di sicurezza [allat'tʃa:rsi]
Prima di partire ci si deve allacciare la cintura di sicurezza.

sich anschnallen

Vor dem Losfahren muss man sich anschnallen.

finestrino [fines'tri:no]
Chiudi il finestrino che tira aria!

Fenster
Mach' das Fenster zu, es zieht!

marcia ['martʃa]
un cambio a sei marce

Gang
ein Sechsganggetriebe

freno – frenare ['fre:no – fre'na:re]
Ho dovuto frenare bruscamente.

Bremse – bremsen
Ich habe scharf bremsen müssen.

frizione *f* [fritsi'o:ne]
pedale m della frizione

Kupplung (*bei Kfz*)
Kupplungspedal

luci *fpl* / **fari** *mpl* ['lu:tʃi / fa:ri]
Accendere i fari in galleria!

Licht; Scheinwerfer
Im Tunnel das Licht anmachen!

freccia ['frettʃa]
mettere la freccia

Blinker; Winker
blinken; den Blinker setzen

tergicristallo [terdʒikri'stallo]

Scheibenwischer

parcheggio [par'keddʒo]
parcheggio a più piani / autosilo
parcheggio sotterraneo
parchimetro

Parkplatz
Parkhaus
Tiefgarage
Parkuhr

parcheggiare [parked'dʒa:re]
Può parcheggiare la macchina nell'autosilo qui di fronte.

parken
Sie können Ihr Auto im Parkhaus hier gegenüber parken.

zona disco ['dzɔ:na 'disko]
spostare il disco orario

blaue Zone, Kurzparkzone
die Parkscheibe nachstellen

regola ['rɛ:gola]
Le regole del codice stradale vanno rispettate.

Regel
Die Regeln der StVO sind einzuhalten.

vietare / **proibire** [vie'ta:re / proi'bi:re]

verbieten, untersagen

vietato / **proibito** [vie'ta:to / proi'bi:to]
È vietato guidare in stato d'ebbrezza.

verboten

Es ist verboten, unter Alkoholeinfluss zu fahren.

patente (di guida) *f* [pa'tɛnte]
libretto di circolazione
Mi mostri patente e libretto di circolazione!

Führerschein
Fahrzeugschein
Zeigen Sie mir Führerschein und Fahrzeugschein!

targa ['targa]

Kennzeichen

multa ['multa]
multa per divieto di sosta

Strafzettel; „Knöllchen"
Geldbuße für Falschparken

17.2 Trasporto su rotaia
Beförderung mit der Eisenbahn

rotaia [ro'ta:ia]	Schiene; (Eisen-)Bahn; Schienen-; Bahn-
I treni corrono sulle rotaie.	Züge fahren auf Schienen.
trasporto su rotaia	Schienentransport
ferrovia [ferro'vi:a]	**Eisenbahn**
sciopero delle ferrovie	Eisenbahnerstreik
privatizzare le ferrovie	die Eisenbahn privatisieren
treno ['trɛ:no]	**Zug**
andare in treno	mit dem Zug / der Bahn fahren
prendere il treno	einen Zug nehmen
salire sul treno	in den Zug einsteigen
scendere dal treno	aus dem Zug aussteigen
vagone m **ferroviario** [va'go:ne ferrovi'a:rio]	**Eisenbahnwagen**
vagone m **letto / ristorante** [va'go:ne 'lɛtto / risto'rante]	Schlaf- / Speisewagen
Dove si trova il vagone ristorante?	Wo befindet sich der Speisewagen?
cuccetta [kut'tʃetta]	**Liegewagenplatz; Liege**
scompartimento di prima classe [skomparti'mento di 'pri:ma 'klasse]	Erster-Klasse-**Abteil**
collegamento ferroviario [kollega'mento ferrovi'a:rio]	**Zugverbindung**
Non esistono collegamenti fra A e B.	Zwischen A und B verkehren keine Züge.
prenotare un posto [preno'ta:re un 'posto]	**einen Platz reservieren**
Questo posto è occupato.	Dieser Platz ist besetzt.
stazione f [statsi'o:ne]	**Bahnhof**
fermarsi in una stazione	an einem Bahnhof halten
binario [bi'na:rio]	**Bahnsteig**
Il treno per Bologna parte dal binario 2.	Der Zug nach Bologna fährt von Bahnsteig 2 ab.
sala d'aspetto ['sa:la da'spɛtto]	**Wartesaal**
La sala è troppo piena. Attendiamo sul binario.	Der Saal ist zu voll. Warten wir am Gleis.
Dove posso depositare i (miei) **bagagli**? ['do:ve 'posso depozi'ta:re i (mi'e:i) ba'ga:ʎi]	Wo kann ich mein **Gepäck** aufgeben?

deposito bagagli	Gepäckaufbewahrung
biglietteria [biʎette'ri:a]	**Fahrkartenschalter**
distributore automatico dei biglietti	Fahrkartenautomat
sportello [spor'tɛllo]	**Schalter**
Allo sportello c'è una coda chilometrica – che facciamo?	Am Schalter steht eine kilometerlange Schlange – was machen wir?
turno ['turno]	**Reihe**
Aspetti il Suo turno, per piacere!	Warten Sie bitte, bis Sie an der Reihe sind!
biglietto [bi'ʎetto]	**Fahrkarte; Flugticket**
di andata – di ritorno [di an'da:ta / di ri'torno]	**hin, Hin- – zurück, Rück-**
biglietto semplice / di sola andata	Hinfahrkarte
biglietto di andata e ritorno	Hin- und Rückfahrkarte
partenza [par'tɛntsa]	**Abfahrt**
annunciare la partenza del treno	die Abfahrt des Zuges ansagen
arrivo [ar'ri:vo]	**Ankunft**
Per quando è previsto l'arrivo del treno da Milano?	Wann wird die voraussichtliche Ankunft des Zuges aus Mailand sein?
viaggio [vi'addʒo]	**Fahrt; Reise**
viaggio di andata e ritorno	Hin-/Rückreise
passeggero(-a) [passed'dʒɛ:ro]	**Fahrgast; Reisende(r); Passagier**
cambiare [kambi'a:re]	**umsteigen**
Dove devo cambiare per andare a Colonia?	Wo muss ich nach Köln umsteigen?
prendere / perdere la **coincidenza** ['prendere / 'pɛrdere la kointʃi'dɛntsa]	den **Anschluss** schaffen / verpassen
orario (ferroviario) [o'ra:rio (ferrovi'a:rio)]	**Fahrplan; Kursbuch**
in orario – **in ritardo** [in o'ra:rio / in ri'tardo]	**pünktlich – verspätet**
Il treno era in orario.	Der Zug war pünktlich.
uscita [u'ʃi:ta]	**Ausgang**
Ti attendiamo all'uscita, va bene?	Wir warten am Ausgang auf dich, in Ordnung?

i Um ein Bußgeld zu vermeiden, muss man in italienischen Bahnhöfen seit einigen Jahren den Fahrschein in gelben Automaten am Gleisanfang entwerten (= *obliterare* oder *convalidare*).

17.3 Trasporti aerei
Beförderung mit dem Flugzeug

volare [vo'la:re]
Ha paura di volare.
volo ['vo:lo]
Vorrei prenotare un posto sul volo diretto a Palermo.
diretto [di'rɛtto]
scalo ['ska:lo]
Non ci sono più voli diretti, solo con scalo.
compagnia di volo / aerea [kompa'ɲi:a di 'vo:lo / a'ɛ:rea]
aereo [a'ɛ:reo]
viaggiare / andare con l'aereo

fliegen
Er hat Angst vor dem Fliegen.
(der) Flug
Ich möchte einen Platz für den Flug nach Palermo buchen.
direkt, Direkt-
Zwischenlandung
Es gibt keine Direktflüge mehr, nur noch mit Zwischenlandung.
Fluggesellschaft

Flugzeug; Flug-
mit dem Flugzeug reisen / fliegen

Flugzeug heißt auf Italienisch entweder *aereo* oder *aeroplano* (ohne *e* zwischen *r* und *o*, weil alle Wörter, die mit der Vorsilbe *aereo* gebildet werden, das unterstrichene *e* verlieren).

aeroporto [aero'pɔrto]
Vuoi che venga a prenderti all'aeroporto?
arrivo – partenza [ar'ri:vo – par'tɛntsa]
settore *m* arrivi / partenze
cancellare / annullare [kantʃel'la:re / annul'la:re]
Il volo 452 è stato annullato.
annullare / disdire una prenotazione
sospendere [sos'pɛndere] un volo
un biglietto aereo al nome di ... [un bi'ʎʎetto a'ɛ:reo al 'no:me di]
a bordo [a 'bordo]
bagaglio a bordo
pilota *m / f* [pi'lɔ:ta]
decollare – atterrare [dekol'la:re – atter'ra:re]
Abbiamo visto decollare e atterrare gli aerei.
elicottero [eli'kɔttero]

Flughafen
Soll ich dich am Flughafen abholen?
Ankunft – Abflug

Ankunfts- / Abflugbereich
streichen; ausfallen lassen

Flug 452 fällt aus.
eine Reservierung streichen
einen Flug aussetzen
ein Flugschein auf den Namen ...

an Bord; Bord-
Bordtasche; Kabinengepäck
Pilot(in); Flugzeugführer(in)
starten – landen

Wir haben die Flugzeuge starten und landen sehen.
Hubschrauber

17.4 Trasporti marittimi
Beförderung auf dem Wasserweg

nave f ['na:ve]	Schiff
La nostra nave parte (salpa) domani.	Unser Schiff läuft morgen aus.
mare m ['ma:re]	See; Meer
Purtroppo soffro il mal di mare.	Leider bin ich nicht seefest.
Uomo in mare!	Mann über Bord!
imbarcarsi [imbar'karsi]	sich einschiffen
sbarcare / scendere a terra [zbar'ka:re / 'ʃendere a 'tɛrra]	von Bord gehen; an Land gehen / kommen
porto ['pɔrto]	Hafen
porto marittimo / fluviale	See- / Binnenhafen
entrare nel porto	in den Hafen einlaufen
uscire dal porto / salpare	aus dem Hafen auslaufen
faro ['fa:ro]	**Leuchtturm**
Il faro avvisa i marinai.	Der Leuchtturm warnt die Seeleute.
ancora ['ankora]	Anker
ancorare / gettare l'ancora	(ver)ankern
fare una **crociera** ['fa:re 'u:na kro'tʃɛ:ra]	eine **Kreuzfahrt** machen
rotta ['rotta]	Kurs; Fahrtrichtung
cambiare rotta	den Kurs ändern
naufragare [naufra'ga:re]	**Schiffbruch erleiden**
Sono naufragati.	Sie erlitten Schiffbruch.
naufrago(-a)	der / die Schiffbrüchige

Tipi di imbarcazioni (= Arten von Wasserfahrzeugen)

nave passeggeri ['na:ve passed'dʒe:ri] (= Passagierschiff) • *piroscafo* [pi'rɔskafo] (= Dampfschiff) • *vaporetto* [vapo'retto] (= Dampfer) • *nave mercantile* ['na:ve mer'kanti:le] (= Frachtschiff) • *traghetto* [tra'getto] (= Fähre) • *petroliera* [petroli'ɛ:ra] (= Öltanker) • *peschereccio* [peske'rettʃo] (= Fischkutter) • *motoscafo* [moto'ska:fo] (= Motorboot) • *yacht* ['iɔt] (= Jacht) • *barca a vela* ['barka a 'vela] (= Segelboot) • *barca a remi* ['barka a 'rɛ:mi] (= Ruderboot) • *canoa* [ka'nɔ:a] (= Paddelboot) • *gommone* m [gom'mone] (= Schlauchboot)

---

capitano [kapi'ta:no]	**Kapitän**
marinaio [mari'na:io]	**Seemann; Matrose**

17.5 Trasporti pubblici
Öffentlicher Nahverkehr

i mezzi pubblici [i 'mɛddzi 'pubblitʃi] — die öffentlichen Verkehrsmittel
servirsi di [ser'virsi di] — (be)nutzen
Molti si servono dei mezzi pubblici. — Viele benutzen die öffentlichen Verkehrsmittel.
trasporto [tras'pɔrto] — Beförderung; Transport
trasporti pubblici — öffentliche Verkehrsbetriebe
metropolitana / metrò *m* [metropoli'ta:na / me'trɔ] — U-Bahn
Dov'è la stazione della metropolitana? — Wo ist der U-Bahnhof?
tram *m* [tram] — Straßenbahn
circolare [tʃirko'la:re] — fahren
Il tram circola anche nelle zone pedonali. — Die Straßenbahn fährt auch in Fußgängerzonen.
autobus *m* [auto'bus] — Bus
Gli autobus passano ogni cinque minuti. — Die Busse verkehren alle fünf Minuten.
stare in piedi ['sta:re in pi'ɛ:di] — stehen
Sono dovuto stare in piedi tutto il tempo. — Ich habe die ganze Zeit stehen müssen.
fermata dell'autobus [fer'ma:ta] — Bushaltestelle
Deve scendere alla terza fermata. — Sie müssen an der dritten Haltestelle aussteigen.

salire [sa'li:re] — einsteigen; steigen
scendere ['ʃendere] — aussteigen; sinken, fallen
Dove devo scendere? — Wo muss ich aussteigen?
sbrigarsi [zbri'garsi] — sich beeilen
Se ti sbrighi becchiamo il tram! — Wenn du dich beeilst, erwischen wir die Straßenbahn.

pullman *m* ['pulman] — Reisebus
corriera [korri'ɛ:ra] — Überlandbus
Da dove partono le corriere? — Wo fahren die Überlandbusse ab?
biglietto [bi'ʎetto] — Fahrkarte
viaggiare senza biglietto — schwarzfahren
abbonamento [abbona'mento] — Dauer-, Monatskarte
Devo rinnovare l'abbonamento ai mezzi. — Ich muss meine Zeitkarte verlängern.
taxi *m* / tassì *m* ['taksi / tas'si] — Taxi

Kapitel 18

18.1 Teoria e politica economica
Wirtschaftstheorie und -politik

economia (politica) [ekono'miːa]	(Volks-)**Wirtschaft**
economico / economicamente	wirtschaftlich; ökonomisch
sistema economico	Wirtschaftssystem
far economia	sparen

Economico heißt sowohl wirtschaftlich (= mit der Wirtschaft zusammenhängend) als auch billig und sparsam.

privato – **pubblico** [pri'vaːto – 'pubbliko]	**privat, Privat- – staatlich, Staats-; öffentlich**
economia privata / pubblica	Privat- / Staatswirtschaft
i giardini pubblici	(öffentlicher) Park
la **domanda** e l'**offerta** [la do'manda e lof'fɛrta]	**Nachfrage** und **Angebot**

Die Reihenfolge von „Angebot und Nachfrage" ist im Italienischen umgekehrt!

mercato [mer'kaːto]	**Markt**
il mercato comunitario	der gemeinsame Markt
Mi piace fare la spesa al mercato rionale.	Ich kaufe gern auf dem Wochenmarkt ein.
concorrenza [konkor'rɛntsa]	**Wettbewerb, Konkurrenz**
I corrieri fanno concorrenza alle poste.	Die Kurierdienste machen der Post Konkurrenz.
Lo sapevi che Rossi è passato alla concorrenza?	Wusstest du, dass Rossi zur Konkurrenz gegangen ist?
industria – **industriale** [in'dustria – industri'aːle]	**Industrie – industriell, Industrie-**
Dove si trova la zona industriale?	Wo ist das Industriegebiet?
settore *m* [set'toːre]	**Sektor, Branche**
appartenere [apparte'neːre]	**gehören**
La nostra ditta appartiene al settore automobilistico.	Unsere Firma gehört zur Automobilbranche.
operare [ope'raːre]	**operieren; tätig sein**
In quale settore operate?	In welcher Branche seid ihr tätig?
servizio [ser'viːtsio]	**Dienst(leistung)**

la società dei servizi | die Dienstleistungsgesellschaft
lavorazione *f* – **lavorare** | **Be-/Verarbeitung –**
[lavoratsi'o:ne – lavo'ra:re] | **be-/verarbeiten**
Nel Fiorentino ci sono imprese | In der Gegend um Florenz gibt
per la lavorazione della pelle. | es lederverarbeitende Betriebe.
produzione *f* [produtsi'o:ne] | **Produktion**
ridurre i costi *mpl* di produzione | die Produktionskosten senken
produzione in serie | Serienproduktion
produrre [pro'durre] | **herstellen, produzieren**
La nostra ditta produce calzature. | Unsere Firma stellt Schuhe her.
prodotto [pro'dotto] | **Produkt, Erzeugnis**
La nostra gamma di prodotti è | Unsere Produktpalette ist sehr
molto vasta. | breit.
produttore(-trice) [produt'to:re (-tri:tʃe)] | **Hersteller(-in), Produzent(-in)**
La FIAT è il produttore leader | FIAT ist der führende italienische
di automobili italiano. | Automobilhersteller.
impresa – **imprenditore(-trice)** | **Unternehmen – Unternehmer(-in)**
[im'pre:za – imprendi'to:re(-tri:tʃe)]
un'impresa a gestione familiare | ein Familienunternehmen
creare [kre'a:re] | **schaffen**
Le grandi imprese non creano | Die Großunternehmen schaffen
più nuovi posti di lavoro. | keine Arbeitsplätze mehr.
agire [a'dʒi:re] | **handeln, tun; tätig sein**
La nostra impresa agisce sui | Unser Unternehmen ist inter-
mercati internazionali. | national tätig.
prevedere [preve'de:re] | **vorhersehen**
Un imprenditore deve prevedere | Ein Unternehmer muss die Markt-
l'andamento del mercato. | entwicklung vorhersehen.
azienda [adzi'ɛnda] | **Betrieb**
dirigere un'azienda | einen Betrieb leiten/führen
aziende municipalizzate *fpl* | Stadtwerke
fondare [fon'da:re] | **gründen**
ditta ['ditta] | **Firma**
una ditta di spedizioni | eine Speditionsfirma
fabbrica – **fabbricare** | **Fabrik – herstellen**
['fabbrika – fabbri'ka:re]
una fabbrica di abbigliamento | eine Bekleidungsfabrik
possesso – **possedere** | **Besitz/Eigentum – besitzen**
[pos'sɛsso – posse'de:re]
Il nostro capo possiede diverse | Unser Chef besitzt diverse Häuser
case in centro. | im Zentrum.
proprietario(-a) [proprie'ta:rio] | **Eigentümer(-in)/Besitzer(-in)**

proprietario(-a) di un negozio	Ladenbesitzer(in)
profitto [pro'fitto]	**Gewinn**
massimizzare i profitti	die Gewinne maximieren
capitale *m* [kapi'ta:le]	**Kapital**
investire capitale	Kapital investieren
benessere *m* [be'nɛssere]	**Wohlstand**
ricchezza [rik'kettsa]	**Reichtum**
Il nipote ha sperperato le ricchezze del nonno.	Der Enkel hat die Reichtümer des Großvaters verschleudert.
patrimonio [patri'mɔ:nio]	**Vermögen**
Il patrimonio della ditta è in calo.	Das Vermögen der Firma sinkt.
bilancia commerciale [bi'la:ntʃa kommer'tʃa:le]	**Handelsbilanz**
un **bilancio** in pareggio [un bi'la:ntʃo in pa'reddʒo]	eine ausgeglichene (Unternehmens)**Bilanz**
prezzo ['prɛttso]	**Preis**
prezzo di listino / di catalogo	Listen- / Katalogpreis
ridurre / abbassare i prezzi	die Preise senken
aumentare i prezzi	die Preise erhöhen
salire [sa'li:re]	**steigen**
I prezzi continuano a salire.	Die Preise steigen weiter.
scendere ['ʃendere]	**sinken, fallen**
Le temperature di notte scendono.	Nachts sinken die Temperaturen.
consumo [kon'su:mo]	**Verbrauch; Konsum**
Con la crisi attuale la gente riduce i consumi.	In der derzeitigen Krise schrauben die Leute den Konsum zurück.
consumatore(-trice) [konsuma'to:re (-tri:tʃe)]	**Verbraucher(in)**
consumare [konsu'ma:re]	**verbrauchen, konsumieren**
Vediamo di consumare meno energia!	Versuchen wir, weniger Energie zu verbrauchen!
sindacato [sinda'ka:to]	**Gewerkschaft**
I sindacati vegliano sui diritti dei lavoratori.	Die Gewerkschaften wachen über die Arbeitnehmerrechte.
lavoratore(-trice) [lavora'to:re (-tri:tʃe)]	**Arbeitnehmer(in)**
manifestazione *f* [manifestatsi'o:ne]	**Demonstration**
Non andare in centro, c'è una manifestazione!	Fahr' nicht ins Zentrum, da ist eine Demo!
scioperare – **sciopero** [ʃope'ra:re – 'ʃɔ:pero]	**streiken – Streik**
Domani c'è lo sciopero dei tranvieri.	Morgen streiken die Trambahnfahrer.

18.2 Il mondo degli affari
Das Geschäftsleben

affare m [af'fa:re] — Geschäft
Gli affari vanno bene / male. — Die Geschäfte laufen gut / schlecht.
Affare fatto! — Abgemacht!
uomo / donna d'affari [u'ɔ:mo / 'dɔnna daf'fa:ri] — Geschäftsmann / -frau
È una donna d'affari con uno spiccato senso degli affari. — Sie ist eine Geschäftsfrau mit ausgeprägtem Geschäftssinn.
(Lei) è qui per lavoro? — Sind Sie geschäftlich hier?
un appuntamento di lavoro — ein geschäftlicher Termin
lavorare [lavo'ra:re] — **arbeiten**
(Lei) Lavora nel settore tessile. — Sie arbeitet in der Textilbranche.
commercio [kom'mɛrtʃo] — **Handel(sverkehr)**
Camera di Commercio (dell'Industria e dell'Artigianato) — (Industrie-, Handwerks- und) Handelskammer
commerciale [kommer'tʃa:le] — **geschäftlich, Handels-**
corrispondenza commerciale — Handelskorrespondenz
commerciante m / f [kommer'tʃante] — **Händler(in); Kaufmann / -frau**
commerciante all'ingrosso / al minuto — Groß- / Einzelhändler
commerciare in qualcosa — mit etwas handeln
società [sotʃe'ta] — **Gesellschaft**
Circa il novanta per cento delle società tedesche sono piccole imprese. — Zirka neunzig Prozent der deutschen Gesellschaften sind Kleinunternehmen.

SpA: Società per Azioni (= AG) • *Srl: Società a responsabilità limitata* (= GmbH) • *Snc: Società in nome collettivo* (= OHG) • *Sas: Società in accomandita semplice* (= KG) • *Saa: Società in accomandita per azioni* (= KGaA) • *Società semplice* (= Gesellschaft des Bürgerlichen Rechts [GbR]) • *Società individuale* (= Einzelgesellschaft)

andare in **liquidazione** f [an'da:re in likuidatsi'o:ne] — in **Liquidation** gehen
fallimento [falli'mento] — **Konkurs; Pleite**
sede f ['sɛ:de] — **Sitz**
una ditta con sede alle isole Caiman — eine Firma mit Sitz auf den Kaimaninseln

amministrazione f [amministratsi'o:ne] — Verwaltung

L'amministrazione si trova nella sede centrale. — Die Verwaltung befindet sich im Hauptsitz.

reparto [re'parto] — **Abteilung**

Scusi, dove trovo il reparto personale? — Entschuldigung, wo finde ich die Personalabteilung?

personale m [perso'na:le] — **Personal**

ricerca [ri'tʃerka] — **Forschung**

Il reparto ricerca è inaccessibile senza tessera. — Die Forschungsabteilung ist ohne Kärtchen nicht zugänglich.

pubblicità – pubblicitario [pubblitʃi'ta – pubblitʃi'ta:rio] — **Werbung – Werbe-**

materiale pubblicitario — Werbemittel

pubblicizzare [pubblitʃid'dza:re] — **Werbung machen; werben für**

Questo catalogo pubblicizza i prodotti della ditta di mio padre. — Dieser Katalog wirbt für die Produkte der Firma meines Vaters.

annuncio pubblicitario [an'nuntʃo pubblitʃi'ta:rio] — **Werbeanzeige, -annonce**

gratuito [gra'tu:ito] — **kostenlos, gratis, frei**

Hai letto questo annuncio? I primi cento che chiamano vincono un viaggio gratuito! — Hast du diese Anzeige gelesen? Die ersten hundert Anrufer erhalten eine Gratisreise!

direttore(-trice) [diret'to:re(-'tri:tʃe)] — **Direktor(in)**

direttore delle vendite — Verkaufsleiter(in)

dirigente m/f [diri'dʒente] — **Leiter(in); leitende(r) Angestellte(r)**

(dirigente) responsabile EDP — Leiter(in) der EDV-Abteilung

capo ['ka:po] — **Chef(in)**

Desidero parlare con il capo. — Ich will den Chef sprechen.

padrone(-a) [pa'dro:ne] — **Chef(in)**

La padrona di quella locanda è in gamba. — Die Chefin von diesem Landgasthof ist tüchtig.

esperto(-a) [es'pɛrto] — **Experte(-tin); Fachmann(-frau)**

Il nuovo collega è un esperto in marketing. — Der neue Kollege ist ein Marketingexperte.

assistente m/f [assis'tɛnte] — **Assistent(in)**

Quella è l'assistente del direttore. — Das ist die Assistentin des Direktors.

dirigere [di'ri:dʒere] — **führen, leiten**

impegno [im'pe:ɲo] — **Einsatz; Verpflichtung**

Il nuovo capo dirige l'azienda con impegno. — Der neue Chef leitet den Betrieb mit Einsatz.

responsabilità f [responsabili'ta] — **Verantwortung**

condurre [kon'durre]	**führen; leiten**
condurre a spasso il cane	den Hund Gassi führen
i tubi che conducono l'acqua	die Rohre, die das Wasser leiten
incaricare [iŋkari'ka:re]	**beauftragen**
Chi incarichiamo di controllare la merce in entrata?	Wen beauftragen wir damit, die eingehende Ware zu prüfen?
occuparsi di [okku'parsi di]	**sich kümmern um, sich beschäftigen mit**
Da voi chi si occupa delle vendite?	Wer kümmert sich bei euch um den Verkauf?
intendersi di [in'tendersi di]	**sich auskennen mit**
Il nuovo collega si intende di contabilità.	Der neue Kollege kennt sich mit Buchführung aus.
svolgere ['zvɔldʒere]	**ausüben; abwickeln; umsetzen**
Che attività svolge?	Welche Tätigkeit üben Sie aus?
svolgere un piano	einen Plan umsetzen
realizzare [realid'dza:re]	**verwirklichen, umsetzen**
Dobbiamo realizzare questo progetto a tutti i costi!	Wir müssen dieses Projekt um jeden Preis umsetzen!
riuscire [riuʃ'ʃi:re]	**gelingen; schaffen; erreichen**
Il reparto legale è riuscito a vincere il processo.	Der Rechtsabteilung ist es gelungen, den Prozess zu gewinnen.

Riuscire wird persönlich gebeugt! Also *io riesco, tu riesci* etc. und nicht wie im Deutschen unpersönlich „es gelingt mir" etc.

fatturato [fattu'ra:to]	**(der) Umsatz**
Il fatturato è aumentato del 9 per cento.	Der Umsatz ist um 9 Prozent gestiegen.
conseguire dei **profitti** [pro'fitti]	**Gewinn erzielen**
perdere ['pɛrdere]	**verlieren**
perdita ['pɛrdita]	**Verlust**
subire delle forti perdite	hohe Verluste erleiden
vendere ['vendere]	**verkaufen**
vendita ['vendita]	**Verkauf**
incrementare le vendite	die Umsätze erhöhen
distribuire [distribu'i:re]	**verteilen; vertreiben**
Chi distribuisce i vostri prodotti?	Wer vertreibt eure Produkte?
distribuire volantini	Flugblätter verteilen
distribuzione *f* [distributsi'o:ne]	**Vertrieb**
esportare [espor'ta:re]	**ausführen, exportieren**
importare [impor'ta:re]	**einführen, importieren**

L'Italia deve importare molta energia elettrica.
Italien muss viel Strom importieren.

rappresentante m/f [rapprezen'tante]
Vertreter(in); Repräsentant(in)

rappresentare [rapprezen'ta:re]
vertreten; darstellen, zeigen

Rappresenta la nostra ditta da vari anni.
Er vertritt unsere Firma seit vielen Jahren.

Il nostro logo rappresenta …
Unser Logo zeigt …

merce f ['mɛrtʃe]
Ware

ritornare le merci
Waren retournieren

articolo [ar'ti:kolo]
Artikel, Produkt

Questo articolo si vende molto bene.
Dieser Artikel ist ein Renner.

Vi preghiamo di indicare codice e nome dell'articolo.
Wir bitten Sie, Artikelnummer und -bezeichnung anzugeben.

comprare [kom'pra:re]
(an-/ein)kaufen

Vogliamo comprare nuovi PC.
Wir wollen neue Pcs kaufen.

offrire – offerta [of'fri:re – of'fɛrta]
anbieten – Angebot

fare un'offerta per qualcosa
ein Angebot für etwas abgeben

Offrono scarpe a prezzi vantaggiosissimi.
Sie bieten Schuhe zu äußerst vorteilhaften Preisen an.

dare un **ordine** ad una ditta ['ordine]
einer Firma einen **Auftrag** erteilen

eseguire un ordine
einen Auftrag ausführen

ordinare [ordi'na:re]
bestellen

Con la presente ordiniamo …
Hiermit bestellen wir …

consegnare [konse'ɲa:re]
(aus)liefern

Mi può consegnare questi articoli?
Können Sie diese Artikel liefern?

consegna/fornitura
Lieferung

fornire [for'ni:re]
liefern, versorgen

Le aziende municipalizzate ci forniscono di elettricità.
Die Stadwerke versorgen uns mit Strom.

fornitore(-trice) [forni'to:re(-'tri:tʃe)]
Lieferant(in)

spedire / **inviare** [spe'di:re/invi'a:re]
versenden

spedire con corriere
mit einem Kurierdienst versenden

magazzino [magad'dzi:no]
Lager

Questo modello (non) è a magazzino.
Dieses Modell ist (nicht) vorrätig.

riserva / **scorta** [ri'sɛrva/'skɔrta]
Vorrat, Reserve

salvo esaurimento scorte
solange der Vorrat reicht

garantire – garanzia [garan'ti:re – garan'tsi:a]
gewährleisten, garantieren – Garantie

una garanzia di due anni
eine zweijährige Garantie

18.3 Il mondo della finanza
Die Finanzwelt

finanziario [finantsi'a:rio]
Un credito non risolve problemi finanziari.
finanziare [finantsi'a:re]
Ho finanziato la casa con un mutuo.
valore *m* [va'lo:re]
campione senza valore
soldi *mpl* ['sɔldi]
guadagnare (molti) soldi
denaro [de'na:ro]
Sono alquanto a corto di denaro.
Non ho contanti. *mpl* [kon'tanti]
Paga in contanti?
banconota [baŋko'nɔ:ta]
Ricordati che l'automatico non accetta banconote!
accettare [attʃet'ta:re]
moneta [mo'ne:ta]
una moneta da un centesimo
La moneta comune è l'euro.

euro *m inv* ['ɛuro]
spicci *mpl* ['spittʃi]
Hai per caso cinque euro spicci?

finanziell
Ein Kredit löst keine finanziellen Probleme.
finanzieren
Ich habe das Haus mit einem Baudarlehen finanziert.
Wert
Muster ohne Wert
Geld
(viel) Geld verdienen
Geld
Ich bin ziemlich knapp bei Kasse.
Ich habe kein **(Bar-)Geld** bei mir.
Zahlen Sie bar?
Geldschein, Banknote
Denk' dran, dass der Automat keine Scheine annimmt!
annehmen
Münze; Währung
eine 1-Cent-Münze
Die gemeinsame Währung ist der Euro.

Euro
Kleingeld; klein
Hast du zufällig fünf Euro klein?

 Kleiner Hinweis zur Aussprache:
Im Italienischen wird das „*eu*" von „*euro*" kein Umlaut. Es wird also nicht wie „*oi*", sondern wie „*eu*" ausgesprochen. Und in Italien sagt man nicht „Cent", sondern *centesimo* [tʃen'tɛ:zimo].

assegno [as'seɲɲo]
un assegno circolare
carta di credito ['karta di 'krɛ:dito]
carta bancomat
bancomat *m inv* ['baŋkomat]
postamat *m inv*
fuori servizio [fu'ɔ:ri ser'vi:tsio]
Il bancomat è fuori servizio.

Scheck
ein Barscheck
Kreditkarte
EC-, Scheckkarte
Geldautomat
Postbankautomat
außer Betrieb
Der Automat ist außer Betrieb.

prelevare – prelievo
[prele'va:re – preli'ɛ:vo]
Scusi, vorrei fare un prelievo, ma il bancomat non accetta l'operazione.

abheben – Abhebung

Entschuldigen Sie, ich würde gerne Geld abheben, aber der Automat nimmt die Transaktion nicht an.

operazione *f* [operatsi'o:ne]
ritirare [riti'ra:re]
Il bancomat m'ha ritirato la carta! Che devo fare?

Geschäft; Transaktion
einbehalten; abholen
Der Geldautomat hat meine Karte einbehalten! Was soll ich tun?

guadagnare [guada'ɲa:re]
Spendere è più facile che guadagnare.

verdienen
Ausgeben ist leichter als verdienen.

spendere ['spɛndere]
chiedere [ki'ɛ:dere]
Quanto ha chiesto per quel lavoro?

ausgeben
verlangen / berechnen
Wie viel hat er für die Arbeit verlangt?

costare [ko'sta:re]
Costa / È costato 500 euro.
Costano / Sono costati 60 centesimi.

kosten
Es kostet(e) 500 Euro.
Sie koste(te)n 60 Cent(s).

costo ['kɔsto]
Ecco un elenco dei costi!

Kosten
Da ist ein Verzeichnis der Kosten!

costoso [kos'to:so]
Prelievi al bancomat possono essere costosi.

teuer
Abhebungen am Geldautomaten können teuer sein.

cambiare una banconota / un biglietto da 100 euro [kambi'a:re]
Ha dieci euro da cambiare in spicci?

einen Hunderteuroschein **wechseln**
Können Sie mir 10 Euro in Kleingeld wechseln?

pagare [pa'ga:re]
pagare la merce / il taxi
pagare con la carta di credito

(be)zahlen
die Waren / das Taxi bezahlen
mit Kreditkarte bezahlen

fattura [fat'tu:ra]
pagare un conto / una fattura

(Waren-)Rechnung; Faktura
eine Rechnung bezahlen

conto ['konto]
Per favore, il conto!

Rechnung
Die Rechnung, bitte!

scontrino [skon'tri:no]
portafoglio [porta'fɔ:ʎo]
Dov'è il mio portafoglio?

Kassenbon
Brieftasche
Wo ist meine Brieftasche?

prestare soldi a qualcuno [pre'sta:re]
prendere in prestito / farsi prestare soldi da qualcuno

jemandem Geld **leihen**

(sich) Geld von jemandem borgen

> Das deutsche „sich Geld leihen bzw. borgen" hat keine rückbezügliche Entsprechung im Italienischen! Ein mögliches „*prestarsi soldi*" würde heißen, dass man sich selbst Geld leiht.

risparmiare soldi [risparmi'a:re]	Geld **sparen**
Proviamo a risparmiare sui vizi.	Wir versuchen, bei den Lastern zu sparen.
cassa di risparmio ['kassa di ris'parmio]	**Sparkasse**
banca ['banka]	**Bank**
andare in banca	auf die Bank gehen
aprire un **conto** presso una banca [a'pri:re un 'konto]	bei einer Bank ein **Konto** eröffnen
conto corrente ['konto kor'rɛnte]	**Girokonto**
versamento [versa'mento]	**Einzahlung; Überweisung**
effettuare un versamento	eine Einzahlung/Überweisung vornehmen
versare [ver'sa:re]	**einzahlen; überweisen**
Vorrei versare 100 euro su questo conto.	Ich möchte 100 Euro auf dieses Konto einzahlen.
investire [inve'sti:re]	**investieren**
investire soldi in un progetto	Geld in ein Projekt investieren
accordare/restituire un **credito** ['krɛ:dito]	einen **Kredit** gewähren/zurückzahlen
creditore *m* / debitore *m*	Gläubiger; Schuldner
debiti *mpl* ['dɛ:biti]	**Schulden**
Carlo è pieno di debiti.	Karl steckt voller Schulden.
assicurare – assicurarsi [assiku'ra:re]	**(sich) versichern**
Ci siamo assicurati contro gli infortuni?	Haben wir uns gegen Unfälle versichert?
assicurazione *f* [assikuratsi'o:ne]	**Versicherung**
stipulare un'assicurazione	eine Versicherung abschließen
danno – danneggiare ['danno – danned'dʒa:re]	**Schaden – beschädigen**
I bambini hanno danneggiato la macchina del vicino e l'assicurazione gli ha risarcito il danno.	Die Kinder haben das Auto des Nachbarn beschädigt und die Versicherung hat ihm den Schaden erstattet.
rischio ['riskio]	**Risiko**
a proprio rischio e pericolo	auf eigene Gefahr

18.4 Lavoro e professioni
Arbeit und Berufe

lavoro – **lavorare** | Arbeit – arbeiten
[la'vo:ro – lavo'ra:re]
Sono in cerca di lavoro. | Ich bin auf Arbeitssuche.
Lavoro presso una banca. | Ich arbeite bei einer Bank.
posto di lavoro ['posto di la'vo:ro] | **Stelle; Arbeitsplatz**
Ho trovato un nuovo posto di lavoro! | Ich habe eine neue Stelle gefunden!
domanda d'impiego [do'manda dimpi'ɛ:go] | **Bewerbung**
Accettiamo solo domande d'impiego elettroniche. | Wir akzeptieren nur elektronische Bewerbungen.
fare domanda ['fa:re do'manda] | **sich bewerben (um)**
Ho fatto domanda presso la Ferrari per un posto di meccanico. | Ich habe mich bei Ferrari um eine Stelle als Mechaniker beworben.
contratto [kon'tratto] | **Vertrag**
stipulare un contratto | einen Vertrag abschließen
condizione *f* [konditsi'o:ne] | **Bedingung**
firmare – **firma** [fir'ma:re – 'firma] | **unterschreiben – Unterschrift**
Legga attentamente le condizioni del Suo contratto di lavoro e poi firmi in calce a destra. | Lesen Sie die Bedingungen Ihres Arbeitsvertrags aufmerksam durch und dann unterschreiben sie ihn unten rechts.

modello [mo'dɛllo] | **Modell**
modelli di tempo di lavoro flessibili | flexible Arbeitszeitmodelle
permesso [per'messo] | **Erlaubnis, Genehmigung; Verzeihung**
Gli è stato concesso un permesso di lavoro. | Ihm ist eine Arbeitserlaubnis erteilt worden.
Permesso! Si può entrare? | Verzeihung! Darf man eintreten?
manodopera *f inv* [mano'dɔ:pera] | **Arbeitskräfte**
Non è facile trovare manodopera qualificata. | Es ist nicht leicht, qualifizierte Arbeitskräfte zu finden.
datore(-trice) di lavoro [da'to:re / -'tri:tʃe di la'vo:ro] | **Arbeitgeber(in)**
dare lavoro ['da:re la'vo:ro] | **beschäftigen, einstellen**
Le imprese europee danno lavoro a sempre meno persone in Europa. | Die europäischen Unternehmen beschäftigen immer weniger Personen in Europa.

assumere [as'su:mere]	einstellen, anstellen
Ti hanno assunto? Complimenti!	Sie haben dich eingestellt? Glückwunsch!
licenziare – **licenziarsi** [litʃentsi'a:re]	kündigen
La ditta licenzia altri 500 collaboratori.	Die Firma entlässt weitere 500 Mitarbeiter.
Ieri mi sono licenziato.	Gestern habe ich gekündigt.
occupato [okku'pa:to]	beschäftigt; besetzt (*Telefon*)
È occupato presso un'impresa edile.	Er ist bei einem Bauunternehmen beschäftigt.
È occupato.	Es ist besetzt.
stipendio [sti'pεndio]	Gehalt, Verdienst
Non può certo lamentarsi del suo stipendio.	Er kann sich gewiss nicht über sein Gehalt beklagen.
merito ['mε:rito]	Verdienst
È tutto merito suo.	Es ist allein sein Verdienst.
paga ['pa:ga]	Lohn; Bezahlung
aumento – **aumentare** [au'mento – aumen'ta:re]	Erhöhung – erhöhen
Tesoro, ho ricevuto un aumento di stipendio!	Schatz, ich habe eine Gehaltserhöhung bekommen!
riduzione *f* – **ridurre** [ridutsio'ne – ri'durre]	Verringerung, Kürzung – verringern, kürzen; abbauen
Riducono ancora il personale.	Sie bauen das Personal weiter ab.
all'ora [all'o:ra]	pro Stunde, die Stunde
Quanto ti pagano all'ora?	Wie viel bezahlen sie dir pro Stunde?
diventare [diven'ta:re]	werden
Da grande cosa vuoi diventare?	Was willst du werden, wenn du groß bist?
mestiere *m* [mesti'ε:re]	Beruf *(handwerklich)*; Handwerk
Che mestiere fa?	Was macht er beruflich?
professione *f* [professio'ne]	Beruf *(Dienstleistung)*
esercitare una professione	einem Beruf nachgehen
funzionario(-a) [funtsio'na:rio]	Beamte(r), Beamtin
Augusto è diventato funzionario.	Augusto ist Beamter geworden.
preside *m/f* ['prε:side]	Direktor(in); Schulleiter(in)
operaio(-a) [ope'ra:io]	Arbeiter(in)
operaio specializzato	Facharbeiter
apprendista *m/f* [appren'dista]	Lehrling; Auszubildende(r)
Molti giovani non trovano un posto come apprendista.	Viele jungen Leute finden keine Lehrstelle.

18.4 Arbeit und Berufe

impiegato(-a) [impie'ga:to] — Angestellte(r)
impiegato(-a) di banca — Bankangestellte(r)
dipendente m/f [dipen'dɛnte] — Beschäftigte; Angestellte
La nostra ditta ha 4000 dipendenti in tutto il mondo. — Unsere Firma hat 4000 Beschäftigte in aller Welt.
commesso(-a) [kom'messo] — Verkäufer(in) (*in Läden, etc.*)
Le commesse in quel negozio sono molto premurose. — Die Verkäuferinnen in diesem Laden sind sehr aufmerksam.
portinaio(-a) [porti'na:io] — Hausmeister(in)
Non vedo il suo nome. Forse chiediamo al portinaio? — Ich sehe seinen Namen nicht. Vielleicht fragen wir den Hausmeister?
artigiano [arti'dʒa:no] — Handwerker

Traditionelle Handwerksberufe

pescatore m [peska'to:re] (= Fischer) • *gelataio(-a)* [dʒela'ta:io] (= Eisverkäufer/in) • *macellaio* [matʃel'la:io] (= Fleischer/Metzger) • *parrucchiere(-a)* [parrukki'ɛ:re] (= Friseur/in) • *orologiaio* [orolo'dʒa:io] (= Uhrmacher) • *falegname* m [faleɲa:me] (= Schreiner/Tischler) • *imbianchino* [imban'ki:no] (= Maler) • *sarto(-a)* ['sarto] (= Schneider/in) • *calzolaio* [kaltso'la:io] (= Schuhmacher) • *muratore* m [mura'to:re] (= Maurer) • *elettricista* m [elettri'tʃista] (= Elektriker) • *idraulico* [i'dra:uliko] (= Installateur)

---

ragioniere(-a) [radʒoni'ɛ:re] — Bilanzbuchhalter(in)
cassiere(-a) (di banca) [kassi'ɛ:re] — (*Bank*) Kassierer(in)
guardia [gu'ardia] — Wache, Wachmann
Ha trovato un posto come guardia. — Er hat eine Stelle als Wachmann gefunden.

Consulente m/f ist die Berufsbezeichnung eines Beraters / einer Beraterin für ein spezielles Fachgebiet: z.B. *consulente aziendale* [konsu'lɛnte adzien'da:le] (= Unternehmensberater/-in) oder *consulente tecnico* [konsu'lɛnte 'tɛkniko] (= technische/-r Berater/-in).

---

interprete m/f [in'tɛrprete] — Dolmetscher(in)
Qui dovremo chiamare un interprete! — Da werden wir wohl einen Dolmetscher holen müssen!
ingegnere m/f [indʒe'ɲɛ:re] — Ingenieur(in)
tecnico ['tɛkniko] — Techniker(in)
casalinga(-o) [kasa'linga] — Hausfrau/Hausmann

18.5 In ufficio / Im Büro

ufficio [uf'fi:tʃo]
orario d'ufficio
dopo l'orario d'ufficio
Purtroppo in questo momento non è in ufficio.

Büro
Büro-/Geschäftszeiten
nach Dienstschluss
Leider ist er derzeit nicht im Büro.

disposizione f [dispozitsi'o:ne]
Per ogni delucidazione siamo a Vostra disposizione.

Verfügung
Bei allen möglichen Rückfragen stehen wir Ihnen zur Verfügung.

superiore m/f [superi'o:re]
collega m/f [kol'lɛ:ga]
Per quella faccenda si deve rivolgere alla mia collega.

Vorgesetzte(r)
Kollege(-in)
In dieser Sache müssen sie sich an meine Kollegin wenden.

rivolgersi a [ri'vɔldʒersi]
collaboratore(-trice) [kollabora'to:re(-'tri:tʃe)]
Ha organizzato una festa d'addio per tutti i collaboratori.

sich wenden an
Mitarbeiter(in)

Sie hat ein Abschiedsfest für alle Mitarbeiter organisiert.

segretario(-a) [segre'ta:rio]
Riesco a parlare solo con la segretaria.

Sekretär(in)
Ich komme nur bis zur Sekretärin durch.

autorizzazione f – **autorizzato** [autoriddzattsi'o:ne – autorid'dza:to]
Sono solo la segretaria. Non sono autorizzata a dare informazioni.

Befugnis – befugt

Ich bin nur die Sekretärin. Ich bin nicht befugt, Informationen zu geben.

studio ['stu:dio]
studio (medico)
sala riunioni ['sa:la riuni'o:ni]
fissare un appuntamento [fis'sa:re unappunta'mento]
Ho un appuntamento con il Dott. Villa.

(Anwalt/Steuerberater) **Kanzlei**
(Arzt-)Praxis
Sitzungszimmer
einen **Termin** vereinbaren

Ich bin mit Dott. Villa verabredet.

avere un **colloquio** con qualcuno [kol'lɔ:kuio]
essere in riunione f [riuni'o:ne]

mit jemandem eine **Unterredung** haben
eine Sitzung/Besprechung abhalten

(Lei) è ancora in riunione.
biglietto da visita [bi'ʎetto da 'vi:zita]

Sie ist noch in einer Besprechung.
Visiten-/Geschäftskarte

Se vuole mi può lasciare il suo biglietto da visita.
Wenn Sie wollen, können Sie mir Ihre Visitenkarte da lassen.

mensa ['mɛnsa]
Kantine

buoni *mpl* mensa
Essen(s)marken

scrivania [skriva'niːa]
Schreibtisch

Devo assolutamente ordinare la mia scrivania.
Ich muss unbedingt meinen Schreibtisch aufräumen.

corrispondenza [korrispon'dɛntsa]
Korrespondenz; Post

sbrigare [zbri'gaːre]
erledigen

Oggi sbrigo la corrispondenza.
Heute erledige ich die Post.

lettera ['lettera]
Brief

scrivere ['skriːvere]
schreiben

scrivere al computer il verbale della riunione
das Sitzungsprotokoll in den Computer eingeben

riferirsi [rife'rirsi]
sich beziehen

Ci riferiamo alla Vostra del ...
Wir beziehen uns auf Ihr Schreiben vom ...

distinti saluti [dis'tinti sa'luːti]
(mit) **freundliche(n) Grüßen**

confermare [konfer'maːre]
bestätigen

Confermiamo la Sua partecipazione al congresso.
Wir bestätigen Ihre Teilnahme am Kongress.

congresso [koŋ'grɛsso]
Kongress, Tagung

modulo ['mɔːdulo]
Formular

compilare [kompi'laːre]
ausfüllen

Devo aiutarLa a compilare questo modulo?
Soll ich Ihnen beim Ausfüllen dieses Formulars helfen?

strappare [strap'paːre]
zerreißen

Ha sbagliato qui. Strappi pure il modulo, gliene do un altro.
Sie haben hier einen Fehler gemacht. Zerreißen Sie das Formular ruhig, ich geb' Ihnen ein neues.

Mi dia la **pratica** Zappa, per favore. [mi 'diːa la 'praːtika 'tsappa per fa'vore]
Bringen Sie mir bitte die **Akte** Zappa.

fotocopia – fotocopiare [foto'kɔːpia – fotokopi'aːre]
Fotokopie – fotokopieren

Devo fare ancora alcune fotocopie.
Ich muss noch einiges fotokopieren.

avere da fare [a'veːre da faːre]
zu tun haben, beschäftigt sein

Purtroppo ho da fare adesso.
Im Moment bin ich leider beschäftigt.

pausa ['paːuza]
Pause; Unterbrechung

Facciamo una pausa?
Machen wir eine Pause?

Register Italienisch

Das alphabetische Register enthält alle blau gedruckten Einträge des thematischen Wortschatzes sowie alle wichtigen Begriffe der Info-Boxen.

A

a 172
a bordo 203
a buon mercato 143
a buon prezzo 143
a casa 86
a destra 172
a fianco di 173
a maniche corte 71
a maniche lunghe 71
a mezze maniche 71
a poco a poco 179
a puntini 74
a quadri 74
a righe 74
a sinistra 173
a volte 180
abbassare 91, 102
abbattere 162
abbattuto 28
abbonamento 129, 187, 205
abbonarsi 129, 187
abbonato 129, 187
abbronzato 20
abete bianco 162
abete rosso 162
abile 26
abitante 156
abitazione 89
abito 71
abito da sera 71
abituato 25
abitudine 25
abuso 108
accanto a 173
accappatoio 72
accelerare 197
accendere 91, 170, 194
accendersi 108
accendino 108
accento 41
acceso 91
accesso 194
accettare 35, 213
acciaio 168
accogliente 90
accogliere 135
accoltellare 111
accomodarsi 136
accompagnare 127, 135, 196
accontentare 58
accontentarsi 58
accordo 45, 104
accorgersi 40
accusa 99
accusare 99
aceto balsamico 62
aceto di vino 62
acido 31
acqua minerale 63
acquistare 142
acquisto 142
ad alta voce 30
addio 136
addizionare 165
aderire 136
adesso 178
adolescente 23
adolescenza 23
adorare 34
adottare 57
adulterio 55
adulto 23
aereo 203
aeronautica 105
aeroporto 203
afa 149
affamato 109
affare 209
affascinante 28
affascinare 34
affatto 183
afferrare 17
affidabile 26
affittare 89
affitto 89
affrancatura 189
affresco 124
affrontare 75
afoso 149
Africa 150
africano(-a) 150
agenzia viaggi 139
aggettivo 41
aggiornare 195
aggiungere 65
aggiustare 169
agire 207
agitare 64
agitato 28
aglio 62
agnello 60, 159
ago 92
agosto 177
agricolo 155
agricoltura 155
agro 31
agrodolce 31
ai(u)ola 88
aiutare i bisognosi 109
al dente 60
al giorno d'oggi 178
al massimo 182
al minimo 182
al più presto 179
al più tardi 179
ala 22
albergo 141
albergo ristorante 68
albero 162
albicocca 62
alcol 164
alcolista 108
alcolizzato(-a) 108
alfabeto 41
alimentazione 59
alimentazione dietetica 59
alimenti 55
all'estero 139
all'ora 217
alla fine 178
allacciare 72, 170
allacciarsi la cintura di sicurezza 200
allattare 56
allegria 34
allegro 34
allenamento 85, 145
allenarsi 85, 145
allenatore(-trice) 145
allergia 77
allergico 77
allevamento 155
allevare 155, 159
alloggio 89, 141
allontanarsi 106
alloro 62
Alpi 153
alpino 153
alta marea 152
altalena 22
alternativo 157
altezza 19, 181
alto 19, 30, 181
alunno(-a) 120
alzare 17
amante 55
amare 33
amaro 31, 63
ambientale 157
ambiente 157
ambulanza 79, 84
ambulatorio 81, 84
America 150
americano(-a) 150
amichevole 27
amicizia 45
amico(-a) 44
ammalarsi 75
ammalato 75
ammettere 100

amministrazione 210
ammirare 125
ammirazione 125
ammobiliato 90
amore 33
ampio 86, 181
analisi 164
analizzare 164
ananas 62
anatra 60, 160
ancora 204
andare 139
andare a letto 91
andare a spasso 137
andare a trovare 135
andare bene 74
andare d'accordo 44
andare in/con 196
anello 73
angelo 114
angolo 165, 198
anguria 62
angusto 86, 181
anima 52
animale 22, 158
animali di peluche 22
annaffiare 161
anniversario 134
anno 177
annoiarsi 34
annullare 203
annunciare 187
annuncio 186
annuncio pubblicitario 210
annusare 31
ano 18
ansioso 32
anticamera 81
antichità 138
antico 112
antipasto 69
anziano 24
ape 160
aperitivo 63
aperto 142
apertura 126
apparecchiare (la tavola) 67, 93
apparecchio 169

apparenza 19
apparire 186
appartamento 86
appartenere 206
appassionato 26
appendere 90
appendicite 77
appetito 31, 82
applaudire 129
applauso 129
appoggiare 45
apprendista 217
approfittare di 103
appuntamento 81, 135, 219
apribottiglie 66
aprile 177
aprire 123
apriscatole 66
arachide 62
aragosta 61
arancia 62
aranciata 63
arancione 125
arbitro 146
architetto(-a) 131
architettonico 131
architettura 131
archivio 185
arco 22
area 95
area di servizio 199
argomento 117, 123
aria 147
aria condizionata 92
arma 106
armadio 90
aroma 31
arrabbiarsi 35
arrabbiato 35
arrampicarsi 17
arredamento 90
arredare 90
arrestare 101
arresto 101
arrivare 140
arrivo 140, 202, 203
arrostire 65
arte 124
arteria 18
articolazione 18

articolo 186, 212
artificiale 168
artigiano 218
artista 124
ascensore 87
asciugacapelli 51
asciugamano 50
asciugare 93
asciugarsi 50
asciutto 149
ascoltare 30
Asia 150
asiatico(-a) 150
asilo 116
asino 159
asparago 61
aspettare 81
aspettarsi 70
aspetto 19
aspirapolvere 92
assaggiare 69
assai 182
assaporare 31
assassinare 52, 110
assassinio 110
assassino(-a) 110
assegno 213
assegno familiare 103
assente 121
assicurare 215
assicurarsi 215
assicurazione 140, 215
assistente 210
assistenza sociale 103
associazione benefica 103
assolvere 100
assomigliare 58
assorbente 51
assumere 107, 217
astice 61
astronauta 147
astronave 147
astronomia 117, 147
astuto 27
atleta 145
atmosfera 132, 147
atomico 163
atomo 163
attaccare 105

attacco 76, 105
atteggiamento 32
attendere 81
attento 26
atterrare 203
attestato 119
attivare 194
attività 117, 138
attivo 26
atto 130
attore(-trice) 130
attorno a 173
attraente 20
attraversare 198
attraverso 175
attrezzo 168
attuale 186
attualità 186
augurare 134
augurio 134
aula 116
aumentare 102, 183, 217
aumento 183, 217
auricolare 192
auscultare 82
Australia 150
australiano(-a) 150
Austria 150
austriaco(-a) 150
autista 196
auto(mobile) 196
autobus 205
autografo 138
autogrill 68
automatico 169
automezzo 196
automobilista 196
autore(-trice) 132, 185
autorimessa 88
autorizzato 219
autorizzazione 219
autostop 140
autunno 177
avanti 173
avanzare 106
avaro 28
avena 60
aver bisogno di 103
aver male 84
avere 142
avere da fare 220

avere paura di 32
avere ragione 37, 43
avere torto 43
avere un collasso 76
avvenimento 187
avvenire 187
avverbio 41
avversario(-a) 46
avvertire 187
avvicinarsi 106
avvisare 56
avvocato 99
avvolgere 66
azienda 207
azione 99, 130
azzuffarsi 111
azzurro 125

B

baby-sitter 22
baccalà 61
baciare 44
baciarsi 44
bacio 44
badante 24
badare 122
baffi 21
bagagli 140, 201
bagnato 149
bagno 50, 87, 91
balcone 88
balena 159
ballare 84, 128
ballerino(-a) 128
balletto 128
ballo 128
bambinaia 22
bambino(-a) 22, 56
bambola 22
banana 62
banca 215
bancarella 184
banco 143
bancomat 213
bancone 143
banconota 213
banda 128
bar 68
bar ristorante 68
bara 52
barattolo 171
barba 21

barbiere 51
barca a remi 204
barca a vela 204
barista 70
barman 70
barretta di cioccolata 60
barzelletta 137
basco 73
basilica 115
basilico 62
bassa marea 152
basso 19, 181
bastone 73
battaglia 106
battere 64
batteria 170, 192
battesimo 56
bebè 22
Bel Paese 59
bellezza 19
bello 20
ben fatto 20
ben messo 20
benda 79
bene 37, 76
benessere 208
benestante 109
benvenuto 135
benzina 199
bere 63
bermuda 71
berretto 73
berretto con visiera 73
besciamella 61
bestia 158
bestiame 155
betulla 162
bevanda 63
bianco 125
Bibbia 114
bibita 63
biblioteca 185
bicchiere 66
bicicletta 22
bigiotteria 73
biglietteria 202
biglietto 202, 205
biglietto aereo 203
biglietto d'ingresso 129
biglietto da visita 219
bignè 60

bikini 72
bilancia 92
bilancia commerciale 208
bilancio 97, 208
binario 201
biografia 132
biologia 117
biologico 85
biondo 21
biro 121
birra 63
birreria 68
biscotto 60
bisognare 57
bisogni di base 109
bisogno 33
bisogno, aver ~ di 103
bisognosi, aiutare i ~ 109
bistecca 60
bistrot 68
blazer 71
bloccare 198
blu 125
blue jeans 71
bocca 16
bocciare 123
body 71, 72
bollettino 187
bollire 65
bomba 106
bordello 49
borsa 171
borsetta 171
bosco 154, 162
botte 171
bottiglia 171
bottone 73
box 88
boxer 72
bracciale 73
braccialetto 73
braccio 17
brano 130
bravo 27
bretelle 73
bricco del caffè 66
brillare 147
brindare 136
brindisi 136
brioche 59
britannico(-a) 150

brocca 66
brodo 61
brodo ristretto 61
bronchite 77
bruciare 148
brutto 20
buca delle lettere 189
bucare 199
buco 74
buffet 68, 70
bugia 42
bugiardo(-a) 42
buio 176
buon senso 38
buono 37
burro 59, 61
bussare 88
busta 171
bustier 71
bustino 71
busto 125
buttare via 157

C

cabina telefonica 190
cacciavite 169
cadavere 52
cadere 21, 78
caduta 112
caffè 63, 68
caffettiera 66
cagna 159
calcio 146
calcolare 121, 165
calcolatore 193
calcolo 165
caldo 148
calmare 56
calmarsi 56
calmo 28, 30
calore 163
calvo 21
calza 72
calzare bene 72
calzino 72
calzolaio 72, 218
calzoni 71
cambiamento di governo 98
cambiare 140, 202, 214
cambiare casa 86

cambiarsi 74
cambio 140
camera 87, 97, 141
camera da letto 87
camera degli ospiti 87
camera dei bambini 87
cameriere(-a) 70
camicetta 71
camicia 71
camicia da notte 72
camion 196
camminare 17, 85
campagna 153
campana 115
campanello 92
campanile 115
campeggio 141
camper 86
campionato 146
campione(-ssa) 145
campo 146, 154
canale 152, 188
canarino 160
cancellare 194, 203
cancelliere 98
cancro 77
candela 91
candidato(-a) 96
cane 159
canoa 204
canottiera 72
cantante 127
cantare 127, 159
cantiere edile 131
cantina 88
canto 127
canzone 127
capace 40
capelli 16
capire 40
capitale 95, 208
capitano 204
capo 44, 73, 210
Capo dello Stato 98
capoluogo 95
cappello 73
cappotto 71
cappuccino 63

cappuccio 73
capra 159
capriolo 61, 159
Carabiniere 101
caramelle 60
carattere 25
carbone 168
carcere 111
carciofi 62
cardigan 71
cardinale 115
carica 98
caricare 170, 194
caricare la pellicola 126
carico 170
carino 20
carità 109
carne 60
carne di maiale 60
carne di manzo 60
carne di vitello 60
carnevale 134
caro 27
carota 62
carrello 142
carrozzina 22
carta d'identità 140
carta di credito 213
carta igienica 51
carta ricaricabile 190
carta telefonica 190
carte, giocare a ~ 22
cartella 171
cartolaio 144
cartoleria 144
cartolina 138, 189
cartone 171
casa 86
casa di ricovero 24
casa di riposo 24
casa di tolleranza 49
casa editrice 184
casalinga(-o) 218
casco 73
caso 187

caso d'emergenza 79
cassa 129, 144, 171
cassa di risparmio 215
cassa mutua di malattia 103
cassetta 92
cassetta delle lettere 189
cassetto 90
cassiere(-a) 141, 218
castagna 62
castano 21
castrato 60
catalogo 184
catechismo 117
catena 73, 92
cattedrale 115
cattivo 37
cattolico(-a) 114
causare 78
cavallo 159
cavarsela 75
cavatappi 66
cavaturaccioli 66
caviglia 17
cavo 170
cavolfiore 61
cavolini di Bruxelles 61
cavolo 61
CD-ROM 193
celebrare 134
celeste 125
celibe 15
cellulare 192
cemento 168
cena 67
cenare 67
cencioso 21
centimetro 181
centinaio 167
centrale 170, 175
centro 96, 156
centro commerciale 144
ceramica 168
cercare 86, 142
cercare di 122
cerchio 165
cereale 60, 162
cerniera lampo 73
cerniera zip 73

cerotto 79
certificato 119
cervello 16, 38
cervo 159
cestino 92
cesto 92
cetriolo 61
chatroom 195
chattare 195
chiacchierare 42
chiacchiere 42
chiamare 190, 191
chiamarsi 15
chiamata 190
chiamata (inter)urbana 191
chiaro 20, 120
chiasso 30
chiave 88
chiedere 42, 123, 214
chiedere l'elemosina 109
chiedersi 40
chiesa 115
Chiesa 115
chiesetta 115
chilo(grammo) 181
chilometro 181
chimica 117, 164
chimico 164
chiocciola 195
chiodo 169
chirurgo 81
chitarra 127
chiudere 123
chiudere a chiave 88
chiuso 142
ciabatte 72
ciattare 195
cibo 59
cieco 29, 80
cielo 148
cigno 160
ciliegia 62
cima 153
cimitero 52
cinema 129
cinghiale 61, 159
cintura 73
cintura di sicurezza 199
cinturino 73

cioccolata 60
cioccolata calda 63
cipolla 61
cipria 51
circa 182
circo 137
circolare 205
circolo 44
circondare 175
circuito 170
città 95, 156
cittadinanza 15
ciuccio 22, 57
civile 99
civiltà 112
classe 44
classico 127
cliccare 194
cliente 143
clientela 143
clienti fissi 68
clima 147
club 44
cocaina 108
coccodrillo 160
cocomero 62
coda 158, 199
coda di cavallo 21
codice 194
codice fiscale 102
cogliere 161
cognato(-a) 53
cognome 15
coincidenza 202
colare 64
colazione 67, 141
colino 66
collaborare 45
collaboratore (-trice) 219
collaborazione 45
collant 71
colle 153
collega 219
collegamento 192, 201
colletto 73
collezionare 138
collezione 138
collina 153
collisione 78
collo 16
colloquio 219
collutorio 50

colombo 160
colorato 125
colorito 20
colpa 100
colpevole 100
colpire 110, 149
colpo 76
colpo di telefono, dare un ~ 190
coltello 66
coltivare 155
colto 26
combattere 106
combattimento 106
combinare 58, 73
comico 27, 132
cominciare 121
commedia 130, 132
commerciale 142, 209
commerciante 142, 209
commercio 209
commercio elettronico 195
commesso(-a) 143, 218
commettere 110
commovente 36
commuovere 36
comodo 90
compagnia 45, 135
compagnia aerea 203
compagnia di volo 203
compagno(-a) di giochi 45
compagno(-a) di scuola 45
compagno(-a) di vita 45, 55
compassionevole 27
compiere gli anni 134
compilare 220
compiti a casa 121
compito 116
compleanno 15, 134
completo 71

complicato 118
complimento 47
comportamento 25, 113
comportarsi 25, 113
compositore(-trice) 127
composizione 125
comprare 142, 212
comprendere 40, 183
compreso 143
compressa 83
computer 193
comune 95
comunicare 187
comunicativo 28
comunità 94
con 196
concedere 131
concentrarsi 122
concentrazione 39, 122
concerto 128
concludere 101
concludersi 101
conclusione 101
concorrente 46
concorrenza 206
condannare 100
condimenti 62
condire 64
condizione 79, 216
condoglianze 52
condurre 211
conferenza 104
confermare 220
confessare 100
confessarsi 115
confessione 114, 115
confine 104
conflitto 45
confondere 40
confrontare 143
confronto 143
confusione 40
congelatore 92
congratularsi 118
congratulazione 118
congresso 104, 220

coniglio 61, 159
coniugi 54
connettersi 195
conoscente 45
conoscenza 45
conoscere 45, 122
conoscersi 45
consegnare 123, 212
conservare 66
conservarsi 66
conservatore 28
considerare 40
consigliare 69
consiglio 98
consistere in 69
consulente 218
consulente aziendale 218
consulente tecnico 218
consumare 199, 208
consumato 72
consumatore (-trice) 208
consumo 208
contadino(-a) 155
contanti 213
contare 121, 165
contare su 46
contatore 170
contatto 46
contenere 183
contenitore 171
contento 35
continente 150
continuare 122
conto 70, 214, 215
conto corrente 215
contorno 69
contrariato 35
contrassegno 189
contratto 216
contratto di locazione 89
contro 174
controllare 80, 101
contusione 77, 79
conversazione 42

convincere 47, 100
coperchio 66
coperta 91
copertina 185, 187
coperto 70, 148
copia 185, 193
copiare 118, 193
coppia 44
coprire 65
coraggioso 28
corda 92
cordiale 33
cornetta 192
coro 127
corona 84
corpino 71
corpulento 19
corrente 152, 170
correre 17, 146
corretto 37
corridoio 88
corriera 205
corrispondente 187
corrispondenza 220
corrotto 27
corsa 146
corso 116
corte 99
cortese 26
cortile 89
corto 74
cosca mafiosa 111
coscienza 37
coscienzioso 37
costa 152
costare 142, 214
costituzione 96
costo 214
costola 17
costoso 214
costringere 101, 110
costruire 131
costruzione 131
costume 130
costume da bagno 72
costume intero 72
cotone 168
cotto 65

cozzare 78
crampo 77
cravatta 73
creare 207
creatività 113
creativo 113
creatura 158
credere 114
credito 215
crema 51
crema detergente 51
crema idratante 51
crescere 57, 155
crespo 21
criceto 159
criminale 110
criminalità 110
crimine 100
crisi 104
cristiano(-a) 114
critica 130, 187
criticare 130, 187
critico 130
crociera 204
crollare 194
crollo 194
cronaca 186
crostacei 61
crostata alla frutta 60
crudele 28
crudo 65
crusca 60
cuccetta 201
cucchiaino 66
cucchiaio 66
cucina 64, 87, 92
cucinare 64
cucire 74, 138
cugino(-a) 53
culla 22
cuocere 64
cuoco(-a) 70
cuore 18
cura 57
curare 79
curato 21
curiosità 26
curioso 26
curry 62
curva 198
curvato 20
curvo 20
cuscino 91

D

da 172
da asporto 68
da parte di 134
da quanto tempo 178
da quelle/queste parti 174
dal meccanico 199
dalle spalle larghe 20
dannato 43
danneggiare 215
danno 215
danza 128
dappertutto 173
dar fastidio 47
dare del tu/Lei 136
dare il biberon 56
dare lavoro 107, 216
dare un passaggio 197
dare una mano 93
darsi da fare 122
data 177
dati 193
datore(-trice) di lavoro 216
dattero 62
davanti (a) 173
dea 114
debiti 215
debole 24, 28
debolezza 80
deceduto 52
decider(si) 69
decina 167
deciso 26
declino 24
decollare 203
decorare 91
decorazione 91
decrepito 24
dedicarsi 138
definitivo 178
defunto 52
dei 114
delfino 159
delinquente 110
delitto 110

delusione 35
deluso 35
democratico 96
democrazia 96
denaro 213
dente 16, 84
dentifricio 50
dentista 84
dentro 174
denuncia 99
denunciare 99
denutrizione 109
deodorante 51
depressione 113
depresso(-a) 113
deputato(-a) 97
descrivere 99
deserto 154
desiderare 34
desiderio 34
dessert 69
destinatario 189
destino 112
destra, essere di ~ 96
destro 173
detenuto(-a) 111
detersivo 93
dettato 117
deviazione 198
di 69
di andata 202
di buon umore 28
di fronte (a) 174
di là 173
di nuovo 180
di qua 173
di recente 179
di ritorno 175, 202
di sopra 174
di sotto 174
diamante 73
diario 132
diarrea 77
diavolo 114
dicembre 177
dichiarare 43, 100
dichiarazione 100
dieta 85
dietro (a) 173
difendere 99, 105
difesa 99, 105
difetto 80

difficile 118
digiunare 85
dilettante 145
diligente 27
dimagrire 20
dimenticare 39
dimettersi 98
diminuire 183
dintorni 156
Dio 114
dipendente 218
dipingere 124
dipinto 124
diploma 119
diplomatico 104
diplomazia 104
dire 42
direttamente 180
diretto 203
direttore(-trice) 128, 210
direzione 44, 175
dirigente 210
dirigere 128, 210
diritto 173
disaccordo 45
disattento 26
discarica 157
dischetto 193
disco fisso 193
disconnettersi 195
discorso 97
discoteca 137
discussione 46
discutere 46
disegnare 124
disegno 124
disgrazia 109
disoccupato(-a) 107
disoccupazione 107
disonesto 26
disordinato 93
disordine 93
dispari 166
disperare 36
disperato 34
disperazione 36
dispiacere 33
disponibile 26
disporre 141
disposizione 219
disprezzare 36
disprezzo 36

distanza 175
distinguere 85
distinti saluti 220
distorcere 79
distribuire 211
distributore di benzina 199
distribuzione 211
distruggere 106
distruzione 106
disturbare 141
disturbo 80, 81
dito 17
ditta 207
divano 90
diventare 217
divertente 27
divertimento 137
divertirsi 137
dividere 165
divino 114
divorziare 55
divorziato 15
divorzio 55
dizionario 184
doccia 50, 92
docile 158
documento 185
dogana 140
dolce 31, 60, 69
dolcevita 71
dolciastro 31
dolciumi 60
dolore 82
domanda 123, 206
domanda d'impiego 216
domandare 42, 123
domandarsi 40
domani 179
domenica 176
domestico 158
dominio 195
donna 15
donna d'affari 209
donnaiolo 55
dopo 179
dopodomani 179
doppio 141
dove 172
dovunque 173
dozzina 182

dramma 132
droga 108
drogheria 144
droghiere 144
dubbio 100
dubitare 100
duomo 115
durare 177
durata 177
duro 28
DVD 91, 195

E

eccellente 123
eccitare 49
eccitato 49
eccitazione 49
ecologia 157
ecologico 157
e-commerce 195
economia 206
economico 143, 206
edicola 144, 186
edificio 131
edilizia 131
editoria 184
editoriale 184
educare 57
educazione 57
educazione civica 117
educazione fisica 117
educazione tecnica 117
elaborare 194
elegante 20
eleggere 96
elenco 184
elenco telefonico 190
elettricista 131, 218
elettricità 170
elettrico 170
elettrodomestico 92
elettronica 170
elettronico 170
elezione 96
elicottero 203
e-mail 195
emarginato(-a) sociale 103

ematoma 79
emotivo 32
emozionale 32
emozionante 32
emozione 32, 113
enciclopedia 184
energico 20
entrare 88
entrata 88
entusiasmo 35
entusiasta 35
episodio 188
epoca 112
Equatore 150
equilibrato 27
equilibrio 163
era 112
erario 102
erba 161
erba cipollina 62
erbe 161
erbe aromatiche 62
ereditare 53
eroe(-ina) 130
eroina 108
errore 118, 194
esagerare 187
esame 83, 116, 118
esaminare 83, 118
eseguire 194
esempio 123
esercito 105
esercizio 85
esperienza 24
esperimento 163
esperto(-a) 26, 210
esplodere 106, 164
esplosione 106, 164
esplosivo 164
esporre 125
esportare 211
espositore 143
esposizione 125
espressione 19, 41
espresso 189
esprimere 42
esprimersi 42
essere composto di 168

essere d'accordo 42
essere di 168
essere di destra/sinistra 96
essere fortunato 133
essere solito (di) fare 25
est 151
estate 177
esterno 174
estorcere 110
estorsione 110
età 15, 24
eterno 114
eterosessuale 49
ettaro 181
etto(grammo) 181
euro 213
Europa 94, 150
europeo(-a) 94, 150
evadere 101, 102
evento 187
evidente 99
evidenziare 194
extracomunitario(-a) 94
extraconiugale, una relazione ~ 55

F

fa 179
fabbrica 207
fabbricare 207
faccenda 187
faccia 16
facciata 86
facile 118
facoltà 116
faggio 162
fagiano 61
fagioli 61
fagiolini 61
falegname 218
fallimento 209
fallire 55
falso 37, 125
fame 29, 109
famiglia 53
famoso 130
fantascienza 132
far cadere 91
far fare 87
far fatica 118
far male 76, 84
far piacere 35
far riservare 68
faraona 60
farcela 118
fard 51
fare a meno di 85
fare ai ferri 65
fare amicizia 45
fare attenzione 122
fare decorazioni floreali 138
fare domanda 216
fare effetto 83
fare il bagno 57
fare il bucato 93
fare il pieno 199
fare la doccia 50
fare la spesa 142
fare le pulizie 93
fare quattro chiacchiere 42
fare spese 142
fare vela 146
farfalla 73, 160
fari 200
farina 60
farmaceutico 164
farmacia 144, 164
farmacista 144
faro 204
farsi la barba 50
farsi male 77
farsi tagliare 21
farsi vivo 135
fasciare 79
fast food 59, 68
fatica 82
fattoria 155
fattura 214
fatturato 211
favola 22, 132
favore 47
favorevole 98
fax (via ~) 192
faxare 192
fazzoletto 51
fazzoletto da naso 73
fazzoletto da testa 73
febbraio 177
febbre 76, 82
fede 54, 114
fegato 18
felice 34
felicità 34
felpa 71
femmina 15
femminile 41, 49
fenomenale 129
ferie 133
ferire 78
ferirsi 78
ferita 78
ferito(-a) 79
fermare 197
fermarsi 197
fermata 205
fermo 30
feroce 158
ferro da stiro 92
ferrovia 201
ferroviario 201
festa 134, 135
festeggiare 135
festività 134
fetore 31
fetta 64
fettuccine 60
fiaba 22, 132
fiacco 24
fiamma 148
fiammifero 108
fiasco 130
fiato 16
fibra 164
fidanzato 54
fidarsi di 46
fiducia 46
fieno 155
fiero 36
figli 22, 56
figlio(-a) 53, 56
figlioccio(-a) 56
figura 125
figurarsi 38
fila 130
file 193
film 129
finale 178
finalmente 178
finanziare 213
finanziario 213
finché 180
fine 177
fine-settimana 133, 176
finestra 88
finestrino 200
finire 121
fino a 180
finocchio 49
finora 178
fiocco 73
fiore 161
fiorire 161
firma 216
firmare 216
fiscale 102
fischiare 146
fisco 102
fisica 163
fisico 19
fiume 152
flash 126
flessibile 26
foca 159
focaccia 59
foglia 161
foglio 123
folla 44
fondamentale 96
fondare 207
fontana 131
forbici 169
forchetta 66
foresta 154, 162
formaggio 59
formaggio caprino 59
formare 98
formica 160
fornello 66, 92
fornire 212
fornitore(-trice) 212
forno 66, 92
forte 28, 30
forza 163
fotocamera digitale 126
fotocopia 220
fotocopiare 220
fotografare 126, 138
fotografia 126, 138
fotografico 126
fotografo 126
fotoromanzo 132
foulard 73
fra 174, 179
fra' 115
fragile 24, 168

fragole 62
francese 150
Francia 150
francobollo 138, 189
frase 41
frate 115
fratello 53
frattura 78
fratturarsi 78
freccia 22, 200
freddo 148
frenare 200
freno 200
frequentare 44, 68, 116
frequente 180
fresco 148
friggere 65
frigorifero 92
frittata 65
frizione 200
frocio 49
frollini 60
fronte 16, 106
frontiera 104
frumento 60
frutta 62
frutta con guscio 62
frutteto 155
frutti di mare 61
fruttivendolo 144
fuga 106
fuggire 106
fulmine 148
fumare 108
fumetto 22, 124
fumo 108
funebre 52
funerale 52
fungo 61, 162
funivia 154
funzionare 169
funzionario(-a) 217
funzione 169
fuoco 148
fuori 174
fuori servizio 213
furbo 40
furgone 196
furto 110, 111
fuseaux 71
fusilli 60
futuro 179

G

gabbia 159
gabbiano 160
gabinetto 51, 68, 91, 98
galera 111
galleria 125, 198
gallina 160
gallo 160
gamba 17
gamberetti 61
gancio 92
gara 137, 145
garage 88
garantire 212
garanzia 212
garbato 26
garofano 161
gas 163
gastrite 77
gatto(-a) 159
gay 49
gelare 149
gelataio(-a) 218
gelateria 68
gelato 59
gelo 149
gelosia 36
geloso 36
gelso 162
gemello(-i) 56
generale 105
generare 170
generi alimentari 142
genero 53
generoso 28
gengiva 84
genitali 18
genitori 56
gennaio 177
gentile 27
geografia 117
geologia 117
geometra 131
Germania 150
gesto 47
gettare 157
ghiacciaio 153
ghiacciare 149
ghiaccio 149
ghiandola 18
già 180
giacca 71
giacca a vento 71

giallo 125, 103, 132
giardino 88, 155, 161
giglio 161
gilet 71
ginecologo 81
ginocchio 17
giocare a carte 22, 138
giocare a nascondino 22
giocare a palla 22
giocatore(-trice) 146
giocattolo 22
gioco 138
gioielleria 144
gioielliere 144
gioiello 73
giornalaio(-a) 144, 186
giornale 186
giornalista 186
giornata 147, 148
giorno 148, 176
giorno, l'altro ~ 179
giovane 22
giovanile 23
giovedì 176
gioventù 23
giovinezza 23
girare 129, 197
girasole 161
giro 139
giù 172
giubbotto 71
giubbotto di sicurezza 199
giudice 99
giugno 177
giungere 197
giurare 99
giustizia 37
giusto 26, 37
go(a)l 146
goccia 149
gocciolare 149
godere 34
godersi 137
gola 16
gomito 17
gomma 121, 168
gommone 204

gonfiarsi 77
gonna 71
governare 98
governo 98
grammatica 41
grammo 181
Gran Bretagna 150
grande 23
grande magazzino 144
grandinare 149
grandine 149
grano 162
granoturco 60
grappa 63
grasso 20, 61
grassoccio 19
gratuito 210
grave 75
grazioso 20
Grecia 150
greco(-a) 150
grembiule 73
gridare 36
grigio 125
grissini 59
grosso 19
grotta 154
gruccia 90
gruppo 44
guadagnare 214
guaio 58
guancia 16
guanti 73
guardare 29
guardaroba 68
guardarobiera 70
guardia 101, 218
guarigione 76
guarire 75
guarito 76
guasto 199
guerra 105
guida 140
guidare 196
gustare 31
gusto 31

H

handicap 80
handicappato(-a) 80
hardware 193

hashish 108
hobby 138
homepage 195
hotel 141

I

idea 39
ideale 37
idraulico 131, 218
ieri 179
ieri l'altro 179
ieri, l'altro ~ 179
igiene 50
illegale 99
illegittimo 55
illeso 78
imbarcarsi 204
imbianchino 218
imboccare 197
imbrogliare 46
imbroglione 111
imbucare 189
imitare 47
immaginare 39
immaginazione 38
immagine 39
immaturo 23
immediatamente 180
immondizie 157
immorale 37
imparare 120
impasto 60
impaziente 26
impegno 210
imperatore(-trice) 112
impermeabile 71
impianto stereo 128
impiegare 107
impiegato(-a) 217
impiego 107
importante 119
importanza 119
importare 211
imposta 102
imposta sul valore aggiunto 102
impotente 49
impotenza 49
impreciso 26
imprenditore (-trice) 207

impresa 207
impressione 39
imputato(-a) 100
in 172, 179
in alto 121, 173
in anticipo 178
in basso 121, 173
in cima 175
in comune 44
in condominio 89
in diretta 188
in fondo (a) 174
in giro 175
in mezzo a 175
in nero 102
in orario 202
in pace 30
in punto 177
in ritardo 178, 202
in seguito 179
in tempo 178
in tinta unita 74
in totale 183
inabile 26, 80
inaffidabile 26
incapace 80
incapacità 80
incaricare 211
incendiare 111
incendiario(-a) 111
incendio 148
incendio doloso 111
inciampare 17
incidente 78
incinta 56
includere 143
incluso 143
incolto 26
incolume 78
incontrare 135
incontrarsi 135
incontro 135
incoraggiare 47
incrocio 198
incubo 113
indeciso 26
indenne 78
indennità 103
indicare 121
indietro 173
indigestione 77
indipendente 98

indirizzo 189
indirizzo e-mail 195
indisponibile 26
indossare 21, 73
indovinare 137
indovinello 22
industria 206
industriale 206
inesperto 26
infanzia 22
infedeltà 55
infelice 34
inferiore 174
infermiera(-e) 84
infermo 24
inferno 114
infezione 77
infine 178
inflessibile 26
influenza 46, 77
influenzare 46
informare 46, 186
informarsi 46
informatica 193
informazione 186
infuso 63
ingannare 111
inganno 111
ingegnere 218
ingegnere edile 131
ingegneria 168
Inghilterra 150
ingiustizia 37
ingiusto 26, 37
inglese 150
ingrassare 19
ingresso 88
inibito 49
inibizioni 49
iniezione 82
iniziare 121
innamorato 33
innocente 100
innocenza 100
inquinamento 157
inquinare 157
insalata 62
insalata di pomodori 62
insalata mista 62
insalata verde 62
insalatiera 66

insegna 143
insegnamento 120
insegnante 120
insegnare 120
insetto 160
insincero 26
insipido 31
insistere 58
insonnia 77
installare 194
installazione 194
insultare 46
intanto 180
integrale 85
intelletto 38
intelligente 38
intelligenza 38
intendere 42
intendersi 44, 211
interessante 34
interessarsi 40, 138
interesse 34, 138
internauta 195
internazionale 94
Internet 195
interno 174
interprete 218
interruttore 170
intervallo 122
intervista 188
intestino 18
intollerante 26
intorno a 173
introduzione 185
invalidità 80
invalido 80
invecchiamento 24
invecchiare 24
inverno 177
investire 215
inviare 212
invidia 36
invidiare 36
invisibile 29
invitare 136
invito 136
ipermercato 144
irresponsabile 26
irrigare 155
irrigazione 155
irritabile 27
iscriversi 116

isola 152
istante 177
istituto 116
istituto professionale 116
istruttore(-trice) 120
istruzione 116
IVA 102

L

l'altro giorno 179
l'altro ieri 179
là 173
labbra 16
labbro 16
laboratorio 164
ladro(-a) 110, 111
ladrocinio 110
laggiù 172
lago 152
lamentarsi 28
lampada 91
lampadina 92
lampo 148
lamponi 62
lana 168
lancio 147
larghezza 181
largo 74, 181
largo di spalle 20
lasagne 60
lasciarsi andare 26
lassù 172
laterale 175
latino 117
lato 175
latte 59, 63
latte a lunga conservazione 59
latte intero 59
latte parzialmente scremato 59
lattina 171
lattuga 62
laurea 119
laurearsi 119
lavanderia 88
lavandino 92
lavapiatti 70
lavare 93
lavare i piatti 93
lavarsi 50
lavastoviglie 92
lavatrice 92
lavorare 107, 207, 209, 216
lavorare a maglia 138
lavorare a/in nero 102
lavorare all'uncinetto 138
lavorare con la ceramica 138
lavoratore(-trice) 208
lavorazione 207
lavori domestici 93
lavoro 107, 216
lavoro minorile 109
leader 97
lecca-lecca 60
legale 99
legare 111
legge 97, 99
leggenda 132
leggere 120
leggero 168, 181
legittimo 55
legna 168
legname 168
legno 168
lento 196
lenzuolo 91
leone(-ssa) 159
lepre 61, 159
lesbica 49
lesso 66
lettera 189, 220
letteratura 132
letteratura italiana 117
lettino 22
letto 91, 201
lettore(-trice) 91, 185
lezione 116, 120
lì 173
liberare 106
libertà 94
libreria 90, 184
libro 120, 184
libro illustrato 184
licenza 131
licenziamento 107
licenziare 107, 217
licenziarsi 107, 217
liceo 116
lieto 34
lieve 75
limitare 183
limite 183, 197
limite di velocità 197
limonata 63
limone 62
linea 19, 121, 192
lingua 16, 41
lingua straniera 117
liquidazione 209
liquido 163
liquore 63
lirica 132
liscio 21, 168
lista dei vini 69
lite 45
litigare 45
litro 181
livello 122
livido 79
locale 87
località 156
locanda 68
locandiere 70
locatario 89
locatore 89
longevità 24
lontano (da) 174
lordo 102
lotta 106
lozione 51
luce 91
luci 200
lucidare 72
luglio 177
lumaca 160
luna 147
luna di miele 54
lunedì 176
lunghezza 181
lungo 74, 181
luogo 156
lupo 159
lussare 79
lustrare 72
lutto 52

M

maccheroni 60
macchia 93, 154
macchina 169, 196
macchina fotografica 126
macchinario 169
macchinina 22
macedonia 62
macellaio 144, 218
macelleria 144
macinapepe 66
macinare 64
madre 53, 56
madrina 56
maestro(-a) 120
mafia 111
mafioso 111
magazzino 212
maggio 177
maggiorana 62
maggioranza 97
maggiore 128
maggiorenne 23
maglia 71
maglietta 72
maglietta a polo 71
maglione 71
magnetico 163
magnifico 43
magro 19
mai 180
maiale 159
mailbox 195
mais 60
mal di ... 82
malato(-a) 75
malattia 75
malavita 110
male 37, 75
malinconico 28
maltrattare 58
mammifero 158
mammone 58
mancanza 83
mancare 65, 83
mancia 70
mandare 189
maneggiare 169
mangereccio 162
mangiare 69
maniche 71

M

maniera 25
manifestazione 208
mano 17
manodopera 216
mansarda 88
mansueto 158
manuale 184
marca 144
marchetta 49
marcia 106, 200
marciapiede 198
mare 152, 204
margarina 61
margherita 161
marina 105
marinaio 204
marito 55
marmellata 62
marmo 168
marrone 125
martedì 176
martello 169
marzo 177
maschera 134
maschile 41, 49
maschio 15
massimo 182
masturbazione 49
matematica 117, 165
materia 117
materiale 168
matita 121
matrimonio 54
mattina 148, 176
mattinata 148
mattino 176
matto 27
mattone 131
maturità 116
maturo 23
mazzo 161
meccanico 199
medaglia 145
media 186
medicamento 83
medicina 83
medico di base 81
medico di famiglia 81
medico generico 81
medio 183

Mediterraneo 152
meglio 37
mela 62
melanzane 62
melodia 127
melograno 62
melone 62
membro 44
memoria 39, 194
memorizzare 194
mendicante 109
meno 182
mensa 68, 220
mensa dei poveri 109
mensile 177
menta 62
mentale 38
mente 38
mentine 60
mentire 42
mento 16
menù 69
meraviglioso 43
mercato 206
merce 212
merceria 144
merciaio 144
mercoledì 176
merenda 67
meridionale 151
meridione 151
meritare 43
merito 217
mescolare 64
mese 177
messa 115
messaggio 195
mestiere 217
metà 183
metallo 168
metro 181
metrò 205
metro quadrato 181
metropolitana 205
mettere 72
mettere a fuoco 126
mettere a posto 93
mettere in ordine 93
mettere le corna 55

mettere su peso 19
mettersi 74
mettersi d'accordo 42
mezz'ora 177
mezzanotte 176
mezzi pubblici 205
mezzo 183
mezzo di trasporto 196
Mezzogiorno 151
mezzogiorno 176
microonde 92
miei, i ~ 53
miele 62
migliaio 167
migliore 37
mille 167
millimetro 181
minacciare 46, 111
minestra 61
minestrone 61
mingherlino 19
minimo 182
ministero 98
ministro 98
minoranza 97
minore 23, 128
minorenne 23
minorile 23
minuto 177
miope 29
miopia 29
miracolo 115
mirtilli 62
miscela 164
miseria 109
missile 106
mistero 114
misura 163, 181
misurare 76, 82, 163, 181
misurino 66
mite 147
mittente 189
MMS 192
mobile 90
mocassini 72
moda 74
modello 216
modem 193
modesto 28
modo 25

modulo 101, 220
moglie 55
moltiplicare 165
molto 182
momento 177
mondiale 104
mondo 104
monello 23
moneta 138, 213
monitor 193
monokini 72
montagna 153
montare 64
monte 153
montone 60
moquette 91
morale 32, 37
morbido 168
mordere 158
more 62
morire 52
mortadella 61
mortale 52
morte 52
morto(-a) 52
mosaico 125
mosca 160
moschea 115
mostra 125
mostrare 125
motivare 113, 120
motivarsi 113
motivato 113
motivazione 113
motivo 110, 126
motocicletta 196
motore 169, 195
motore di ricerca 195
motoscafo 204
mouse 193
movimento 85
mozzarella di bufala 59
mucca 159
mucchio 182
multa 101, 200
municipio 156
muovere 145
muoversi 85, 145
muratore 131, 218
muro 88
muscolo 18
muscoloso 19
museo 125

musica 127
musicale 127
musicista 127
mutande 72
mutandine 72
muto 80

nascere 56
nascita 15, 56
nascondino, giocare a ~ 22
naso 16
natura 157
naturale 157
naufragare 204
nausea 76
nave 204
nave mercantile 204
nave passeggeri 204
navicella 147
navigare 195
navigatore 195
nazionale 94
nazionalità 94
nazione 94
né ... né 182
nebbia 149
nebbioso 149
negativo 126
negoziante 142
negoziare 104
negoziazioni 104
negozio 142
negozio ortofrutticolo 144
nel frattempo 180
nemico(-a) 46
neonato 22
nero 125
nervo 18
nervoso 18
nespole 62
netto 102
neve 149
nevicare 149
nido 159
niente 182
ninnananna 57
nipote 53
nocciola 62
noce 62
noia 34

noioso 34
noleggiare 89, 140
nome 15
nominare 98
non ... affatto 182
non ... mai 180
non ... nessuno 182
non veder l'ora 139
nonni 53
nonno(-a) 53
nord (del ~) 151
nostalgia 34
nota 128
notare 29
notevole 29
notizia 187
nottata 148
notte 148, 176
notturno 176
novella 132
novembre 177
nozze 54
nubile 15
nucleare 157, 163
nudo 74, 124
numero 74, 166, 191
numeroso 183
nuora 53
nuotare 146, 160
nuoto 146
nutrire 159
nutrirsi di 85, 158
nuvola 148
nuvoloso 148

obbligare 101
obbligatorio 196
obiettivo 126
oca 60, 160
occhiali 29
occhiata 30
occhio 16, 20
occidentale 151
occidente 151
occorrere 93
occupare 106
occuparsi di 211
occupato 191, 217

occupazione 106
oceano 152
oculista 81
odiare 35
odio 35
odorare 30
odore 30
offendere 46
offendersi 35
offerta 206, 212
offerta speciale 143
officina 199
offrire 212
oggi 178
Olanda 150
olandese 150
olfatto 30
olio 61
olio d'oliva 62
olio di semi 62
oliva 62
oltre (a) 175
ombra 147
ombrello 73
ombretto 51
omicidio 100
omosessuale 49
onda 163
onesto 26, 27
onore 47
opera 127, 132
operaio(-a) 217
operare 84, 206
operazione 84, 214
opinione 42
opposizione 98
opposto 175
ora 121, 177, 178
orario 202
orario di ambulatorio 81
orario di apertura 140
orchestra 128
ordinare 69, 93, 212
ordinato 93
ordine 69, 212
ordine, mettere in ~ 93
orecchiette 60
orecchio 16
orefice 144
oreficeria 144

orfano(-a) 57
orfanotrofio 57
organizzazione 104
organo 127
orgoglio 36
orgoglioso 36
orientale 151
oriente 151
origano 62
originale 125
origine 53
orinare 18
orizzonte 150
orologiaio 218
orologio 73, 92
orsacchiotto 22
orso 159
orticello 155
orto 155
ortopedico 81
orzo 60
orzo perlato 60
ospedale 84
ospite 68, 136
osservare 29, 164
osservazione 164
osso 18
oste 70
ostello della gioventù 141
osteria 68
ostile 46
ostilità 46
otorinolaringoiatra 81
ottenere 58
ottimistico 28
ottimo 37, 119
ottobre 177
otturare 84
ovatta 51
overall 73
ovest 151
ovvio 43

pacchetto 171, 189
pacco 171, 189
pace 104
padella 66
padre 53, 56
padrino 56
padrone(-a) 210

padrone(-a) di casa 86
paesaggio 124, 153
paese 94
paga 217
pagare 214
pagella 119
paghetta 58
pagina 185
pagine gialle 190
paglietta 73
palco(scenico) 130
palestra 85
palla, giocare a ~ 22
pallido 21
pallone 146
palmare 193
palude 154
pan carrè 59
pancetta 60
panchina 92
pancia 17
panciotto 71
pane 59
pane a cassetta 59
pane bianco 59
pane biscottato 59
pane di segale 59
pane integrale 59
pane nero 59
panetteria 144
panettiere 144
panineria 68
panino 59
panino imbottito 59
paninoteca 68
panna 59
panna acida 59
panna montata 59
pannolino 57
pantacalza 71
pantaloncini 71
pantaloni 71
pantatailleur 71
pantofole 72
Papa 115
papavero 161
pappagallo 160
paradiso 114

paralizzato 80
parcheggiare 200
parcheggio 200
parco 154
parente 53
parere 39
parete 88
pari 166
parka 71
parlamento 97
parlare 42
parlare più/meno forte 123
parmigiano 59
parola 41
parrocchia 115
parroco 115
parrucchiere(-a) 51, 218
partenza 140, 202, 203
partire 140
partita 145
partito 96
partner 55
pascolo 155
passaporto 140
passare 118
passatempo 138
passato 179
passeggero(-a) 202
passeggiare 137
passeggiata 137
passeggino 22
passera di mare 61
passero 160
passione 33
passivo 26
password 195
pasta 60
pasta all'uovo 60
pasta di grano duro 60
pasta fatta in casa 60
pasticcere 144
pasticceria 144
pasticcini 60
pastiglia 83
pastina in brodo 61
pasto 69
patata 62
patente 200

patrimonio 208
pattumiera 92
paura 113
pausa 220
pavimento 89
paziente 26, 81
peccare 114
peccato 114
pecora 159
pecorino 59
pediatra 81
pedonale 198
pedone 198
peggio 37
peggiore 37
pelare 64
pelle 18, 158
pelliccia 71
pelo 16, 158
pena 101
penale 99
pendolare 197
penisola 152
penna 159
penna a sfera 121
penna stilografica 121
pennello 124
pensarci 39
pensare 39
pensiero 39
pensionato(-a) 24
pensione 103, 141
pentirsi di 36
pentola 66
pepe 62
peperone 62
per 172
per cento 165
per ora 178
pera 62
percento 165
percorso 146
perdere 145, 211
perdere la strada 198
perdersi 198
perdita 211
perdonare 47
perfetto 41
pericolo 105
pericoloso 111
periferia 156
periodico 186
periodo 112, 177
perla 73

permesso 216
permettere 57
pernottamento 141
persona 15
personale 210
personalità 25, 113
persuadere 47
pesante 168, 181
pesare 181
pesca 62, 138
pescare 138
pescatore 218
pesce 61, 160
pesce rosso 160
pescecane 160
pescespada 61
peschereccio 204
pescheria 144
pescivendolo 144
peso 19, 163, 181
pessimistico 28
pessimo 37
pesto 61
petroliera 204
pettegolezzo 42
pettinare 51
pettinarsi 51
pettine 51
petto 17
pezzo 130
pezzo di ricambio 199
piacere 33, 138
piacevole 34
pianeta 147
piangere 36
piano 87
pianoforte 127
pianoterra 87
pianta 156, 161
piantare 161
piantarsi 194
pianura 154
piastrellista 131
piattino 66
piatto 64, 66
piatto del giorno 69
piatto pronto 59
piazza 156
picchiare 58, 111
piccione 160
piede 17
piegare 93

pieno 65
pietà 32
pietra 131
pigiama 72
pigliare 17
pigro 27
pillola 83
pilota 203
pino 162
pioggia 148
piovere 148
piovoso 149
pipa 108
piroscafo 204
piscina 88
piselli 61
pista 146
pistola 111
pittore(-trice) 124
pittura 124
più 182
più, il/la ~ 182
pizzeria 68
plastica 168
plurale 41
pneumatico 199
poco 182
poco attraente 20
poco fa 179
poesia 132
poeta(-ssa) 132
poetico 132
poi 179
polenta 60
politica 96
politico 96
Polizia di Stato 101
poliziotto(-a) 101
pollame 60
pollo 60, 160
polmone 18
polmonite 77
polo 150
polso 17
poltrona 90
polvere 93
pomata 83
pomeriggio 176
pomodoro 61
pompa 169
pompelmo 62
ponte 84
popolare 130
popolazione 95
popolo 94

porgere 17
porta 88
portacenere 108
portafogli(o) 73, 214
portamonete 73
portare 72, 73
portare i calzoni 55
portatile 193
portavoce 187
portiere(-a) 141
portinaio(-a) 218
porto 152, 204
Portogallo 150
portoghese 150
porzione 70
posizione 175
possedere 207
possesso 207
posta 189
posta elettronica 195
postale 189
posto 130
posto di lavoro 107, 216
potente 169
potenza 169
poter soffrire 35
potere 96
povero(-a) 109
povertà 109
pranzare 67
pranzo 67
prateria 154
pratica 123, 220
praticare 123
prato 88
preciso 26
predicare 115
preferire 35
prefisso 191
pregare 115
preghiera 115
pregiudizio 36
prelevare 214
prelievo 214
prematuro 23
prendere 17, 69, 123
prendere appunti 123
prendere in considerazione 40
prendere per 47

prendersi cura di 53
prenotare 68, 141
prenotare un posto 201
prenotazione 68, 141
preoccuparsi 32
preoccupato 32
preparare 64
prepararsi 64, 118
preparativo 135
presa 170
presbite 29
prescrivere 83
presentare 136
presente 121, 178
preside 217
presidente 98
pressare 64
pressione 82, 169
pressione del sangue 82
prestare 214
prestazione sociale 103
presto 176
presuntuoso 28
prete 115
prevedere 207
prevenire 85
prevenuto 36
previdenza 103
prezioso 73
prezzemolo 62
prezzo 208
prigione 101
prigioniero(-a) 106
prima 128
primavera 177
principio 25
privato 206
privo di 28
privo di fascino 28
privo di mezzi 109
procedere 122
processo 99
prodotto 207
produrre 207
produttore(-trice) 207
produzione 207
professionale 107

professione 217
professionista 145
professore(-essa) 120
profitto 208, 211
profondità 181
profondo 152, 181
profumo 31, 51
progettare 131
progettazione 131
progetto 131
programma 130, 188, 193
progressivo 28
progresso 122
proibire 58, 200
proibito 200
promettere 47
promuovere 105
pronto 180
pronto soccorso 84
pronuncia 41
pronunciare 41
proporre 69
proposta 69, 123
proprietario(-a) 207
prosa 132
prosciutto cotto 61
prosciutto crudo 61
prossimo 178
prostituta 49
prostituzione 49
proteggere 101
protesta 107
protestante 114
protestare 107
prova 99
provare 32, 74
provare a 122
provincia 95
provocare 48
prudere 77
prugna 62
prurito 77
psicologia 113
psicologico 113
psicologo(-a) 113
pub 68
pubblicare 184
pubblicità 210

pubblicitario 210
pubblicizzare 210
pubblico 129, 206
pubertà 23
pugnalare 111
pugno 17
pulire 64, 93
pulito(-a) 93
pulizia 50
pullman 205
pullover 71
pungere 160
punire 101
puntata 188
punto di vista 33
puntuale 178
puntura 82
puzza 31
puzzare 31
puzzo 31

Q

qua 173
quaderno 121
quadrato 165
quadro 124
qualcuno 191
qualità 37
quando 180
quanto 182
quartiere 95, 156
quarto 183
quasi 182
quercia 162
questione 187
questo 178
qui 173
quotidiano 186

R

rabbia 35
raccogliere 93, 155
raccolta 155, 157
raccolto 155
raccomandare 69
raccomandata 189
raccontare 43, 57
racconto 57
radicchio 62
radice 161
radio 188
radiografia 82
radura 154
raffreddore 76
ragazza squillo 49
ragazzo di vita 49
ragazzo(-a) 44
raggiante 21
raggio 147
raggiungere 197
ragionare 38
ragione 38
ragionevole 38
ragioniere(-a) 218
ragno 160
ragù 61
rallentare 197
ramo 162
rana 160
rapimento 110
rapina 110
rapina in banca 111
rapinare 110
rapinatore 110
rapire 110
rapitore 110
rapporto 44, 104
rappresentante 212
rappresentare 212
rappresentazione 129
raramente 180
raro 180
rasoio 50
ratto 159
ravanelli 61
ravioli 60
razza 158
re 112
realizzare 211
realtà 186
reato 100, 110
reazione 47
recitare 130
record 145
redattore(-trice) 187
redazionale 187
redazione 187
reddito 102
regalare 134
regalo 134
reggiseno 72
regia 130
regina 112
regionale 94
regione 94, 151
regista 130
registrare 188
registrarsi 194
registratore 91
regola 200
regolare 169
relazione 44
relazione extra-coniugale 55
religione 114, 117
religioso 114
remissivo 28
rendere 47, 157
rene 18
reparto 210
repubblica 96
residenza 15, 106
respirare 82
respiro 16
responsabile 26
responsabilità 210
restare 75
restituire 102
resto 144
rete elettrica 170
retrobottega 143
rettangolare 165
rettangolo 165
rettile 160
rianimare 79
riassumere 120
riassunto 120
riavvolgere 126
ribes 62
ricamare 138
ricaricare 190
ricattare 110
ricattatore 110
ricatto 110
ricchezza 208
riccio 21
riccio(lo) 21
ricco(-a) 109
ricerca 210
ricetta 83
ricevere 189
ricevitore 192
ricevuta 102, 144
richiedere 140
richiesta 140
riciclaggio 157
riciclare 157
riconoscere 194
riconoscimento 194
ricordare 39, 48
ricordarsi 39
ricordo 134
ricoverare 79
ridere 36
ridicolo 27
ridurre 80, 183, 217
ridursi 183
riduzione 80, 183, 217
riempire 65
rifare 87
riferirsi 220
rifiutare 105, 136
rifiutarsi 105, 136
rifiuti 157
rifiuto 136
riflessione 39
riflettere 39
rigatoni 60
rigido 147, 168
riguardare 123
riguardarsi 76
rilassarsi 138
rilassato 28
rima 132
rimandare 133
rimanere 75
rimmel 51
rimproverare 58
rimprovero 58
ringraziare 136
rinnovare 89
rinunciare 108
riordinare 93
riparare 199
riparazione 199
ripartire 194
ripetere 123, 188
ripetizione 188
ripido 153
riportare 187
riposare 137
riposarsi 137
riprendersi 76
riqualificazione professionale 107
risata 137

riscaldamento 89
rischiare 108
rischio 215
riserva 212
riservare 68
riservato 28
riso 60
risolvere 121
risparmiare 143, 215
rispettare 48
rispettoso 28
rispondere 42
risposta 42
rissa 111
ristorante 68, 201
ristoratore 70
ristrutturare 87
risultare 83
risultato 83
risuolare 72
ritardato(-a) 80
ritardo 140
ritenere 38
ritirare 214
ritmo 128
ritornare 139
ritrattare 124
ritratto 124
riunione 135, 219
riunirsi 104
riuscire 211
riva 152
rivestirsi 82
rivista 186
rivolgersi a 99, 219
rivoluzione 112
roba 108
robiola 59
robusto 19
roccia 153
romano(-a) 112
romanzetto 132
romanzo 132
romanzo rosa 132
rompere 78
rompersi 78
rondine 160
ronzare 160
rosa 161
roseo 21
rosmarino 62
rosolare 65
rospo 160

rossetto 51
rosso 125
rosticceria 68
rotaia 201
rotta 204
roulotte 86
rovina 86
rovinare 91
rubare 110
rubinetto 92
rubrica 187
rucola 62
ruga 21
rumore 30
rumoroso 199
ruolo 130
ruota 199
Russia 151
russo(-a) 151
ruvido 168

S

sabato 176
sabbia 154
sacchetto 171
sacco 171
sala 129
sala d'aspetto 201
sala d'attesa 81
sala da pranzo 87
sala hobby 88
sala riunioni 219
salame 61
sale 62
salice 162
salire 17, 87, 205, 208
salmone 61
salmone affumicato 61
salopette 71
salotto 87
salsa 61
saltare 17, 158
salumeria 144
salumi 61
salumiere 144
salutare 135
salute 85
saluto 135
salvare 194
salvia 62
sandali 72

sangue 18
sanguinare 79
santo(-a) 115
santuario 115
sapere 31, 40, 122
sapone 50
sapore 31
sarto(-a) 218
satellite 147
satira 132
satirico 132
sbadato 27
sbagliare 122
sbagliarsi 123
sbagliato 37
sbaglio 122
sbarcare a terra 204
sbattere 64
sbornia 108
sbrigare 220
sbrigarsi 205
scadere 66
scaffale 90, 143
scala 87, 128
scalo 203
scalpello 169
scambiare per 47
scanner 193
scaricare 194
scaricarsi 170
scarico 170
scarpa 72
scarpe coi tacchi alti 72
scarpe da ginnastica 72
scarpe scollate 72
scarpe stringate 72
scatola 66, 171
scattare alcune foto 126
scavalcare 17
scegliere 69
scelta 142
scena 130
scendere 17, 87, 205, 208
scendere a terra 204
scheda telefonica 138
scheletro 18

schermo 129, 193
scherzare 137
scherzo 137
schiaccianoci 66
schiacciare 65
schiantarsi 78
schiavo(-a) 112
schiena 18
schiuma da barba 50
scialle 73
sciare 146
sciarpa 73
scientifico 163
scienza 117, 163
scienziato(-a) 163
scimmia 159
sciocchezza 27
sciocco 27
sciogliere 97
sciogliersi 149
scioperare 107, 208
sciopero 107, 208
scippatore 111
scippo 111
scivolare 78
scivolo 22
scodella 66
scogliera rocciosa 153
scoglio 153
scoiattolo 159
scolare 65
scolaro(-a) 120
scolastico 116
scolpire 125
scommettere 137
scomparire 76
scompartimento 201
sconfiggere 146
sconfitta 106
sconnettersi 195
scontento 35
sconto 143
scontrino 102, 144, 214
scontro 78
scopa 93
scopare 93
scopo 120
scoppiare 105, 164
scorrere 152
scorso 178

scorta 212
scortese 26
scottarsi 79
scottatura 79
scrittore(-trice) 132
scrivania 90, 220
scrivere 121, 220
scultore(-trice) 125
scultura 125
scuola 116
scuola elementare 116
scuola media 116
scuola secondaria superiore 116
scuro 20
scusare 48
scusarsi 48
seccare 48
secchio 171
secolo 177
secondo 177
sede 209
sedere 18
sedia 90
sega 169
segale 60
segare 169
seggiovia 154
segnalare 187
segnale 191, 198
segnare 146
segretario(-a) 219
segreteria telefonica 190
seguire 48
self-service 68
selva 154
selvaggina 61
selvaggio 158
semaforo 198
sembrare 29
seme 155
seminare 155
semplice 27
sempre 180
senape 62
senatore(-trice) 97
senile 24
senilità 24
senior 24
seno 17
sensazione 29

sensibile 28, 84
senso 29
sentiero 154
sentimentale 36
sentimento 32
sentire 30, 31
sentirsi 32
senza lavoro 107
senza maniche 71
separare 65
separarsi 55
separato 15
sepoltura 52
seppellire 52
seppie 61
sequestrare 110
sequestratore 110
sequestro 110
sera 148, 176
serata 148
sereno 148
serio 27
serpente 160
serranda 143
servire 70
servirsi di 205
servizi 87
servizio 70, 187, 206
servizio di assistenza 199
servizio militare 105
sesso 49
sessuale 49
sessualità 49
seta 74, 168
sete 29
settembre 177
settentrionale 151
settentrione 151
settimana 176
settimanale 186
settore 206
sexy 49
sfacciato 28
sfidare 145
sgarbato 26
sgombro 61
sgridare 58
sgualcito 21
sguardo 30
sguattero 70
shampoo 50
shock 79

shorts 71
sicurezza 105
sicurezza sociale 103
sigaretta 108
sigaro 108
significare 122
significato 122
silenzio 123
silenzioso 26
sillabare 191
simbolo 164, 193
sinagoga 115
sincero 26
sindacato 208
sindaco 156
singolare 41
singolo 141
sinistra, essere di ~ 96
sinistro 173
sintesi 164
sintetico 164
sintetizzare 164
sintomo 76
sistema 96
sistemare 93
sito Internet 195
sito web 195
situazione 105
slacciare 72
slip 72
slitta 22
slogare 79
smacchiare 93
smalto per unghie 51
SMS 192
snello 19
soccorso 79
sociale 103
società 94, 209
socio(-a) 44
soddisfacente 119
soddisfatto 35
soddisfazione 35
sofà 90
sofferenza 109
soffiare 51
soffitta 89
soffitto 89
soffocamento 79
soffocare 79
soffrire 76
software 193
soggetto 124, 126

soggiorno 87, 139
sogliola 61
sognare 113
sogno 113
solare 157
soldato 105
soldi 213
sole 147
soleggiato 147
solido 163
sollevare 136
solo 34
somaro 159
somma 165
sommare 165
sommelier 70
sopportare 35
sopra 174
sordo 30, 80
sordomuto 80
sorella 53
sorgente 152
sorgere 176
sorgere del sole 176
sorpassare 197
sorprendere 33
sorpresa 33
sorridere 36
sorriso 36
sospendere 203
sospettare 100
sospetto(-a) 100
sostantivo 41
sostanza 164
sostare 197
sott'aceto 66
sott'olio 66
sottile 64, 168
sotto 174
sottoveste 72
sottrarre 165
spaccio di droga 108
spaghetteria 68
spaghetti 60
Spagna 151
spagnolo(-a) 151
spalla 16
spalmare 65
sparare 111
sparecchiare 67, 93
spaventarsi 32
spavento 33

spaziale 147
spazio 147, 175
spazzola 50
spazzolare 50
spazzolino (da denti) 50
specchio 92
speciale 70
specialista 81
specialità 70
spedire 212
spedire per/via fax 192
spegnere 91, 170, 194
spendere 214
spento 91
speranza 36
speranza di vita 24
sperare 36
spesa 142
spesso 64, 168, 180
spettacolo 129
spettatore(-trice) 129, 146
spezie 62
spia 105
spiacevole 34
spiaggia 152
spicci 213
spiegare 43, 120
spiegazione 120
spiegazzato 21
spietato 27
spillo 92
spina 160, 170
spinaci 61
spinello 108
spingere 144
spirito 38
splendere 147
splendido 147
spogliarsi 74, 82
spolverare 93
sporcizia 93
sporco 21, 93
sport 145
sportello 202
sportivo(-a) 145
sposare(-arsi) 54
sposato 15
sposo(-a) 54
spremere 65
spugna 50

spumante 63
spuntino 68
squadra 100, 146
squalo 160
staccare 170
stadio 146
stagione 177
stalla 155
stamattina 176
stampa 185, 186, 193
stampante 193
stampare 185, 193
stampe 189
stancare 34
stanotte 176
stanza 87
stare bene 74
stare in piedi 205
stare male 76
starnutire 77
Stato 94
stato civile 15
Stato del Vaticano 151
statua 125
statura 19
stazione 201
stazione di servizio 199
stella 147
stile 74
stipendio 217
stirare 93
stivale 72
stivali di gomma 72
stoffa 74, 168
stomaco 18
storcere 79
storia 112, 117
storico(-a) 112
storpiarsi 80
storpio 80
strada 156, 198
stradale 198
strangolare 111
straniero(-a) 94
strappare 220
strappo 77
stretto 45, 74
strillare 43
stringere 17, 72
strisciare 160
strozzare 111

strumento (musicale) 127
stucco 131
studente(-tessa) 121
studiare 120
studio 87, 219
studio medico 81
stufare 65
stupendo 43
stupido 27
stupire 33
stupirsi 33
stupito 33
stuprare 110
stupratore 110
stupro 110
stuzzicadenti 70
su 172
subconscio 113
subito 180
successo 130
succo di frutta 63
sud (del ~) 151
sudare 18
sudicio 21
sudore 18
sufficiente 119
sugo 61
sugo di pomodoro 61
suicidio 52
suoceri 53
suocero(-a) 53
suola 72
suolo 153
suonare 30, 88, 127
suoneria 192
suono 30
suora 115
superalcolico 63
superficie 87
superiore 116, 174, 219
supermercato 144
supplemento 141, 187
surgelati 59
sussidio 103
sussurrare 43
svantaggiato 109
sveglia 92
svendita 144
svenimento 77
sviluppare 126

Svizzera 151
svizzero(-a) 151
svolgere 211
sweat-shirt 71

T

tabaccaio 144
tabaccheria 144
tabacco 108
tabella 121
taccagno 28
taccheggiatore 111
taccheggio 111
tacchino 60
tacco 72
tacere 48
taciturno 30
taglia 74
tagliare 64, 162
tagliatelle verdi 60
taglio 21, 51
tagliuzzare 64
tailleur 71
talvolta 180
tangenziale 198
tapparella 90
tappeto 91
tardi 176
targa 200
tariffa 141
tartaro 84
tartufo 162
tasca 71
tassa 102
tassì 205
tasso 107
tastiera 193
tasto 193
tatto 31
tavola 90
tavola calda 68
tavoletta di cioccolata 60
tavolino 90
tavolo 67, 90
taxi 205
tazza 66
tè 63
teatro 129
tecnica 168
tecnico 218
tecnologia 168
tecnologico 168
tedesco(-a) 150

tegame 66
teiera 66
tela 124
telecomando 188
telefax 192
telefonare 190, 191
telefonata 190
telefonico 190
telefonino 192
telefono 190
telefono cellulare 192
telegiornale 188
televisione 188
televisivo 188
televisore 91, 188
tema 117
temere 32
temperamento 25
temperatura 148
tempesta 149
tempio 115
tempo 128, 147, 178
tempo libero 138
temporale 148
tenaglia 169
tenda 86
tende 90
tendenza 25
tendere a 25
tenerci a 26
tenero 33, 168
teoria 163
teorico(-a) 163
terapia 113
terapista 113
tergicristallo 200
terminare 121
termometro 76, 148
terra 150
Terra 150
terrazza 88
terreno 151
terrestre 150
terribile 43
terrina 66
territorio 151
tesi 119
teso 28
tesoro 48
tessuto 74
test 118
testa 16

testamento 52
testare 118
testimone 55, 99
testo 120
tetto 89
tiepido 148
tifoso(-a) 146
tiglio 162
tigre 159
timbrare 189
timbro 189
timido 26
timo 62
tipico 64
tipo 25
tiramisù 70
tirare 17
tisana 63, 85
titolo 186
toast 66
toccare 31
toccare (a) 122
togliere 72
togliersi 74
tollerante 26
tollerare 35
tomba 52
tonnellata 181
tonno 61
tono 30, 128
tonsillite 77
top 71
topo 159
tornare 139
toro 159
torrente 152
torta 60
torto 37
tosse 77
tossire 77
tostapane 66
tostare 66
tra 174, 179
traccia 159
tradizionale 112
tradizione 112
tradurre 185
traduzione 185
traffico 198
tragedia 130, 132
traghetto 204
tragico 132
tram 205
trama 130
tramezzino 59
tramontare 176

tramonto 176
tranquillo 30
trapanare 169
trapano 169
trascorrere 133
trascurare 58
trascurato 21
trasferirsi 86
trasformare 163
traslocare 86
trasloco 86
trasmettere 188
trasporto 205
trattamento 83
trattare 48
trattoria 68
treccia 21
tremare 75
trench 71
trenino 22
treno 201
triangolare 165
triangolo 165
tribunale 99
triste 34
tristezza 34
tritare 64
tronco 162
troppo 182
trota 61
trovare 86, 142
trovarsi 135
truccarsi 51
trucco 51
truffa 111
truffare 111
truffatore 111
truppa 105
T-shirt 71
tubo 169
tulipano 161
tumore 77
tuono 148
Turchia 151
turco(-a) 151
turismo 139
turista 139
turistico 139
turno 202
tuta 73
tuta da ginnastica 71
tutela 157
tutelare 157
tutto 182
TV 188

U

ubbidire 57
ubriacarsi 108
ubriaco(-a) 108
uccello 159
uccidere 52
udito 30
UE 104
ufficiale 105
ufficio 219
ufficio anagrafico 54
uguale 165
ulcera 77
ultimamente 179
ultimo 145
umano 15
umido 149
umore 33
un po' 182
unghia 17
unico 183
uniforme 105
unione 94, 104
Unione Europea 104
unire 164
università 116
universitario 116
universo 147
uomo 15
uomo d'affari 209
uova all'occhio di bue 59
uova strapazzate 59
uovo 59
uovo alla coque 59
uovo sodo 59
urgente 189
urina 18
urlare 43
urna cineraria 52
usare 193
usato 196
uscire 88, 135, 194
uscita 88, 202
uso 169
ustionarsi 79
ustione 79
utile 169
utilizzare 169
uva 62
uvetta 62

V

vacanza 133
vacca 159
vagone 201
vagone ristorante 68
valere la pena 122
valido 140
valigia 140, 171
valle 154
valore 213
vantaggio 117
vantarsi di 28
vapore 163
vaporetto 204
vasca da bagno 92
vasetto 57, 66, 171
vassoio 66
vecchiaia 24
vecchio 24
vedere 29
vedovo(-a) 55
vegetale 161
vegetazione 161
veicolo 196
velenoso 162
veloce 196
velocità 163
vena 18
vendere 211
vendita 211
venerdì 176
venire a prendere 139
vento 149
ventoso 149
ventre 18
vera 54
verbale 97
verbo 41
verde 125
verdure ed ortaggi 61
vergogna 33
vergognarsi 37
verme 160
vermicelli 60
versamento 215
versare 65, 215
verso 174
vespa 160
vestaglia 72
vestire 73
vestirsi 73
vestito 21, 71, 73
vestito da sposa 71
veterinario(-a) 160
vetrina 143
vetro 131, 168
vetta 153
via 156, 172, 198
viaggiare 139
viaggiatore(-trice) 139
viaggio 139, 202
viale 156
vicino (a) 174
vicino(-a) 45
videoregistratore 91
vietare 58, 200
vietato 200
vigile(-essa) 101
vigliacco 28
vigneto 155
vincere 145
vino 63
violentare 110
violento 111
violenza 111
violino 127
virus 195
visibile 29
visita 135
visita medica 83
visitare 82, 83, 135, 139
viso 20
vista 29
visto 140
vita 55
vitamina 85
vite 162, 169
vitello 159
viticcio 162
vittima 79, 110
vittoria 106
vivace 22
viziare 58
viziato 23
voce 43
voglia 137
volare 159, 203
voler dire 122
volere bene 33
volo 203
volpe 159
volta 178
voltare 197
volume 30
vomitare 76
vomito 76
vongola 61
votare 96
voto 96, 119
vulcano 153
vuoto 65

W

week-end 133

Y

yacht 204
yogurt 59

Z

zaino 140
zanzara 160
zero 166
zio(-a) 53
zitto 26
zona 156
zona disco 200
zoo 137
zucca 62, 66
zuccheriera 66
zucchero 62
zucchine 62
zuppiera 66

Register Deutsch

Das alphabetische Register enthält alle fett gedruckten Einträge des thematischen Wortschatzes sowie alle wichtigen Begriffe der Info-Boxen.

A

abbauen 217
abbiegen 197
abdecken 65, 67
Abend 176
Abend, zu ~ essen 67
Abendessen 67
Abendkleid 71
abfahren 140
Abfahrt 140, 202
Abfall 157
abfinden, sich 35
Abflug 140, 203
Abgabe 102
abgeben 123
Abgeordnete(r) 97
abgießen 65
abheben 214
Abhebung 214
abholen 139, 214
abhorchen 82
Abitur 116
abklemmen 170
Abkommen 104
ablaufen 66, 72
ablehnen 105, 136
Ablehnung 136
abnehmen 20, 74
Abonnement 129, 187
Abonnent(in) 187
abonnieren 129, 187
abonniert 129
abräumen 93
abräumen, den Tisch ~ 67
Abreise 140
abreisen 140
Absatz 72
abschalten 170
Abschied 136

abschließen 88, 101, 121
abschließen, das Studium ~ 119
Abschluss 101
Abschlusszeugnis 119
abschreiben 118
Abschuss 147
Absender(in) 189
abspeichern 194
absperren 88
abstauben 93
abstimmen 96
Abstimmung 96
Absturz 194
abstürzen 78, 194
Abteil 201
Abteilung 210
abtrocknen, (sich) 50, 93
abwägen 40
abwarten, es nicht ~ können 139
abwerfen 157
abwesend 121
abwickeln 211
achten 48
Acker 154
Action 130
addieren 165
Adjektiv 41
adoptieren 57
Adresse 189
Adverb 41
Affe 159
Afrika 150
Afrikaner(in) 150
afrikanisch 150
After 18
ähnlich sein 58
Ahnung 39
Akku(mulator) 192
Akt 124, 130
Akte 220
aktiv 26
aktivieren 194
Aktivität 117

aktualisieren 195
Aktualität 186
aktuell 186
Akzent 41
albern 27
Alkohol 164
Alkoholiker(in) 108
alle(s) 182
Allee 156
allein 34
Allergie 77
allergisch 77
Almosen 109
Alpen 153
Alphabet 41
alpin 153
Alptraum 113
als 180
alt 24, 112
alt werden 24
Altenheim 24
Altenpfleger(in) 24
Alter 15, 24
älter 24
Altern 24
alternativ 157
Altersheim 24
altersschwach 24
am Ende 174
Amateur(-) 145
Ambulanz 84
Ameise 160
Amerika 150
Amerikaner(in) 150
amerikanisch 150
Amt 98
amüsant 27
amüsieren, sich 137
an 91, 172, 174
an Bord 203
an Land gehen 204
Analyse 164
Ananas 62
anbauen 155

anbeten 34
anbieten 212
anbraten 65
Andenken 134
Anfall 76
anfangen 121
anfreunden, sich 45
Angebot 143, 206, 212
Angebot, günstiges ~ 143
angehen 75, 123
Angehörige(r) einer sozialen Randgruppe 103
Angeklagte(r) 100
Angelegenheit 187
angeln 138
angenehm 34
angespannt 28
Angestellte(r) 210, 217, 218
angreifen 105
Angriff 105
Angst 113
Angst haben vor 32
anhalten 197
Anker 204
Anklage 99
anklagen 99
anklicken 194
anknipsen 170
ankommen 140
ankündigen 187
Ankunft 140, 202, 203
anlächeln 36
anmachen 64
anmaßend 28
anmelden, sich 116, 194
annehmen 39, 213
Annonce 186
Anorak 71

anordnen 141
anpflanzen 155, 161
anprobieren 74
anrichten 58
Anruf 190
Anrufbeantworter 190
anrufen 190
anschalten 194
Anschein 19
anschließen 170
Anschluss 202
anschnallen, sich 200
anschwellen 77
Ansicht 33, 39
anstellen 58, 217
anstoßen 136
Anstrengung 82
antik 112
Antiquitäten 138
Antrag 140
Antwort 42
antworten 42
Anus 18
Anwendung 83
anwesend 121
Anzeichen 76
Anzeige 99
anzeigen 99
anziehen 72, 74
anziehen, (sich) 73
Anzug 71
anzünden 108
Aperitif 63
Apfel 62
Apfelsine 62
Apotheke 144
Apotheker(in) 144
Apparat 126
Appetit 31, 82
applaudieren 129
Applaus 129
Aprikose 62
April 177
Äquator 150
Ära 112
Arbeit(s-) 107, 119, 216
arbeiten 107, 209, 216
Arbeiter(in) 217
Arbeiter, Team von ~n 100

Arbeitgeber(in) 216
Arbeitnehmer(in) 208
Arbeitskräfte 216
arbeitslos 107
Arbeitslose(r) 107
Arbeitsplatz 107, 216
Arbeitszimmer 87
Architekt(in) 131
architektonisch 131
Architektur 131
Archiv 185
Ärger 35, 58
arm 109
Arm(e) 17
Armband 73
Arme 109
Armee 105
ärmellos 71
Armreif 73
Armut 109
Aroma 31
Art 25, 96
Arterie 18
Artikel 186, 212
Artischocken 62
Arzt 81
Ärztin 81
ärztliche Untersuchung 83
Arztpraxis 81
Aschenbecher 108
Asiat(in) 150
asiatisch 150
Asien 150
Aspekt 19
Assistent(in) 210
Ast 162
Astronaut(in) 147
Astronomie 117, 147
at 195
Atem 16
Athlet(in) 145
atmen 82
Atmosphäre 132, 147
Atom(-) 157, 163
Atomkraft- 163
attraktiv 49
Attraktivität 20
Auberginen 62

Auditorium 116
auf 17, 172
auf der Spitze 175
Aufbau 125
aufbewahren 66
Aufenthalt 139
Aufführung 129
auffüllen 65
aufgehen 176
aufgeräumt 93
aufgeregt 28, 49
aufhalten sich 197
aufhängen 90
aufheben 136
aufladen 170
auflösen 97
aufmachen 123
Aufnahme 126
aufnehmen 188
aufpassen 122
Aufpreis 141
aufräumen 93
aufregend 32
aufsammeln 93
Aufsatz 117
Aufschlag 141
aufsetzen 55, 74
aufwischen 93
aufzeichnen 188
aufzeigen 121
aufziehen 159
Aufzug 87
Auge 16, 20
Auge, ins ~ sehen 75
Augenarzt 81
Augenblick 177
Augenblick, für den ~ 178
August 177
Aula 116
aus 172
Ausbilder(in) 120
Ausbildung 116
ausbrechen 101, 105, 164
Ausdruck 19, 41, 193
ausdrücken, (sich) 42, 64
ausfallen 83
ausfallen lassen 203

ausführen 194, 211
ausfüllen 65, 220
Ausgang 88, 202
ausgeben 214
ausgeglichen 27
ausgeben 88, 135
ausgeschaltet 91
ausgezeichnet 37, 119
auskennen, sich 211
ausknipsen 170
auskommen 44
auskugeln 79
Ausland, im ~ 139
Ausländer(in) 94
Ausländer(in), nicht aus der EU stammende(r) 94
ausländisch 94
ausliefern 212
ausloggen, sich 195
ausmachen 33
ausnutzen 103
auspressen 65
ausrauben 110
ausrechnen 165
Ausrede 48
ausreichend 119
ausrenken 79
ausruhen, (sich) 137
ausrutschen 78
ausschalten 91, 170, 194
ausschimpfen 58
Aussehen 19
Außen- 174
außer Betrieb 213
Äußere 174
äußere(-r, -s) 174
außereheliches (Liebes-)Verhältnis 55
außerstande 80
aussetzen 203
Aussicht 29
Aussprache 41
aussprechen 41
Ausstattung 90
ausstehen 35
aussteigen 17, 205

ausstellen 125
Ausstellung 125
ausstrahlen 188
Australien 150
Australier(in) 150
australisch, 150
ausüben 211
Auswahl 142
Ausweis 185
ausziehen, (sich) 72, 74, 82
ausziehen, sich nackt ~ 74
Auszubildende(r) 217
Auto 196
Autofahrer(in) 196
Autogramm 138
automatisch 169
Autor(in) 132, 185
Autostopp 140
azurblau 125

Baby 22
Babysitter 22
Backe 16
Bäcker 144
Bäckerei 144
Backform 66
Backofen 66, 92
Backstein 131
Bad 50, 87, 91
Badeanzug für Damen 72
Badeanzug, einteiliger ~ für Damen 72
Badehose für Herren 72
Badekleidung 72
Bademantel 72
baden 57
Badewanne 92
Badezimmer 50, 87
Bahn(-) 146, 201
Bahnhof 201
Bahnsteig 201
bald 176
Balg 23
Balkon 88
Ball 20, 128
Ballett 128

Balsamessig 62
Banane 62
Band 128
Bank 92, 215
Banknote 213
Bankraub 111
Bar 68
Bär 159
Bar mit Schnellimbiss 68
Bargeld 213
Barkeeper 70
Base 53
Basilika 115
Basilikum 62
Baskenkappe 73
Basteln 138
Batterie 170
Bauch 17, 18
bauen 131
Bauer 155
Bäuerin 155
Bauernhaus 155
Bauingenieur 131
Baum 162
Baumwolle 168
Baustelle 131
Bauwerk 131
Bauwesen 131
Beamte(r) 217
Beamtin 217
beantragen 140
bearbeiten 194, 207
Bearbeitung 207
beauftragen 211
Bechamel-Sauce 61
Becher 171
bedanken, sich 136
bedeckt 148
bedenken 40
bedeuten 122
Bedeutung 119, 122
Bedeutung, von grundlegender ~ 96
bedienen 70, 193
Bedienung 70
Bedingung 216
bedrohen 46, 111
Bedürfnis 33
Bedürftige, den ~n helfen 109

beeilen, sich 205
beeinflussen 46
beeinträchtigen 80
Beeinträchtigung 80
beenden 101, 121
Beerdigung 52
Beet 88
befolgen 57
befördern 105
Beförderung 205
befreien 106
befriedigend 119
befriedigt 35
Befriedigung 35
Befugnis 219
befugt 219
befürchten 32
begegnen 135
Begegnung 135
begehen 110, 134
begehren 34
Begehren 34
begeistert 35
Begeisterung 35
beginnen 121
begleiten 127, 135
beglückwünschen 118
begraben 52
Begräbnis 52
begreifen 40
begrenzen 183
Begrenzung 183
begrüßen 135
Behälter 171
behandeln 48, 79
Behandlungsraum 81
beharren auf 58
behindert 80
Behinderte(r) 80
Behinderung 80
bei 172
Beichte 115
beichten 115
Beignet 60
Beilage 69, 187
Beileid 52
Bein 17
beinhalten 143, 183
Beisetzung 52
Beispiel 123
beißen 158

Beißzange 169
Bekannte(r) 45
Bekanntgabe 186
Bekanntschaft 45
beklagen, sich 28
bekommen 189
belästigen 48
Beleg 102, 144
belegtes Brötchen 59
beleibt 19
beleidigen 46
beleidigt sein 35
beliebt 130
bemalt 124
bemerken 29, 40
bemühen, sich 122
benachrichtigen 56, 187
benachteiligt 109
Benehmen 25
benehmen, sich 25, 113
beneiden 36
benötigen 93, 103
benutzen 169, 193, 205
Benutzerkennwort 195
Benzin 199
beobachten 29, 164
Beobachtung 164
bequem 90
Berater, technischer ~ 218
berauben 110
berechnen 121, 214
bereit 180
bereuen 36
Berg 153
Bericht 186, 187
berichten 187
Bermudashorts 71
berücksichtigen 40
Beruf 217
Berufsfachschule 116
beruhigen, (sich) 56
berühmt 130
berühren 31

Register Deutsch | 245

B

Berührung 31
beschädigen 215
beschäftigen 107, 216
beschäftigen, sich 211
beschäftigt 217, 220
Beschäftigte 218
Beschäftigung 107, 138
bescheiden 28
beschimpfen 46
beschleunigen 197
beschränken 183
beschreiben 99
beschuldigen 99
beschützen 101
Beschwerden 81
Besen 93
besetzen 106
besetzt 191, 217
Besetzung 106
besichtigen 135, 139
besiegen 146
Besitz 207
besitzen 207
Besitzer(in) 207
besohlen, neu ~ lassen 72
besondere(-r, -s) 70
besorgt 32
Besprechung 219
besser 37
Besserung 76
bestätigen 220
bestechlich 27
Besteck 66
bestehen 118
bestehen auf 58
bestehen aus 69, 168
bestellen 68, 69, 155, 212
Bestellung 69
bestens 37
Bestie 158
bestrafen 101
bestreichen 65
Besuch 135
besuchen 68, 116, 135, 139
betagt 24

Betätigung 138
beten 115
betreffen 123
Betrieb 169, 207
Betrieb, außer ~ 213
betrinken, sich 108
Betrug 111
betrügen 46, 111
Betrüger 111
betrunken 108
Betrunkene(r) 108
Bett 91, 152
Bett, ins ~ gehen 91
betteln 109
Bettler(in) 109
beunruhigt 32
Bevölkerung 95
Bevölkerungszahl 95
bewässern 155
Bewässerung 155
bewegen, (sich) 36, 85, 145
bewegend 36
Bewegung 85
Beweis 99
bewerben, sich 216
Bewerber(in) 46
Bewerbung 216
bewölkt 148
bewundern 125
Bewunderung 125
Bewusstlosigkeit 77
bezahlen 214
Bezahlung 217
beziehen, sich 220
Beziehung(en) 44, 104
bezweifeln 100
BH 72
Bibel 114
Bibliothek 185
Biene 160
Bier 63
Bierstube 68
Bilanz 208
Bilanzbuchhalter(in) 218
Bild 39, 124, 125

Bildaufbau 125
bilden 57, 98
Bilderbuch 184
Bildhauer(in) 125
Bildhauerei 125
Bildhauerkunst 125
Bildschirm 129, 193
Bildung(s-) 116
Bildwerk 125
billig 143
Binde 51
Bio- 85
Biografie 132
Biologie 117
biologisch 85
Birke 162
Birne 62
bis 180
bis jetzt 178
bisschen, ein ~ 182
bissfest 60
Bistro 68
Bitte 115
bitten 115
bitter 31
Bitter 63
blasen 51
Blatt 123, 161
blau 125
blauer Fleck 79
Blaubeeren 62
bleiben 75, 197
bleich 21
Bleistift 121
Blende(nöffnung) 126
Blick 30
blind 29, 80
Blinddarmentzündung 77
Blinker 200
Blitz 126, 148
Blitzlicht 126
blockieren 198
blöd 27
Blödsinn 27
Blouson 71
blühen 161
Blume 161
Blumen stecken 138
Blumenkohl 61
Bluse 71

Blut 18
Blutdruck 82
Blüte 161
bluten 79
Bluterguss 79
Boden 89, 153
Bogen 20
Bohnen 61
bohren 169
Bohrmaschine 169
Bombe 106
Bonbons 60
Bord 203
Bord, von ~ gehen 204
Bordell 49
böse 35
Böse 37
Boxershorts 72
Branche 206
Brand 148
Brand, in ~ setzen 111
Brandstifter(in) 111
Brandstiftung 111
braten 65
Bratform 66
brauchen 93, 103
braun 125
Braut 54
Bräutigam 54
brechen, (sich) 78
breit 20, 86, 181
Breite 181
breitschultrig 20
Bremse 200
bremsen 200
brennen 148
Brennholz 168
Brief 189, 220
Briefkasten 189
Briefmarke 138, 189
Brieftasche 73, 214
Brille 29
Brite 150
Briten 150
britisch 150
Brombeeren 62
Bronchien 77
Brot 59
Brötchen 59
Brötchen, belegtes ~ 59

Brotzeit für
 Kinder 67
Bruch 78
Brüche 167
Brüche, in die ~
 gehen 55
Brücke 84
Bruder 53, 115
Brühe 61
brummen 160
Brunnen 131
Brust 17
Brüste 17
brutto 102
Brutto- 102
Buch 120, 184
Buche 162
buchen 68, 141
Bücherei 185
Bücherregal 90
Bücherschrank
 90, 184
Buchhandlung
 184
Büchse 66, 171
buchstabieren
 191
Büfett 70
Büffelkäse 59
Bügel 90
Bügeleisen 92
bügeln 93
Buggy 22
Bühne 130
Bulletin 187
Buntstift 121
bürgerlich 99
Bürgermeister(in)
 156
Bürgersteig 198
Büro 219
Bürste 50
bürsten 50
Bus 205
Bußgeld 101
Büste 125
Butter 59, 61
Butterkäse 59

Café 68
Callgirl 49
Camping 141
Campingplatz 141
CD-ROM 193

Chanson 127
charmant 28
Charme 28
Chatroom 195
chatten 195
Chauffeur(in) 196
Chef(in) 210
Chemie(-) 117,
 164
chemisch 164
Chirurg 81
Chor 127
Christ(in) 114
christlich 114
clever 40
Code 194
Comic 20, 124
Computer 193
cool 28
Cousin(e) 53
Creme 51
Cremefüllung 60

da 173
da hinauf 172
da hinten 172
da hinunter 172
da oben 172
Dach 89
Dachzimmer 88
dahin 173
Damennachthemd
 72
Damenstrumpf-
 hose 72
Damenunterhose
 72
Dampf 163
Dampfer 204
Dampfschiff 204
danach 179
danken 136
dann 179
Darm 18
darstellen 212
Datei 193
Daten 193
Dattel 62
Datum 177
Dauer 177
Dauerkarte 205
dauern 177
davonkommen
 75

Decke 91
Deckel 66
decken 65
decken, den Tisch
 ~ 67, 93
definitiv 178
Dekoration 91
dekorieren 91
Delikt 100
Delphin 159
Demokratie 96
demokratisch 96
Demonstration
 208
denken 38, 39
Denksportaufgabe
 20
Deodorant 51
Depression 113
depressiv 113
Depressive(r) 113
deprimiert 113
derzeitig 186
deutlich 29, 120
deutsch 150
Deutsche(r) 150
Deutschland 150
Dezember 177
Dezimalzahlen
 167
Diamant 73
Diät 85
Dichter(in) 132
dick 19, 64, 168
dick werden 19
Dieb 110, 111
Diebstahl 110, 111
dienen 70
Dienst 206
Dienstag 176
Dienstkleidung
 105
Dienstleistung
 206
Digestif 63
Digitalkamera
 126
Diktat 117
Diplomarbeit 119
Diplomatie 104
diplomatisch 104
direkt 180, 203
Direkt- 203
Direktor(in) 210,
 217
Dirigent(in) 128

dirigieren 128
Diskette 193
Diskothek 137
Diskussion 46
diskutieren 46
Display 143
dividieren 165
Dokument 185
Dolmetscher(in)
 218
Dom 115
Domain 195
Donner 148
Donnerstag 176
Dorf 94
dort 173
dort unten 172
dorthin 173
Dose 66, 171
Dosenöffner 66
Drama 132
dran sein 122
Drang 33
drängeln 144
draußen 174
Dreck 93
drehen 129
Dreieck 165
dreieckig 165
dringend 189
drinnen 174
Droge 108
Drogenhandel
 108
Drogerie 144
Drogist 144
drohen 111
drüben 173
Druck 169, 185
drucken 185, 193
drücken 17, 64,
 72
Drucker 193
Drucksachen 189
Drüse 18
Duft 31
dumm 27
Dummheit 27
dunkel 20, 176
Dunkelheit 176
dünn 19, 64, 168
Dur 128
durch 172, 175
durchaus 183
Durcheinander
 40, 93

Register Deutsch | **247**

Durchfall 77
durchschnittlich 183
Durchschnitts- 183
durchwachsener Speck 60
Durst 29
Dusche 50, 92
duschen, (sich) 50
Dutzend 182
duzen 136
DVD 195
DVD-Player 91
DVD-Rekorder 91

E

Ebbe 152
eben 179
Ebene 154
Ecke 198
editieren 194
Ehe 54
Ehebruch 55
Eheleute 54
ehelich 55
Ehepaar 54
Ehering 54
Ehre 47
ehrlich 27
Ei 59
Eiche 162
Eichhörnchen 159
Eierbandnudeln 60
Eierkuchen 65
Eiernudeln 60
Eifersucht 36
eifersüchtig 36
Eigenschaft 37
Eigentum(s-) 89, 207
Eigentümer(in) 207
Eilbrief 189
eilig 189
Eimer 171
ein bisschen 182
einbehalten 214
einbiegen 197
Einbildungskraft 38
Eindruck 29, 39

einfarbig 74
Einfluss 46
einführen 211
Einführung 185
Eingang 88
eingebildet 28
eingeschaltet 91
einigen, sich 42
Einigung 104
Einkauf 142
einkaufen 142, 212
Einkaufswagen 142
Einkaufszentrum 144
Einkommen 102
einladen 136
einladend 90
Einladung 136
einlegen, den Film ~ 126
Einleitung 185
einliefern 79
einloggen, sich 195
einrichten 90
Einrichtung 90
einsam 34
Einsatz 210
einschalten 91, 170, 194
einschenken 65
einschiffen, sich 204
einschränken 183
Einschreiben 189
einschreiben, sich 116
einstechen 111
einsteigen 205
einstellen 107, 169, 216, 217
einstellen, die Entfernung ~ 126
Einstellung 32
Eintrittskarte 129
Einvernehmen 45
einverstanden sein 42
einwerfen 189
einwickeln 66
Einzahl 41
einzahlen 215
Einzahlung 215

Einzel- 141
einzige(-r, -s) 183
Eis 149
Eisdiele 68
Eisenbahn 201
Eisenbahnwagen 201
Eisverkäufer(in) 218
Elektriker(in) 131, 218
elektrisch 170
Elektrizität 170
Elektrizitätswerk 170
Elektrohaushaltsgerät 92
Elektronik 170
elektronisch 170
elektronische Post 195
elektronischer Handel 195
Elend 109
Ell(en)bogen 17
Eltern 56
E-Mail 195
E-Mail-Adresse 195
emotional 32
emotionell 32
empfangen 135
Empfänger 189
Empfangsdame 141
empfehlen 69, 121
empfinden 32
empfindlich 28, 84
Empfindung 29
End- 178
Ende 101, 177
Ende, am ~ 174
enden 101
endgültig 178
endlich 178
Energie 169
energisch 20
eng 45, 74, 86, 181
Engel 114
England 150
Engländer(in) 150
englisch 150
Enkel(in) 53

Ente 60, 160
entfernen, sich 106
Entfernung 175
Entfernung, die ~ einstellen 126
entführen 110
Entführer 110
Entführung 110
entgegengesetzt 175
enthalten 183
Enthusiasmus 35
entladen, sich 170
entscheiden 69
entschuldigen, sich 48
Entschuldigung 48
entspannen, sich 138
entspannt 28
enttäuscht 35
Enttäuschung 35
entwerfen 131
entwickeln 98, 126
Entwurf 131
Entzündung 77
Enzyklopädie 184
Epoche 112
Erbarmen 32
erben 53
Erbrechen 76
erbrechen 76
Erbsen 61
Erdbeeren 62
Erde 150, 153
Erdgeschoss 87
Erdnuss 62
erdrosseln 111
Erdteil 150
ereignen, sich 187
Ereignis 187
Erfahrung 24
Erfolg 130
erforderlich sein 93
erfreulich 34
erfreut 34
ergänzen 65
Ergebnis 83
ergreifen 36

ergreifend 36
erhalten 58, 189
erheben 136
erhöhen 102, 183, 217
Erhöhung 183, 217
erholen, sich 76
erinnern, sich 39, 48
Erinnerung 39, 134
Erkältung 76
erkennbar 29
erkennen 194
Erkennung 194
erklären 43, 100, 120
Erklärung 100, 120
erkrankt 75
erlauben 57
Erlaubnis 216
erledigen 220
ermorden 110
ermüden 34
ermutigen 47
ernähren, (sich) 85, 158
Ernährung 109
ernennen 98
Ernennung 98
erneuern 87, 89
ernst 27, 75
Ernte 155
ernten 155
erpressen 110
Erpresser 110
Erpressung 110
erraten 137
errechnen 121
erregbar 27
erregen 49
Erregung(s-) 32, 49
erreichen 58, 197, 211
Ersatzteil 199
erscheinen 186
erschrecken 32
Erstaufführung 128
erstaunen 33
erstaunt 33
ersticken 79
Ersticken 79

erteilen 131
ertragen 35
erwachsen 23
Erwachsene(r) 23
Erwägung, in ~ ziehen 40
erwarten 70
erweisen, sich 83
Erwerb 142
erwerben 142
Erwerbslosigkeit 107
Erwerbsunfähigkeit 80
erwürgen 111
erzählen 43, 57
Erzählung 57
erzeugen 170
Erzeugnis 207
erziehen 57
Erziehung 57
erzielen 146
Esel 159
essbar 162
essen 69
Essen 59, 69
Essig, in ~ einlegen 66
essigsauer 31
Esstisch 67
Esszimmer 87
Etage 87
Etat 97
etwa 167, 182
etwas 182
Euro 213
Europa 94, 150
Europäer(in) 150
europäisch 94, 150
Europäische Union 104
evangelisch 114
ewig 114
Examen 116, 118
Examensarbeit 119
Exemplar 185
Experiment 163
Experte(-tin) 210
explodieren 105, 106, 164
Explosion 106, 164
explosiv 164
exportieren 211

Fabrik 207
Fach 117
Facharzt 81
Fachärztin 81
Fachfrau 210
Fachmann 210
fad 31
Fadennudeln 60
fähig 40
Fähre 204
fahren 139, 196, 197, 205
fahren mit 196
fahren, jmd. ~ 196
Fahrer(in) 196
Fahrgast 202
Fahrkarte 202, 205
Fahrkartenschalter 202
Fahrplan 202
Fahrrad 20
Fahrrinne 152
Fahrt 139, 202
Fährte 159
Fahrtrichtung 204
Fahrzeug 196
Faktura 214
Fakultät 116
Fall 187
fallen 78, 205, 208
fällen 162
fallen lassen 91
fällig werden 66
falsch 37, 125
Fälschung 125
Falte 21
falten 93
Familie 53
Familienname 15
Familienstand 15
Fan 146
Fantasie 38
farbig 125
Fasan 61
Fasching 134
fasern 164
Fass 171
Fassade 86
Fassung 120
fast 182

Fast Food-Restaurant 68
fasten 85
faszinieren 34
faul 27
Faust 17
Fax 192
faxen 192
Faxgerät 192
Februar 177
Feder 159
fegen 93
Fehl- 37
fehlen 65, 83
Fehler 80, 118, 122, 194
Fehler, einen ~ machen 122
Feier 134
Feierlichkeit 134
feiern 134, 135
Feiertag 134
feige 28
Feind(in) 46
feindselig 46
Feindseligkeit 46
Feingebäck 60
Feld 154
Fell 158
Fels(en) 153
Fenster 88, 200
Ferien 133
Fernbedienung 188
Ferngespräch 191
Fernsehen 188
Fernseher 91, 188
Fernsprech- 190
fertig 187
fertig stellen 121
Fertiggericht 59
fertigmachen 121
fesseln 111
Fest 134
fest 163
fester Körper 163
Festkörper 163
Festnahme 101
festnehmen 101
Festplatte 193
Fett 61
fettarme Milch 59
Fette 61
feucht 149
Feuchtigkeitscreme 51

Register Deutsch | 249

Feuer 148
Feuerwaffe 111
Feuerzeug 108
Fichte 162
Fiction 132
Fieber 76, 82
Figur 19, 125
Film 129
Film, den ~ einlegen 126
finanziell 213
finanzieren 213
finden 86
Finger 17
Firma 207
Fisch 61, 160
fischen 138
Fischer 218
Fischgeschäft 144
Fischhändler 144
Fischkutter 204
Fiskus 102
Fitness-Center 85
Fläche 151
Flachland 154
Fladen 59
Fladen, süßer ~ 59
Flamme 148
Fläschchen, das ~ geben 56
Flasche 171
Flaschenöffner 66
Fleck 93
Fleck entfernen 93
Fleck, blauer ~ 79
Flegel 23
Fleisch 60
Fleischer 218
Fleischsoße 61
Fleischwolf, durch den ~ drehen 64
fleißig 27
Fliege 73, 160
fliegen 159, 203
fliehen 101, 106
Fliesenleger 131
fließen 25
Flitterwochen 54
Flucht 106
flüchten 106
Flug(-) 203

Flügel 159
Fluggesellschaft 203
Flughafen 203
Flugschein 203
Flugticket 202
Flugzeug 203
Flugzeugführer(in) 203
Flur 88
Fluss 152
flüssig 163
Flüssigkeit 163
flüstern 43
Flut 152
Folge 188
folgen 48, 57
Fön 51
Forelle 61
formen 98
Formular 101, 220
Forschung 210
Forst 154, 162
fort 172
fortfahren 122
Fortschritt 122
fortsetzen 122
Foto(-) 126
Fotograf 126
Fotografie 126, 138
fotografieren 126, 138
fotografisch 126
Fotokopie 220
fotokopieren 220
Fotoroman 132
Frachtschiff 204
Frage 123, 187
fragen 42, 123
fragen, (sich) 40
Fraktur 78
Frankreich 150
Franzose 150
Französin 150
französisch 150
Frau 15, 55
Frau, junge ~ 23
Frauenarzt 81
Frauenheld 55
frech 28
frei 210
Freiheit 94
freisprechen 100
Freitag 176

Freitod 52
Freizeit 138
Freizeitpullover, legerer ~ 71
Fremdenführer(in) 140
Fremdsprache 117
Fresko 124
fressen 85, 158
Freude 33
freuen, (sich) 35
Freund(in) 44
freundlich 27
freundliche(n) Grüßen 220
Freundschaft 45
freundschaftlich 27
Friede 104
Friedhof 52
frieren 149
frisch 148
Friseur 51, 218
froh 34
fröhlich 34
Fröhlichkeit 34
Front 106
Frosch 160
Frost 149
früh 176
frühestens 179
Frühjahr 177
Frühling 177
frühreif 23
Frühstück 67, 141
Fuchs 159
fühlen, sich 31, 32
führen 210, 211
Führer(in) 44, 97
Führerschein 200
Führung 44
füllen 65, 84
Füller 121
Füllfederhalter 121
füllig 19
Funktion 169
funktionieren 169
für den Augenblick 178
furchtbar 43
fürchten 32
fürs Erste 178
Fuß 17, 89
Fußball 146

Fußballnationalmannschaft, italienische ~ 100
Fußballspiel 146
Fußbekleidung 72
Fußboden 89
Fußgänger- 198
Fußgänger(in) 198
füttern 159

Gabel 66
Galerie 125
Gang 64, 88, 200
Gans 60, 160
ganz 182
ganz schlecht 37
ganz und gar 183
gar 65
gar nicht 182
Garage 88
Garantie 212
garantieren 212
Garderobe 68
Garderobenfrau 70
Garnelen 61
Garten 88, 155, 161
Gartenrauke 62
Gas 163
Gast 68, 136
Gästezimmer 87
Gastgeber(in) 68, 86, 136
Gasthaus mit Übernachtungsbetrieb 68
Gasthof 68
Gastwirt 70
Gebäck 60
Gebäude 131
Gebet 115
gebeugt 20
Gebiet 94, 95, 151, 156
Gebirge 153
geboren werden 56
gebraten 65
Gebrauch 169
gebraucht 196
Gebraucht- 196

gebrechlich 24
Geburt 15, 56
Geburtstag 15, 134
Geburtstag haben 134
Gebüsch 154
Gedächtnis 39
Gedanke 39
Gedeck 70
Gedicht 132
Gefahr 105
gefährlich 111
Gefährte 45
Gefallen 47
gefallen, sich ~ lassen 35
gefälscht 125
Gefangene(r) 106, 111
Gefängnis 101, 111
Gefäß 66, 171
Gefecht 106
Geflügel 60
Gefrierschrank 92
gefügig 28
Gefühl 29, 32, 113
gefühlsbetont 32
gefüllte Nudeltaschen 60
gegen 174
Gegend 95, 151, 156, 174
gegensätzlich 175
Gegenstand 124
gegenüber 174
Gegenwart 178
gegenwärtig 186
Gegner(in) 46
Gehalt 217
Geheimnis 114
gehemmt 49
gehen 17, 139, 197
gehen, sich ~ lassen 26
Gehirn 16
Gehör 30
gehorchen 57
gehören 206
Gehörsinn 30
Gehsteig 198
Geige 127
Geist 38

geistig 38
geizig 28
gekleidet 21
gekocht 65, 66
gekochter Schinken 61
Gelächter 137
gelähmt 80
Gelände 151
gelangen 197
gelb 125
Gelbe Seiten 190
Geld 103, 213
Geldautomat 213
Geldbeutel 73
Geldschein 213
Gelenk 18
Geliebte(r) 55
gelingen 211
Gemälde 124
gemein 44
Gemeinde 95
Gemeindeverwaltung 95
Gemeinschaft 94
Gemenge 164
Gemisch 164
gemischter Salat 62
Gemüse 61
Gemüsegarten 155
Gemüsehändler 144
Gemüseladen 144
Gemüsesuppe, dicke ~ mit Teigwaren 61
gemütlich 90
genau 177
Gendarm 101
Genehmigung 131, 216
General 105
genesen 76
Genesung 76
genießen 34, 137
Genitalien 18
genug 119
Genugtuung 35
Genuss 33
geöffnet 142
Geographie 117
Geologie 117
Geometer 131
Gepäck 140, 201

gepflegt 21
gepunktet 74
gerade 166, 173
geradeaus 173
Gerät 169
geräumig 86, 181
Geräusch 30
gerecht 37
Gerechtigkeit 37
Gerede 42
gereizt 18
Gericht 64, 99
Gerichtshof 99
geringste 182
gern 138
gern haben 33
gerne tun 138
Gerste 60
Geruch 30, 31
Geruchssinn 30
Gesang 127
Gesäß 18
Geschäft(s-) 142, 209, 214
geschäftlich 142, 209
Geschäftsfrau 209
Geschäftskarte 219
Geschäftsmann 209
geschehen 187
Geschenk 134
Geschichte 112, 117
geschieden 15
Geschirr 66
Geschirr abwaschen 93
Geschirrspüler 70
Geschlecht(s-) 49
Geschlechtsteile 18
Geschlechtsverkehr 49
geschlossen 142
Geschmack 31
Geschmackssinn 31
geschnürte Halbschuhe 72
Geschöpf 158
Geschrei 30
Geschwindigkeit 163

Geschwindigkeitsbegrenzung 197
Geschwulst 77
Geschwür 77
Gesellschaft 45, 94, 135, 209
Gesetz 97, 99
gesetzlich 99
Gesicht 16, 19, 20, 51
Gesichtsausdruck 19
Gesichtsfarbe 20
Gesichtspuder 51
gesotten 66
gespannt 32
Gespräch 42
Gestaltung 131
Gestank 31
gestatten 57
Geste 47
gestehen 100
gestern 179
Gesträuch 154
gestreift 74
gesund werden 75
gesunder Menschenverstand 38
Gesundheit 85
Getränk 63
Getreide 60, 162
getrennt (lebend) 15
gewähren 131
gewährleisten 212
Gewalt(tätigkeit) 111
gewalttätig 111
Gewebe 74
Gewerkschaft 208
Gewicht 19, 163, 181
Gewinn 208, 211
gewinnen 145
Gewissen 37
gewissenhaft 37
Gewitter 148
Gewohnheit 25
gewöhnlich tun 25
gewohnt 25
Gewürze 62

G

Gewürzkräuter 62
gießen 65, 161
Gift- 162
giftig 162
Gipfel 153
Girokonto 215
Gitarre 127
glänzen 147
Glas 66, 131, 168
glatt 168
Glaube 114
glauben 29, 39, 114
Glaubensgemeinschaft 114
gleich 165, 180
Gleichgewicht 163
Gletscher 153
Glocke 115
Glockenturm 115
Glück 34
Glück haben 133
glücklich 34
Glückwunsch 118, 134
Glühbirne 92
Goldfisch 160
Goldschmied 144
Goldschmiede 144
Gör(e) 23
Gott 114
göttlich 114
Grab 52
Gramm 181
Grammatik 41
Granatapfel 62
Grapefruit 62
Gras 161
Gräser 161
Gräte 160
gratis 210
gratulieren 118
grau 125
grausam 28
greifen 17
Grenze 183
Grieche 150
Griechenland 150
Griechin 150
griechisch 150
grillen 65
Grippe 76, 77
Groschenheft 132
groß 19, 23, 86, 183
großartig 129, 147
Großbritannien 150
Größe 19, 74
Großeltern 53
Großmutter 53
Großvater 53
großziehen 57
großzügig 28
Grotte 154
grün 125
Grund(-) 38, 96, 110
Grundbedürfnis 109
gründen 207
grundlegend 96
Grundschule 116
Grundschullehrer(in) 120
Grundzahlen 166
grüne Bohnen 61
grüner Salat 62
Gruppe 44, 111
Gruß 135
Grüße, (mit) freundliche(n) ~ 220
grüßen 135
gültig 140
Gummi 168
Gummistiefel 72
günstig 98, 143
günstiges Angebot 143
Gurke 61
Gürtel 73
gut 27, 37
gut gehen 76
gut gelaunt 28
gut passen 72
gut tun 76
Gute, das ~ 37
Gymnasium 116

H

Haar(e) 16
Haartrockner 51
Haarwäsche 50
Haarwaschmittel 50
Hafen 152, 204
Hafer 60
Haft 101
Häftling 111
Hagel 149
hageln 149
Hahn 160
Hähnchen 60
Hai(fisch) 160
häkeln 138
Haken 92
halb 183
Halbarm 71
Halbarm, mit ~ 71
halbe Stunde 177
Halbinsel 152
Halbschuhe, geschnürte ~ 72
Hälfte 183
Hals 16
Hals-Nasen-Ohren-Arzt 81
Halstuch 73
halten für 38, 47
halten, (sich) 66, 197
Haltestelle 205
Haltung 32
Hammelfleisch 60
Hammer und Meißel 169
Hamster 159
Hand 17, 51
Handarbeit 138
Handbuch 184
Handel(s-) 195, 209
Handelsverkehr 209
Handel, elektronischer ~ 195
handeln 207
Handelsbilanz 208
Handgelenk 17
handhaben 169
Handheld 193
Händler(in) 142, 209
Handlung 130
Handschuhe 73
Handtasche 171
Handtaschendieb(in) 111
Handtuch 50
Handwerk 217
Handwerker 218
Handwerksberuf 218
Handy 192
hängen bleiben 194
Hardware 193
harmlos 75
Harn 18
hart 28, 168
hartes Ei 59
Hartweizennudeln 60
Haschisch 108
Hase 61, 159
Haselnuss 62
Hass 35
hassen 35
hauen 58, 111
Haufen 182
häufig 180
Hauptstadt 95
Haus(-) 86, 158, 189
Hausarbeit(en) 93, 121
Hausarzt 81
Hausärztin 81
Hausaufgabe(n) 121
Hausbesitzer(in) 86
Hausbriefkasten 189
Hausfrau 218
hausgemachte Nudeln 60
Haushalt 97
Haushaltsplan 97
Hausmann 218
Hausmeister(in) 218
Hausschuh(e) 72
Haut 18
Headset 192
heben 17, 136
Heer 105
Heft 121
heilig 115
Heilige(r) 115
heim 86
Heimweh 34
Heirat 54
heiraten 54

heiß 148
heiße (Trink-) Schokolade 63
heißen 15
heiter 34, 148
Heizung 89
Hektar 181
Held(in) 130
helfen 93
hell 20
hellblau 125
Hemd 71
Hemmungen 49
Henne 160
her 173
herabsetzen 102
herangehen an 75
Heranwachsen, die Zeit des ~s 23
herauf 172
heraus 174
herausfordern 145
herauskommen 88
Herbst 177
Herd 66, 92
herein 173, 174
hereinkommen 88
Herkunft 53
Heroin 108
Herren- 72
herrlich 43, 147
herstellen 164, 207
herstellen, synthetisch ~ 164
Hersteller(in) 207
herum 175
herunter 172
herunterfallen 78
herunterlassen 91
hervorheben 194
hervorragend 123
hervorrufen 48
hervortun, sich 28
Herz 18
herzlich 33
heterosexuell 49
Heterosexuelle(r) 49
Heu 155
heute 178

heute Morgen 176
heute Nacht 176
heutzutage 178
hier 173
hierher 173
hierhin 173
Hilfe 79
Hilfeleistung 79
Himbeeren 62
Himmel 114, 148
himmelblau 125
hin 202
Hin- 202
hinauf 172
hinauffahren 87
hinaufgehen 87
hinaus 174
hinausgehen 88
Hindernis 17
hinein 174
hineingehen 88
hinfällig 24
hinten 173, 174
hinter 173
Hintern 18
Hinterraum 143
Hinterteil 18
hinterziehen 102
hinunter 172
hinunterfahren 87
hinuntergehen 87
hinzufügen 65
Hirsch 159
Historiker(in) 112
historisch 112
Hitze 148
H-Milch 59
Hobby 138
Hobbyraum 88
hoch 173, 181
hochhackige Schuhe 72
hochprozentig 63
höchste 182
höchstens 182
Höchstgeschwindigkeit, zulässige ~ 197
Hochzeit 54
Hochzeitskleid 71
Hof 89
hoffen 36
Hoffnung 36
hoffnungslos 34

Höhe 122, 181
Höhle 154
Holland 150
Holländer(in) 150
holländisch 150
Hölle 114
Holz 168
Homepage 195
homosexuell 49
Homosexuelle(r) 49
Honig 62
Honigmelone 62
hören 30
Hörer 192
Horizont 150
Hörner 55
Hose 71
Hose, kurze 71
Hosen, die ~ anhaben 55
Hosenanzug 71
Hosenträger 73
Hotel 141
Hubschrauber 203
Hügel 153
Huhn 60, 160
Hummer 61
Hund 159
hundert 167
Hündin 159
Hunger 29, 109
hungrig 109
hüpfen 158
Husten 77
husten 77
Hut 73
Hygiene 50

Ideal 37
ideal 37
Idee 39
illegal 99
immer 180
importieren 211
impotent 49
Impotenz 49
in 172, 179
in der Nähe 174
in die Brüche gehen 55
in Richtung 174
Industrie(-) 206

industriell 206
Infektion 77
Informatik 193
Information 186
informieren 46, 186
informieren, (sich) 46
Ingenieur(in) 218
Ingenieurwesen 168
Inhalt 117
inklusive 143
Innen- 174
Innere 174
innere(-r, -s) 174
innerhalb von 179
Insekt 160
Insel 152
insgesamt 183
Installateur 131, 218
Installation 194
installieren 194
Institut 116
Instrument 127
intelligent 38
Intelligenz 38
interessant 34
Interesse 34
Interessengebiet 138
interessieren, (sich) 40, 138
international 94
Internet 195
Interview 188
invalide 80
Invalide 80
Invalidität 80
investieren 215
inzwischen 180
irdisch 150
Irren, sich 123
irrtümlich 47
irrtümlich halten für 47

Jacht 204
Jacke(n) 71
Jackett 71
Jahr 177
Jahrestag 134

Jahreszahlen 167
Jahreszeit 177
Jahrhundert 177
Januar 177
je 180
Jeans 71
jemals 180
jemand 111
jenseits 175
jetzt 121, 178
Jogginganzug 71
Joghurt 59
Johannisbeeren 62
Joint 108
Journalist(in) 186
Jubiläum 134
jucken 77
Juckreiz 77
Jugend(-) 23
Jugendherberge 141
jugendlich 23
Jugendliche(r) 22
Jugendzeit 23
Juli 177
jung 22, 23
Junge 15, 22, 56
junge Frau 23
junger Mann 23
Juni 177
Juwel 73
Juwelier 144
Juweliergeschäft 144

Kabel 170
Kabinett 98
Kaffee 63
Kaffeekanne 66
Kaffeemaschine 66
Käfig 159
Kaiser(in) 112
Kakao 63
Kalb 159
Kalbfleisch 60
kalt 148
Kälte 148
Kamera 126
Kamerad 45
Kamm 51
kämmen, (sich) 51

Kammer 97
Kampf 106, 137
kämpfen 106
Kanal 152, 188
Kanarienvogel 160
Kandidat(in) 96
Kaninchen 61, 159
Kanne 66
Kantine 68, 220
Kanzlei 219
Kanzler 98
Kapelle 115, 128
Kapital 208
Kapitän 204
kaputtmachen 91
Kapuze 73
Kardinal 115
kariert 74
Karneval 134
Karotte 62
Karte(n) 20, 156
Karten spielen 138
Kartoffel 62
Käse 59
Kasse 129, 144
Kassenbon 102, 144, 214
Kassierer(in) 141, 218
Kastanie 62
Kasten 171, 189
Katalog 184
Kater 159
Kathedrale 115
Katholik(in) 114
katholisch 114
Katze 159
Kauf 142
kaufen 142, 212
Kaufhaus 144
Kaufmann 209
Kehle 16
keine(-r, -s) 182
Keks 60
Keller 88
Kellner 70
kennen 122
kennen lernen, (sich) 45, 122
Kennzeichen 200
Keramik 168
Kerl 25
Kern- 157
Kernkraft- 163

Kerze 91
Kette 73, 92
Kilogramm 181
Kilometer 181
Kind 22, 56
Kinderarbeit 109
Kinderarzt 81
Kinderbett 22
Kindergarten 116
Kindergeld 103
Kindermädchen 22
Kinderstube 57
Kinderwagen 22
Kinderzimmer 87
Kindesalter 22
Kindheit, frühe ~ 22
Kinn 16
Kino 129
Kirche 115
Kirchturm 115
Kirsche 62
Kissen 91
Kiste 92, 171
Klage 99
Klammeraffe 195
Klang 30
klar 43, 120
Klasse 44
Klassenzimmer 116
klassisch 127
Klatsch 42
klatschen 129
Klatschmohn 161
Klausur 116
Klavier 127
Kleid(er) 71
kleiden 73
Kleidung 21, 73
Kleidungsstück 73
Kleie 60
klein 19, 213
klein schneiden 64
Kleine 56
Kleingeld 213
Kleinigkeit zu essen 68
klettern 17
Klima 147
Klimaanlage 92
Klingel 92
klingeln 88

Klingelton 192
klingen 30
Klinik 84
Klippe 153
Klo 51
klopfen 64, 88
Klub 44
klug 27
knacken 65
Knast 111
knauserig 28
Kneifzange 169
Knie 17
Knoblauch 62
Knöchel 17
Knochen 18
Knopf 73
Koch 70
kochen 64, 65
kochen (lassen) 64
Köchin 70
Koffer 140, 171
Kohl 61
Kohle 168
Kokain 108
kollabieren 76
Kollege 219
Kollegin 219
kombinieren 73
komisch 27, 132
kommen 104, 204
Komödie 130, 132
Kompliment 47
kompliziert 118
Komponist(in) 127
Komposition 125
Konditor 144
Konditorei 144
Konferenz 104
Konfession 114, 115
Konflikt 45
Kongress 104, 220
König(in) 112
Konkurrent(in) 46
Konkurrenz 206
Konkurs 215
können 40, 122
konservativ 28
Konsum 208
konsumieren 208
Kontakt 46

kontaktfreudig 28
Kontinent 150
Konto 215
kontrollieren 80, 101
Konzentration 39, 122
konzentrieren, sich 122
Konzert 128
Kopf 16
Kopfbedeckungen 73
Kopfsalat 62
Kopftuch 73
Kopie 193
kopieren 193
Korkenzieher 66
Korn 162
Körper 16, 19, 51
Körperbau 19
körperbehindert 80
Körperhaar 16
korpulent 19
korrekt 37
Korrespondent(in) 187
Korrespondenz 220
Korridor 88
korrupt 27
Kost 59
Kosten 214
kosten 31, 69, 214
kostenlos 210
Kostüm 71, 130
krabbeln 160
Krabben 61
Kraft 163, 169
Kraftbrühe 61
Kraftfahrzeug 196
kräftig 19, 20, 169
Kraftwerk 170
Kragen 73
Krampf 77
krank 75
krank werden 75
Kranke 75
Krankenhaus 84
Krankenkasse 103
Krankenpfleger 84

Krankenschwester 84
Krankenversicherung 103
Krankenwagen 79, 84
Krankheit 75
Kraut 161
Kräuter 161
Kräutertee 63, 85
Krawatte 73
kreativ 113
Kreativität 113
Krebs 77
Kredit 215
Kreditkarte 213
Kreis 165
Kreuzfahrt 204
Kreuzung 198
kriechen 160
Kriechtier 160
Krieg 105
Krimi 130, 132
kriminell 110
Krise 104
Kritik 130, 187
Kritiker(in) 130
kritisch 130
kritisieren 130, 187
Krokodil 160
Krone 84
Kröte 160
Krug 66
Krüppel 80
Krüppel, zum ~ werden 80
Küche 64, 87, 88, 92
Kuchen 60
Kuchenbrötchen 59
Küchengeräte 66
Kugelschreiber 121
Kuh 159
kühl 148
Kühlschrank 92
Kultur 112
kümmern, sich ~ um 53, 211
Kumpel 45
Kunde 143
Kundendienst 199
Kundenservice 199

kündigen 107, 217
kündigen (selbst) 107
Kündigung 107
Kundin 143
Kundschaft 143
künftig 178
Kunst(-) 124, 168
Kunsthandwerk 138
Künstler(in) 124
künstlich 168
Kupplung 200
Kürbis 62
Kurs 116, 204
Kursbuch 202
Kurve 198
kurz 74
kurzärmelig 71
kurze Hose 71
kürzen 217
kürzlich 179
Kurzparkzone 200
kurzsichtig 29
Kurzsichtigkeit 29
Kürzung 217
Kurzwarengeschäft 144
Kurzwarenhändler 144
Kuss 44
küssen, (sich) 44
Küste 152

L

Labor(atorium) 164
lächeln 36
Lächeln 36
lachen 36
Lachen 137
lächerlich 27
Lachs 61
laden 194
Laden 142, 143
Ladendieb 111
Ladendiebstahl 111
Ladenschild 143
Ladentisch 143
Lager 212
lagern 66

Laken 91
Lamm 159
Lammfleisch 60
Lampe 91
Land(-) 94, 155
Land, an ~ gehen 204
landen 203
Landgasthof 68
Landschaft 124, 153
Landwirt(in) 155
Landwirtschaft 155
landwirtschaftlich 155
lang 74, 181
langärmelig 71
Länge 181
Langeweile 34
Langlebigkeit 24
langsam 196, 197
Languste 61
langweilen, sich 34
langweilig 34
Laptop 193
Lärm 30
lassen 35
Last 181
Laster 196
Lastwagen 196
Latein 117
Latzhose 71
Lauf 146
laufen 17, 146
laufen, wieder ~ 194
Laune 33
Laut 30
laut 30, 123, 199
läuten 88
Lautstärke 30
lauwarm 148
Lebensbeschreibung 132
Lebenserwartung 24
Lebensgefährte 45, 55
Lebensgefährtin 55
Lebensjahre, die letzten ~ 24
Lebensmittel 142
Leber 18

Register Deutsch | 255

lebhaft 22
ledig 15
leer 65, 170
legal 99
Legende 132
Leggins 71
Lehre 37
lehren 120
Lehrer(in) 120
Lehrgang 116
Lehrling 217
Leichen(-) 52
leicht 75, 118, 168, 181
leicht erregbar 27
leichter Schal 73
leichtes Gebäck 60
Leid 109
leid sein 34
Leid tun 33
leiden 76
Leiden 109
leiden können 35
Leidenschaft 33
leidenschaftlich 26
leihen 214
Leinwand 124, 129
leise 26
leiser sprechen 123
leiser stellen 91
leistungsstark 169
leiten 210, 211
leitende(r) Angestellte(r) 210
Leiter 87
Leiter(in) 210
Leitung 170
Lektor(in) 185
Lektorats- 184
lernen 120
Lesbe 49
Lesbierin 49
lesbisch 49
lesen 120, 194
Leser(in) 185
Letzte(r) 145
letzte(-r, -s) 145, 178
leuchten 147
leuchtend 21

Leuchtturm 204
Leute 53
Lexikon 184
Licht 91, 200
Lichtung 154
Lidschatten 51
lieb 27
lieb haben 33
Liebe 33
lieben 33
Liebesroman 132
Liebesverhältnis, außereheliches 55
Liebhaber 55
Lied 127
Lieferant(in) 212
liefern 212
Lieferwagen 196
Liege 201
Liegewagenplatz 201
Likör 63
Lilie 161
Limonade 63
Linde 162
Linie 19, 121
Linke(r), ein(e) 96
linke(-r, -s) 173
links 173
Lippe(n) 16
Lippenstift 51
Liquidation 209
Liter 181
Literatur 132
Literatur, italienische 117
live 188
Lkw 196
Loch 74
Löffel 66
logisch denken 38
Lohn 217
lohnen, sich 122
Lorbeer 62
löschen 194
lösen 121
Löwe 159
Löwin 159
Luft 147
Luftwaffe 105
Lüge 42
lügen 42
Lügner(in) 42
Lunge 18

Lungenentzündung 77
Lungenflügel 18
Lust 137
Lutscher 60
Lyrik 132

M

Macchia 154
machen 73, 87, 116
Macht 96
Mädchen 15, 22, 56
Mafia 111
Mafia-Clan 111
mafiös 111
Magazin 186
Magen 18
Magenbitter 63
Magenschleimhautentzündung 77
mager 19
Magisterarbeit 119
Magnet- 163
magnetisch 163
mähen 162
mahlen 64
Mahlzeit 69
Mai 177
Mailbox 195
Mais 60
Maisbrei 60
Majoran 62
Make-up 51
Makrele 61
Mal 178
malen 124
Maler(in) 124, 218
Malerei 124
Mama/i 56
manchmal 180
Mandelentzündung 77
Mangel 83, 109
Mangelernährung 109
Mann 15, 55
Mann, junger 23
Männchen 15
männlich 41, 49
Mannschaft 146
Mantel 71

Märchen 20, 132
Margarine 61
Margerite 161
Marine 105
Marke 144
markieren 194
Markt 206
Marmelade 62
Marmor 168
Marsch 106
März 177
Maschine 169
Maske 134
Maß 163, 181
Masturbation 49
Match 145
Material 168
Mathe(matik) 117, 165
Matrose 204
matt 24
Mauer 88
Mäuerchen 17
Maulbeerbaum 162
Maurer 131, 218
Maus 159, 193
Medaille 145
Medien 186
Medikament 83
Medizin 83
Meer 152, 204
Meeresfrüchte 61
Meeting 135
Mehl 60
mehr 182
Mehrheit 97
Mehrwertsteuer 102
Mehrzahl 41
meinen 39, 42
Meinung 33, 39, 42
Meißel, Hammer und ~ 169
meißeln 125
Meister(in) 145
Meisterschaft 146
melden, sich 135, 187
Meldung 187, 195
Melodie 127
Menge 44, 182
Mensa 68
Mensch 15
Mensch(en) 15, 44

Menschenmenge 44
Menschenverstand, gesunder ~ 38
menschlich 15
Menü 69
Messbecher 66
Messe 115
messen 76, 82, 163, 181
Messer 66
Metall 168
Meter 181
Metzger 144, 218
Metzgerei 144
Miet- 89
Miete 89
mieten 89, 140
Mietvertrag 89
Mikrowelle 92
Milch 59, 63
mild 147
Millimeter 181
Minderheit 97
minderjährig 23
Minderjährige(r) 23
mindestens 182
Minister(in) 98
Ministerium 98
Minute 177
Minze 62
Mispeln 62
Missbrauch 108
misshandeln 58
Mitarbeiter(in) 219
mitfühlend 27
Mitglied 44
Mitleid 32
mitleidlos 27
Mitnehmen 68
mitnehmen 197
mitschreiben 123
Mittag 176
Mittag, zu ~ essen 67
Mittagessen 67
Mitte 96
Mitte, in der ~ von 175
mitteilen 46
Mitteilung 195
mittellos 109
Mittelmeer 152
Mittelschule 116

Mitternacht 176
mittlere(-r, -s) 175
Mittwoch 176
MMS 192
Möbel 90
Möbelstück 90
Mobiltelefon 192
möblieren 90
möbliert 90
Mode 74
Modell 216
Modelleisenbahn 20
Modem 193
Modeschmuck 73
mögen 33, 34
möglich, sobald wie ~ 179
Moll 128
mollig 19
Moment 177
Monat(s-) 177
monatlich 177
Monatskarte 205
Mönch 115
Mond 147
Montag 176
Moral 37
moralisch 37
Mord 100, 110
Mörder 110
Morgen 176
morgen 179
Morgenrock 72
Mosaik 125
Moschee 115
Motiv 126
Motivation 113
motivieren, (sich) 113
Motor 169
Motorboot 204
Motorrad 196
Möwe 160
Mücke 160
Mühe 82
Mühe haben 118
Müll 157
Mülleimer 92
Müllkippe 157
multiplizieren 165
Mund 16
Mundwasser 50
Münster 115
Münze(n) 138, 213

Museum 125
Musik(-) 127
musikalisch 127
Musiker(in) 127
Musikinstrument 127
Muskel 18
muskulös 19
müssen 57
mutig 28
Mutter 53, 56
Muttersöhnchen 58
Mütze 73

N

nach 172, 174, 179
nach Hause 86
nach und nach 179
nach vorn 173
nachahmen 47
Nachbar(in) 45
nachdenken 39
Nachdenken 39
Nachfrage 206
nachher 179
nachkommen 197
Nachmittag 176
Nachmittagsbrotzeit für Kinder 67
Nachnahme 189
Nachname 15
Nachricht(en) 187, 188
Nachrichtenteil 186
nächste(-r, -s) 178
Nacht(-) 176
Nachtisch 69
nächtlich 176
Nachtwäsche 72
Nachweis 99
nackt 74
nackt ausziehen, sich 74
Nadel 92
Nagel 17, 169
Nagellack 51
nahe 45, 174
Nähe, in der ~ 174
nähen 74, 138

näher 173
nähern, sich 106
Nahrung 59
Name 15
Nase 16
nass 149
Nation 94
national 94
Nationalität 94
Natur 157
Naturell 25
natürlich 157
Naturwissenschaften 117
neb(e)lig 149
Nebel 149
neben 173, 175
Neffe 53
Negativ 126
nehmen 17, 69, 123
Neid 36
neigen zu 25
Neigung 25
Nelke 161
Nerv(en-) 18
nervös 18
Nest 159
nett 27
netto 102
Netto- 102
Neugeborenes 22
Neugier(de) 26
neugierig 26
neulich 179
Nichte 53
nichtehelich 55
nichts 182
nie 180
niedergeschlagen 28
Niederlage 106
niederstechen, jmd. ~ 111
niedrig 101
niedrigste 182
niemals 180
niemand 182
Niere 18
niesen 77
Niveau 122
noch (ein)mal 180
Nonne 115
Nord- 151
Norden 151
nördlich 151

Notaufnahme 84
Note 119, 128
Notfall 79
nötig sein 57
Notizen machen, sich 123
Novelle 132
November 177
Nudelgericht 68
Nudeln 60
Nudeln, hausgemachte ~ 60
Nudeln, spiralförmige ~ 60
Nudelsoße 61
Nudelsuppe 61
Nudeltaschen, gefüllte ~ 60
Nudelteigplatten 60
nuklear 157
Null 166
Nummer 166
nun 121, 178
Nussknacker 66
nutzen 103, 205
nützen 70
nützlich 169

oben 121, 172, 173, 174, 175
obere(-r, -s) 174
Oberfläche 87
Oberkellner 70
Oberstufe 116
Oberteil(e) 71
Obhut 57
Objekt 126
Objektiv 126
obligatorisch 196
Obst 62
Obst- und Gemüsehändler 144
Obst- und Gemüseladen 144
Obstgarten 155
Obsthändler 144
Obstkuchen 60
Obstladen 144
Obstsalat 62
offen 142
offensichtlich 43, 99
öffentlich 206
öffentliche Verkehrsmittel 205
Offizier 105
öffnen 72, 123
Öffnungszeiten 140
oft 180
ohne 28, 107
ohne Arbeit 107
ohne Charme 28
Ohr(en) 16
Öhrchen 60
Ökologie 157
ökologisch 157
Oktober 177
Öl 61
Öl, in ~ einlegen 66
Olive 62
Olivenöl 62
Öltanker 204
Onkel 53
Oper 127
Operation 84
operieren 84, 206
Opfer 79, 110
Opposition 98
optimistisch 28
orange 125
Orangenlimonade 63
Orchester 128
ordentlich 93
ordnen 93, 141
Ordnung, in ~ bringen 93
Ordnungszahlen 167
Oregano 62
Organisation 104
Orgel 127
Original 125
originell 125
Ort 156
Orthopäde 81
Orthopädin 81
Orts- 191
Ost 151
Osten 151
Österreich 150
Österreicher(in) 150
österreichisch 150
östlich 151
Overall 73
Ozean 152

Paar 44
Päckchen 171, 189
packen 17
Packung 171
Paddelboot 204
Paket 171, 189
Palm 193
Panne 199
Pannenweste 199
Papa 56
Papagei 160
Papi 56
Papier 185
Pappkarton 171
Paprikaschote 62
Papst 115
Paradies 114
Parfüm 31, 51
Park 154
parken 200
Parkplatz 200
Parlament 97
Parmesan 59
Partei 96
Parterre 87
Partie 145
Partner(in) 44, 55
Party 135
Pass 140
Passagier 202
Passagierschiff 204
passen 74, 88
passiv 26
Passwort 195
Patenkind 56
Patenonkel 56
Patentante 56
Patient(in) 81
Pause 122, 220
Pelzmantel 71
Pendler(in) 197
Pension 103, 141
perfekt 41
Perle 73
Perlgraupe 60
Perlhuhn 60
Person 9
Personal 210
Personalausweis 140
Personenwaage 92

Persönlichkeit 25, 113
pessimistisch 28
Petersilie 62
Pfad 154
Pfanne 66
Pfarrer(in) 115
Pfarrsprengel 115
Pfeffer 62
Pfefferminzbonbons 60
Pfeffermühle 66
Pfeife 108
pfeifen 146
Pfeil 20
Pferd 159
Pfirsich 62
Pflanze(n-) 161
pflanzen 161
Pflanzenöl 62
pflanzlich 161
Pflaster 79
Pflaume 62
Pflege 57
Pflegeheim 24
Pfleger 84
pflücken 161
phänomenal 129
Pharma- 164
pharmazeutisch 164
Pharmazie 164
Physik 117, 163
Pille 83
Pilot(in) 203
Pilz 162
Pinie 162
Pinsel 124
Pistazien 61
Piste 146
Pizza-Restaurant 68
Plan 156
Planet 147
Planung 131
Plastik 125, 168
Platten, einen ~ haben 199
Platz 130, 156, 175
Platz nehmen 136
Platz, einen ~ reservieren 201
platzen 106, 164
plaudern 42

Pleite 209
plombieren 84
Plural 41
Plüschtiere 20
poetisch 132
Pol 150
Politik 96
politisch 96
Polizei 101
Polizeistreife 100
Polizist(in) 101
Polohemd 71
Pool 88
Portemonnaie 73
Portier 141
Portion 70
Porto 189
Porträt 124
porträtieren 124
Portugal 150
Portugiese 150
Portugiesin 150
portugiesisch 150
Position 175
Post(-) 189, 220
Postkarte(n) 138, 189
praktische Ärztin 81
praktischer Arzt 81
praktizieren 123
prallen 78
Prärie 154
Präsident 98
Praxis 123
predigen 115
Preis 208
Preisnachlass 143
Prellung 77, 79
Premiere 128
Prepaid-Karte 190
Presse 186
pressen 65
Priester 115
Prinzip 25
privat 206
Privat- 206
pro Stunde 217
probieren 69
Produkt 207, 212
Produktion 207
Produzent(in) 207
produzieren 207

Professor(in) 120
Profi(-) 165
Programm 130, 188, 193
progressiv 28
Prosa 132
Prostituierte 49
Prostitution 49
Protest 107
Protestant(in) 114
protestantisch 114
protestieren 107
Protokoll 97
Provinz 95
provozieren 48
Prozent 165
Prozess 99
prüfen 118
Prüfung 116, 118
Prügelei 111
prügeln, (sich) 111
psychisch 38
Psychologe 113
Psychologie 113
Psychologin 113
psychologisch 113
Pubertät 23
Publikum 129
publizieren 184
Puff 49
Pulli 71
Pullover 71
Pullover, legerer Freizeit~ 71
pummelig 19
Pumpe 169
Pumps 72
Punkt 177
pünktlich 178, 202
Puppe 20
Pute 60
putzen 51, 64, 72, 93
putzen, (sich) 50

Quadrat(-) 165
quadratisch 165
Quadratmeter 181
Quartier 141
Quelle 152
Quittung 144

Rabatt 143
Rad 199
Radiergummi 121
Radieschen 61
Radio(gerät) 188
Rakete 106
Randgruppe 103
Randgruppe, Angehörige einer sozialen ~ 103
Ranke 162
rar 180
Rasen 88
Rasiercreme 50
rasieren, sich 50
Rasierer 50
Rasierwasser 51
Rasse 158
Raststätte 68, 199
Rat 98
Rate 107
raten 137
Rathaus 156
Ratschlag 98
Rätsel 20
Ratte 159
rau 147
Raub 110
Räuber 110, 111
Rauch 108
rauchen 108
Räucherlachs 61
raufen 111
rauh 168
Raum(-) 87, 129, 147, 175
räumen 113
Raumfähre 147
Raumschiff 147
Rausch 108
Rauschgift 108
Rauschgifthandel 108
Rauschmittel 108
Reaktion 47
rechnen 121, 165
Rechner 193
Rechnung 70, 165, 214
recht 37
Recht 37, 99
Recht haben 43
Rechte(r), ein(e) 96

rechte(-r, -s) 173
Rechteck 165
rechteckig 165
rechts 172
Rechtsanwalt 99
rechtzeitig 178
recyceln 157
Recycling 157
Redakteur(in) 187
Redaktion(s-) 184, 187
Rede 97
Reformkost 59
Refrain 127
Regal 90, 143
Regel 200
Regen(-) 148, 149
Regenmantel 71
Regie 130
regieren 98
Regierung 98
Regierungswechsel 98
Region 94, 151
regional 94
Regisseur(in) 130
regnen 148
regnerisch 149
Reh 61, 159
reich 109
Reiche 109
reichen 17
Reichtum 208
reif 23
reifen 199
Reihe 130, 202
Reim 132
Reinfall 130
Reinigungscreme 51
Reinigungsmittel 93
Reinlichkeit 50
Reis 60
Reise 139, 202
Reisebüro 139
Reisebus 205
Reiseführer 140
Reiseleiter(in) 140
reisen 139
Reisende(r) 139, 202
Reißverschluss 73
reizen 48
Rekord 145

Register Deutsch | **259**

Religion(s-) 114
Religionslehre 117
religiös 114
Rennen 146
rennen 17, 146
Rennsport 146
Rennstrecke 146
renovieren 87
Rente 103
Rentner(in) 24
Reparatur 199
reparieren 169, 199
Reportage 187
Repräsentant(in) 212
Reptil 160
Republik 96
Reserve 212
reservieren 68, 141
reservieren lassen 68
reservieren, einen Platz ~ 201
Reservierung 68, 141
respektieren 48
respektvoll 28
Restaurant 68
Restgeld 144
Rettungsdienst 100
Revolution 112
Rezept 83
Rhythmus 128
richten lassen 87
Richter 99
richtig 37
Richtung 175
Richtung, in ~ 174
riechen 30, 31
Riegel 60
Rillennudeln 60
Rindfleisch 60
Ring 73
Ringen 106
rings um 173
Rippe 17
Risiko 215
riskieren 108
Rock 71
Roggen 60
Roggenbrot 59

roh 65
roher Schinken 61
Rohr 169
Rolladen 143
Rolle 130
Rollkragenpullover 71
Rollo 90
Roman 132
Römer(in) 112
römisch 112
Röntgenaufnahme 82
Rose 161
Rosenkohl 61
rosige 21
Rosinen 62
Rosmarin 62
rot 125
Rouge 51
rüber 173
Rück- 202
Rücken 18
rückerstatten 102
Rucksack 140
Ruderboot 204
Ruhe 123
Ruhegehalt 103
ruhig 28, 30
rühmen, sich 28
Rühreier 59
rühren 36, 64
rührend 36
Ruine 86
ruinieren 91
Rundfahrt 139
Rundfunk 188
Rundreise 139
runter 173
Russe 151
Russin 151
russisch 151
Russland 151
Rutschbahn 20
rutschen 78

S

Saal 129
Sache(n) 73, 187
Sack 171
säen 155
Saft 63
Sage 132
Säge 169

sagen 42, 56
sägen 169
Sahne 59
Sakko 71
Salami 61
Salat 62
Salat, gemischter ~ 62
Salatschüssel 66
Salatwürze 62
Salbe 83
Salbei 62
Salz 62
salziger Fladen 59
Samen 155
sammeln 138
Sammlung 138, 157
Samstag 176
Sand 154
Sandalen 72
Sandwich 59
Sandwich-Imbiss 68
Sänger(in) 127
Sarg 52
Satellit 147
Satire 132
satirisch 132
Satz 41, 70, 107
sauber 93
sauber machen 93
sauer 35
Säugetier 158
saure Sahne 59
Scanner 193
schäbig 21
Schachtel 171
Schaden 215
Schaf 159
schaffen 75, 118, 207, 211
Schafskäse 59
Schal 73
Schale 66
schälen 64
Schalenobst 62
Schalentiere 61
Schalter 170, 202
Schaltkreis 170
schämen, sich 37
Schande 33
Schatten 147
Schatz 48, 56

schauen 29
Schaufenster 143
Schaukel 20
Schaumwein 63
Schauspieler(in) 130
Scheck 213
Scheibe 64
Scheibenwischer 200
scheiden, sich ~ lassen 55
Scheidung 55
Schein 19
scheinen 29, 147, 186
Scheinwerfer 200
scheitern 55
Schelte 58
schelten 58
schenken 134
Schere 169
Scherz 137
scherzen 137
schicken 189
Schicksal 112
schieben 144
Schiedsrichter 146
Schiene(n-) 201
Schiff 204
Schiffbruch erleiden 204
Schinken 61
Schinken, gekochter ~ 61
Schirm 73
Schirmmütze 73
Schlacht 106
Schlafanzug 72
schlafen gehen 91
Schlaflied 57
Schlaflosigkeit 77
Schlafwagen 201
Schlafzimmer 87
schlagen 64, 110, 111, 149
Schlägerei 111
Schlagsahne 59
Schlange 160
schlank 19
Schlankheitskur 85
schlau 40

Schlauchboot 204
schlecht 37, 76
Schlechte, das ~ 37
Schleife 73
schlicht 27
schließen 123
schließlich 17, 178
schlimm 37
Schlitten 20
Schluss(-) 101, 177, 178
Schlüssel 88
Schluss-Verkauf 144
schmächtig 19
schmecken 31
schmeißen 157
schmelzen 149
Schmerz 82
Schmetterling 160
Schminke 51
schminken, sich 51
schmoren 65
Schmuck 73
Schmuckstück 73
schmuddelig 21
Schmutz 93
schmutzig 21, 93
Schnappschuss 126
Schnecke 160
Schnee 149
schneiden 64, 162
Schneider(in) 218
schneien 149
schnell 196
Schnellbraterei 68
Schnellgerichte 59
Schnellimbiss 68
Schnellrestaurant 68
Schnitt 51
Schnittlauch 62
Schnitzel 60
schnitzen 125
Schnuller 22, 57
Schnupfen 76
schnuppern 31

Schnur 92
schnüren 72
Schnürschuhe 72
Schock 79
Schokolade 60
Schokolade, eine Tafel ~ 60
Scholle 61
schon 180
schonen, sich 76
Schönheit 19
Schrank 90
Schraube 169
Schraubenzieher 169
Schreck 33
schrecklich 43
schreiben 121, 220
Schreibtisch 220
Schreibwarengeschäft 144
Schreibwarenhändler 144
schreien 36, 43
Schreiner 218
Schriftsteller(in) 132
Schublade 90
schüchtern 26
Schuh 72, 74
Schuhgröße 74
Schuhmacher 218
Schulaufgabe 116
Schuld 100
Schulden 215
schuldig 100
Schule 116
Schule, weiterführende ~ 116
Schüler(in) 120, 121
schulisch 116
Schulkamerad(in) 45
Schulleiter(in) 217
Schulranzen 171
Schulter 16
Schürze 73
Schürzenjäger 55
Schüssel 66
Schuster 72
schütteln 64
schütten 65
Schutz 157

schützen 101, 157
schwach 24, 28
Schwager 53
Schwägerin 53
Schwalbe 160
Schwamm 50
Schwan 160
schwanger 56
Schwanz 158
schwärmen 34
schwarz 125
schwarz arbeiten 102
Schwarzbrot 59
schweigen 48
Schwein 159
Schweinefleisch 60, 61
Schweiß 18
Schweiz 151
Schweizer(in) 151
schweizerisch 151
schwellen 77
schwer 75, 118, 168, 181
schwerer Schal 73
Schwertfisch 61
Schwester 53, 84, 115
Schwiegereltern 53
Schwiegermutter 53
Schwiegersohn 53
Schwiegertochter 53
Schwiegervater 53
Schwierigkeit 58
schwimmen 146, 160
schwitzen 18
schwören 99
schwul 49
schwül 149
Schwüle 149
Schwule(r) 49
Science Fiction 132
See 152, 204
Seehund 159
Seele 52
Seemann 204
Seezunge 61

Segelboot 204
segeln 146
sehen 29, 58
sehen, sich ~ lassen 135
Sehnsucht 34
sehr 37, 68, 182
sehr gut 37, 119
sehr schlecht 37
Sehvermögen 29
Seide 74, 168
Seife 50
Seil 92
Seilbahn 154
sein 96
sein aus 168
Seite 175, 185
seitlich 175
Sekretär(in) 219
Sekt 63
Sektor 206
Sekunde 177
Selbstbedienungsrestaurant 68
Selbstbefriedigung 49
Selbstmord 52
Selbsttötung 52
selten 180
Senator(in) 97
senden 188, 189
Sendung 188
Senf 62
senil 24
Senilität 24
Senior 24
senken 91, 102, 183
Senkung 183
sensibel 28
sentimental 36
September 177
Service 70
servieren 70
Sessel 90
Sessellift 154
Set 70
setzen, sich 136
Sex 49
Sexual- 49
Sexualität 49
sexuell 49
sexuell attraktiv 49
shoppen 142
Shopping 142

Sicherheit 105
Sicherheit, soziale ~ 103
Sicherheitsgurt 199
Sicherheitsweste 199
sichern 194
Sicht 29
sichtbar 29
Sieb 66
sieben 64
sieden 65
Sieg 106
siezen 136
Signal 191
Signalzeichen 191
Singen 127
singen 127, 159
Singular 41
sinken 183, 205, 208
Sinn 29, 38
Sinnes- 29
sittlich 37
Situation 105
Sitz 92, 209
Sitzbank 92
Sitzung 219
Sitzungszimmer 219
Skelett 18
Ski fahren 146
Ski laufen 146
Sklave 112
Sklavin 112
Skulptur 125
Slip 72
Slipper 72
SMS 192
sobald wie möglich 179
Socke 72
Sofa 90
sofort 180
Software 193
Sohlen 72
Sohn 53, 56
solange 180
Soldat 105
Sommer 177
Sonder- 70, 143
Sonderangebot 143
Song 127

Sonne(n-) 157
Sonnenaufgang 176
Sonnenblume 161
Sonnenbrand 79
Sonnenbrand, sich einen ~ zuziehen 79
Sonnenöl 51
Sonnenuntergang 176
sonnig 147
Sonntag 176
Sorgen, sich ~ machen 32
Soße 61
soziale Randgruppe 103
soziale Sicherheit 103
Sozialhilfe 103
Sozialkunde 117
Sozialleistung 103
Sozialversicherung 103
Sozialwissenschaften 117
Spalte 187
Spanien 151
Spanier(in) 151
spanisch 151
spannend 32
sparen 143, 215
Spargel 61
Sparkasse 215
Spaß (haben) 137
spät 179
später 179
spätestens 179
Spatz 160
spazieren gehen 85, 137
Spaziergang 137
Speck 60
Speicher 194
speichern 194
Speiseeis 59
Speisekarte 69
Speisepilz 61
Speisewagen 68, 201
Sperling 160
Spezialität 70
Spiegel 92
Spiegelei 59

Spiel 138, 145
spielen 127, 130
Spieler(in) 146
Spielfeld 146
Spielkamerad(in) 45
Spielzeug 22
Spielzeugauto 20
Spinat 61
Spinatbandnudeln 60
Spinne 160
Spion(in) 105
Spitze, auf der ~ 175
Sport 117, 145
Sportart 145
Sportler(in) 145
sportlich 145
spottbillig 143
Sprache 41
sprechen 42, 123
Sprecher(in) 187
Sprechstunde 81
Sprengstoff 164
Springbrunnen 131
springen 17, 158
Sprit 199
Spritze 82
Spritzgebäck 60
Spülmaschine 92
Spülmittel 93
Spur 159
Staat(s-) 94, 206
staatlich 206
Staatsangehörigkeit 15
Staatsoberhaupt 98
Staatspolizei 101
Stadion 146
Stadt 95, 156
Stadtbewohner(in) 156
Stadtrand 156
Stadtteil 95
Stadtviertel 156
Stadtzentrum 156
Stahl 168
Stall 155
Stamm 162
Stammgäste 68
Stand 122
Standesamt 54
Standpunkt 33

stark 28, 169
Start 147
starten 203
Statiker 131
Statue 125
Staub 93
Staubsauger 92
staunen 33
Staus 199
Steak 60
stechen 160
Steckdose 170
Stecker 170
Stecknadel 92
stehen 74, 205
stehen bleiben 197
stehlen 110
steif 168
steigen 17, 183, 205, 208
steigern 183
steil 153
Steil-Klippe 153
Stein 131
Stelle 216
stellen, (sich) 75, 91
Stempel 189
stempeln 189
sterben 52
sterblich 52
Stereoanlage 128
Stern 147
Steuer(-) 102
Steuerbehörde 102
steuerlich 102
Steuern 102
Steuernummer 102
sticken 138
Stiefel 72
Stier 159
Stil 74
still 26
Stille 123
stillen 56
Stimme 43, 96
Stimmlage 128
Stimmung 32
stinken 31
Stirn 16
Stock 73
Stockfisch 61
Stockwerk 87

Stoff 74, 108, 164, 168
stolpern 17
stolz 36
Stolz 36
stören 47, 48, 141
Störung 80
Strafe 101
strafrechtlich 99
Straftat 100, 110
Straftäter(in) 110
Strafzettel 101, 200
Strahl 147
strahlend 21
Strand 152
Straße(n-) 111, 156, 198
Straßenbahn 205
Strauß 161
streichen 65, 203
Streichholz 108
Streik 107, 208
streiken 107, 208
Streit 45
streiten, sich 45
streng 147
Stricher 49
Strichjunge 49
stricken 138
Strickjacke 71
Strickpullover 71
Strohhut 73
Strom 152, 170
Stromkreis 170
Stromnetz 170
Strömung 152
Stromzähler 170
Strumpf 71, 72
Stuck 131
Stück 130
Student(in) 121
Studenten- 116
studieren 120
Studium, das ~ abschließen 119
Stuhl 17, 90
stumm 80
Stunde 116, 120, 121, 177, 217
Stunde, pro ~ 217
Sturm 149
Sturz 112
stürzen 78

Sturzhelm 73
Substantiv 41
Substanz 164
subtrahieren 165
suchen 86
Suchmaschine 195
Süd- 151
Süden 151
südlich 151
Summe 165
summen 160
Sumpf 154
Sünde 114
sündigen 114
super 43
Supermarkt 144
Suppe 61
Suppenküche 109
Suppenschüssel 66
surfen 195
Surfer 195
süß 31
Süßigkeiten 60
süßlich 31
süßsauer 31
Symbol 164, 193
Symptom 76
Synagoge 115
Synthese 164
synthetisch 164
synthetisch herstellen 164
System 96
Szene 130

T

Tabak 108
Tabakwarengeschäft 144
Tabakwarenhändler 144
Tabelle 121
Tablett 66
Tablette 83
Tafel, eine ~ Schokolade 60
Tag 147, 176
Tagebuch 132
Tagesgericht 69
Tagesmutter 22
Tageszeitung 186
Tagung 104, 220
Takt 31, 128

Tal 154
Tangente 198
Tankstelle 199
Tanne 162
Tante 53
Tanz 128
tanzen 128
Tänzer(in) 128
Tarif 141
Tasche 71
Taschendiebstahl 111
Taschengeld 58
Taschentuch 51, 73
Tasse 66
Tastatur 193
Taste 193
Tastsinn 31
tätig sein 206, 207
Tätigkeit 117, 138
taub 30, 80
Taube 160
taubstumm 80
Taufe 56
täuschen 111
Täuschung 111
tausend 167
Taxi 205
Team von Arbeitern 100
Teamarbeit 100
Technik 117, 168
Techniker(in) 218
technisch 168
technischer Berater 218
Technologie 168
technologisch 168
Teddy 20
Tee 63
Teekanne 66
Teelöffel 66
Teig 60
Teigwaren 60
Teigwaren, dicke Gemüsesuppe mit ~ 61
Teil 73, 187
Telefon(-) 190, 192
Telefonat 190
Telefonbuch 190

Telefonhörer 192
Telefonkarte 138, 190
Telefonnummer 191
Telefonzelle 190
Teller 64, 66
Tempel 115
Temperament 25
Temperatur 148
Teppich 91
Teppichboden 91
Termin 81, 219
Terrain 151
Terrasse 88
Territorium 151
Test 118
Testament 52
testen 118
teuer 214
Teufel 114
Text 120
Theater 129
Theke 143
Thema 117, 123
Theoretiker(in) 163
theoretisch 163
Theorie 163
Therapeut(in) 113
Therapie 113
Thermometer 76, 148
Thunfisch 61
Thymian 62
tief 152, 181
Tiefe 181
Tiefkühlkost 59
Tier 158
Tierarzt 160
Tierärztin 160
Tiergarten 137
Tiger 159
Tintenfisch 61
Tiramisu 70
Tisch 67
Tisch, den ~ abräumen 67
Tisch, den ~ decken 67, 93
Tischler 218
Titel 186
Titelseite 187
Toast 66, 136
Toastbrot 59

toasten 66
Toaster 66
Tochter 53, 56
Tod 52
tödlich 52
Toilette 51, 68, 91
Toilettenpapier 51
toll 43, 147
Tomate 61
Tomatensalat 62
Tomatensauce 61
Ton 30
Tonhöhe 128
Tonlage 128
Tonleiter 128
Tonne 181
Top 66, 71
Töpfchen 57
Tor 146
tot 52
Tote(r) 52
töten 52
Toten- 52
Totschlag 100
Tötung 100
Tour 139
Tourismus 139
Tourist(in) 139
touristisch 139
Tradition 112
traditionell 112, 218
tragbar 193
träge 27
tragen 21, 72, 73
Tragetasche 171
tragisch 132
Tragödie 130, 132
Trainer(in) 145
trainieren 85, 145
Training 85, 145
Trampen 140
Transaktion 214
Transport(-) 196, 205
trauen 54
Trauer(-) 52
Traum 113
traurig 34
Traurigkeit 34
Trauring 54
Trauung 54
Trauzeuge 55
Trauzeugin 55

treffen 135
Treffen 135
treffen, (sich) 110, 135, 149
Treffer 146
Trenchcoat 71
trennen, (sich) 55, 65
Treppe 87
Tresterschnaps 63
trinken 63, 136
Trinkgeld 70
Trink-Schokolade, heiße ~ 63
Trinkspruch 136
trocken 149
trocknen 93
tropfen 149
Tropfen 149
trübsinnig 28
Trüffel 162
Truppe 105
Truthahn 60
Tulpe 161
Tumor 77
tun 207
Tunnel 198
Tür 88
Türke 151
Türkei 151
Türkin 151
türkisch 151
Turnschuhe 72
Tüte 171
Typ 25
typisch 64

U-Bahn 205
Übelkeit 76
üben 123
über 172, 174
überall 173
übergeben 123
überhaupt nicht 182
überholen 197
Überlandbus 205
überlegen, sich 39
Überlegung 39
übermorgen 179
Übernachtung 141

Übernachtungsbetrieb, Gasthaus mit ~ 68
überprüfen 101
überqueren 198
überraschen 33
Überraschung 33
überreden 47
übersetzen 185
Übersetzung 185
übertragen 185, 188
übertreiben 187
überweisen 215
Überweisung 215
überzeugen 47, 100
Übung 85, 117, 123
Ufer 152
Uhr 73, 92
Uhrarmband 73
Uhrmacher 218
um ... herum 173
umarmen 17
umblättern 129, 197
umbringen 52
umfassen 143, 183
Umgang 135
Umgang haben 44
umgeben 175
Umgebung 156
umgehen mit 169
Umgehungsstraße 198
umher 175
Umleitung 198
Umsatz 211
Umschlag 185
Umschulung 107
umsetzen 211
umsteigen 202
Umtausch 140
umtauschen 140
Umweg 198
Umwelt(-) 157
Umweltverschmutzung 157
umziehen, (sich) 74, 86
Umzug 86
unabhängig 98
unachtsam 27

unangenehm 34
unaufgeräumt 93
Uneinigkeit 45
unerfreulich 34
unfähig 80
Unfähigkeit 80
Unfall 78
ungefähr 182
ungepflegt 21
ungerade 166
ungerecht 37
Ungerechtigkeit 37
ungesetzlich 99
Unglück 109
unglücklich 34
Uniform 105
Union 94
Universität(s-) 116
Universitätsabschluss 119
Universum 147
unmittelbar 180
unmoralisch 37
unordentlich 93
Unordnung 40, 93
Unrecht haben 37, 43
unreif 23
unrichtig 37
Unschuld 100
unschuldig 100
unsichtbar 29
unsittlich 37
untauglich 80
unten 121, 172, 173, 174
unter 174, 175
unterbewusst 113
Unterbewusstsein 113
Unterbrechung 220
unterdessen 180
untere(-r, -s) 174
untergehen 176
Unterhalt 55
unterhalten, sich 42
unterhaltsam 27
Unterhaltung 137
Unterhemd 72
Unterkleid 72
Unterkunft 141

Unternehmen 207
Unternehmer(in) 207
Unternehmensberater(in) 218
Unterredung 219
Unterricht 120
unterrichten 120
untersagen 58, 200
unterscheiden 85
Unterschied 156
unterschreiben 216
Unterschrift 216
unterstützen 45
Unterstützung 103
untersuchen 82, 83, 135, 164
Untersuchung 83, 135, 164
Untersuchung, ärztliche ~ 83
Untertasse 66
Unterwäsche 72
unterwegs 175
Unterwelt 110
Untreue 55
unüberlegt 27
unverletzt 78
unverschämt 28
Unwetter 149
unzufrieden 35
Uraufführung 128
Urin 18
urinieren 18
Urlaub 133
Urne 52
Ursache 110
ursprünglich 125

Vater 53, 56
Vatikanstaat 151
Vegetation 161
Vene 18
Venusmuschel 61
Verabredung 135
verabschieden, sich 135
verachten 36
Verachtung 36
verändern 163
Verantwortung 210
verarbeiten 157, 207
Verarbeitung 207
verärgert 35
Verb 41
Verband 79
verbieten 58, 200
verbinden 79, 164
Verbindung 46, 192
verblüfft 33
verboten 200
Verbrauch 208
verbrauchen 199, 208
Verbraucher(in) 208
Verbrechen 100, 110
Verbrecher(in) 110
verbrennen, sich 79
Verbrennung 79
verbringen 133
Verdächtige(r) 100
verdächtigen 100
verdammt 43
Verdauungsstörung 77
verdienen 43, 214
Verdienst 217
verdrehen 79
Verein 44
vereinigen 164
Vereinigung 94
vereisen 149
Verfahren 99
verfahren, sich 198
Verfall 24
Verfasser(in) 132
Verfassung 79, 96
verfügen 141
Verfügung 219
vergammelt 21
vergangen 178
Vergangenheit 179
vergessen 39
vergewaltigen 110
Vergewaltiger 110
Vergewaltigung 110
Vergleich 143
vergleichen 143
Vergnügen 137
verhaften 101
Verhalten 113
verhalten, sich 25, 113
Verhältnis 55, 104
Verhältnis, außereheliches 55
verhandeln 104
Verhandlungen 104
verheilen 75
verheiratet 15
verirren, sich 198
Verkauf 144, 211
verkaufen 211
Verkäufer(in) 143, 218
Verkehr(s-) 198
Verkehrsampel 198
Verkehrsmittel 196
Verkehrsmittel, die öffentlichen ~ 205
Verkehrspolizist(in) 101
Verkehrsschild 198
Verkehrszeichen 198
verkrüppelt 80
Verlag 184
Verlagswesen 184
verlangen 214
verlassen 194
verlassen, sich ~ auf 46
verlaufen, sich 198
verlegen 184
verletzen, (sich) 78
Verletzte(r) 79
Verletzung 78
verliebt 33
verlieren 145, 211
Verlobte(r) 54
verlogen 42
Verlust 211
vermieten 89, 140
Vermögen 208
vernachlässigen 58
Vernunft 38
vernünftig 38
veröffentlichen 184
Verpflichtung 210
verrenken 79
verringern 183, 217
Verringerung 183, 217
verrückt 27
versammeln, sich 104
verschieben 133
verschmutzen 157
Verschmutzung 157
verschreiben 83
verschütten 65
verschwinden 76
versenden 212
versetzen 123
versichern, (sich) 215
Versicherung 140, 215
versorgen 212
verspätet 178, 202
Verspätung 140
versperren 198
versprechen 47
Verstand 38
verstauchen 79
Versteck spielen 20
verstehen, (sich) 40, 44
verstorben 52
Versuch 163
versuchen 122
verteidigen 99, 105
Verteidigung 99, 105
verteilen 211

Vertrag 216
Vertrauen 46
vertrauen 46
vertreiben 211
vertreten 212
Vertreter(in) 212
Vertrieb 211
verursachen 48, 78
verurteilen 100
Verwaltung 95, 210
verwandeln 163
verwandt 53
Verwandte(r) 53
verwechseln 40, 47
verwenden 169
verwirklichen 211
verwirren 40
verwöhnen 58
verwöhnt 23
verwuschelt 21
Verzeichnis 184
Verzeichnisbuch 184
verzeihen 47
Verzeihung 216
verzichten 85, 108
verziehen 58
Verzögerung 140
verzollen 100
verzweifeln 34, 36
Verzweiflung 36
Vetter 53
Videorekorder 91
Vieh 155
Viehbestand 155
viel(e) 182, 183
Viertel 95, 183
Violine 127
Virus 195
Visitenkarte 219
Visum 140
Vitamin 85
Vogel 159
Volk 94
voll 65, 170
voll tanken 199
volljährig 23
vollkommen 41
Vollkorn- 85
Vollkornbrot 59
Vollmilch 59
von 134, 172

von Bord gehen 204
vor 173, 179
vor kurzem 179
vorankommen 106, 122
Voraus, im ~ 178
vorbereiten, (sich) 64, 118
Vorbereitung 135
vorbestellen 68
vorbeugen 85
voreingenommen 36
vorgeschrieben 196
Vorgesetzte(r) 219
vorgestern 179
Vorhänge 90
vorhersehen 207
Vorname 15
vorne 173
Vorrat 212
vorrücken 106
Vorschlag 69, 123
vorschlagen 69
Vorsitzende 98
Vorspeise 69
vorstellen, (sich) 38, 39, 136
Vorstellung 39, 129
Vorteil 117
Vorurteil 36
Vorwahl 191
Vorwahlnummer 191
Vorwurf 58
vorziehen 35
Vulkan 153

W

Wache 101, 218
Wachmann 218
wachsen 155
wackeln 84
Waffe 106
Wahl 96, 142
wählen 69, 96
wahnsinnig 27
währenddessen 180
Wahrheit 186
wahrnehmen 29, 40

Währung 213
Waise 57
Waisenhaus 57
Waisenkind 57
Wal 159
Wald 154, 162
Wallfahrtskirche 115
Walnuss 62
Wand 88
wandern 85
Wange 16
wann 180
Ware 212
warm 148
Wärme 148, 163
warnen 56, 187
Warnweste 199
warten 81
Warteraum 81
Wartesaal 201
Wartezimmer 81
Waschbecken 92
Wäsche 93
waschen 93
waschen, (sich) 50
Waschmaschine 92
Waschmittel 93
Waschraum (im Keller) 88
Wasser 63
Wasserhahn 92
Wassermelone 62
Watte 51
Website 195
wechseln 140, 214
Wecker 92
weder ... noch 182
Weg 154
weg 172
wegräumen 93
wegschmeißen 157
wegwerfen 157
weh 82
weh tun, (sich) 76, 77, 84
Wehrdienst 105
Wehrpflicht 105
Weibchen 15
weiblich 41, 49
weich 168
weich gekochtes Ei 59

Weichkäse 59
Weide 155, 162
weigern, sich 105, 136
Weigerung 136
Wein 63, 162
Weinberg 155
weinen 36
Weinessig 62
Weingarten 155
Weinkarte 69
Weinkellner 70
Weinrebe 162
Weintrauben 62
Weise 25, 96
weiß 125
Weißbrot 59
Weißbrotstange, dünne ~ 59
weit 74, 86, 174, 181
weit entfernt von 174
Weite 181
weiter(-) 122, 175
weiterführende Schule 116
weitermachen 122
weitsichtig 29
Weizen 60, 162
Welle 163
Welt(-) 104
Weltall 147
Weltraum(-) 147
weltweit 104
wenden 129
wenden, sich ~ an 99, 219
wenig(e) 182
weniger 182
wenn 180
Werbe- 210
Werbeannonce 210
Werbeanzeige 210
werben 210
werben für 210
Werbung 210
Werbung machen 210
werden 197, 217
werfen 17, 157
Werk 132
Werkstatt 199

Werkstoff 168
Werkzeug 168
Wert 26, 213
Wert, auf etw. ~ legen 26
wertvoll 73
Wesen 25, 158, 168
Wespe 160
West- 151
Weste 71
Westen 151
westlich 151
Wettbewerb 137, 145, 206
wetten 137
Wetter 147
wichtig 119
wichtig finden 26
Wichtigkeit 119
wickeln 66
Widerstand 98, 106
widmen 138
wie lange schon 178
wie viel 182
wieder 180
wieder anziehen, sich 82
wieder aufladen 190
wieder verarbeiten 157
wieder verwerten 157
wiederbeleben 79
wiederholen 123, 180
Wiederholung 188
Wiege 22
wiegen 181
Wiegenlied 57
Wiese 88
Wild 61
wild 158
Wildbach 152
Wildschwein 61, 159
willkommen 135
Wimperntusche 51
Wind 149
Windel 57

windig 149
Winkel 165
Winker 200
Wippe 20
wirken 83
Wirklichkeit 186
Wirtschaft 206
wirtschaftlich 142
Wirtshaus 68
wissen 40, 122
Wissenschaft 163
Wissenschaftler(in) 163
wissenschaftlich 163
Witwe(r) 55
Witz 137
wo 68, 172, 173
Woche 176
Wochenende 133, 176
Wochenzeitung 186
wohin 172
wohin (auch) immer 173
wohlhabend 109
Wohlhabende 109
Wohlstand 208
Wohltätigkeitsverein 103
Wohnmobil 86
Wohnort 15
Wohnraum 89
Wohnung 86, 89
Wohnwagen 86
Wohnzimmer 87
Wolf 159
Wolke 148
wolkig 148
Wolle 168
Wort 41
Wörterbuch 184
Wunder 115
wunderbar 43
wunderschön 43
Wunsch 34
wünschen 34, 134
Wurm 160
Wurst 61
Wurstwarengeschäft 144
Wurstwarenhändler 144

Wurzel 161
Wüste 154
Wut 35
wütend 35
wütend werden 35

Z

Zahl 166
zahlen 214
zählen 121, 165
zählen auf 46
Zähler 170
zahlreich 183
zahm 158
Zahn 16, 84
Zahnarzt 84
Zahnärztin 84
Zahnbürste 50
Zahnfleisch 84
Zahnpasta 50
Zahnstein 84
Zahnstocher 70
zart 24, 33, 168
zärtlich 33
zehn 167
zeichnen 124
Zeichnung 124
zeigen 121, 125, 212
Zeit 112, 177, 178
Zeit, die ~ des Heranwachsens 23
Zeit, in jener ~ 174
Zeit, in letzter ~ 179
Zeitalter 112
Zeitraum 177
Zeitschrift 186
Zeitung 186
Zeitungsgeschäft 144
Zeitungshändler(in) 144, 186
Zeitungskiosk 186
Zeitungsstand 186
Zeitvertreib 138
Zelt 86
Zement 168
Zentimeter 181
zentral 175

Zentrum 96, 156
zerbrechlich 168
zerdrücken 64
zerknittert 21
zerreißen 220
Zerrung 77
zerstören 106
Zerstörung 106
zerzaust 21
Zeug, sich ins ~ legen 122
Zeuge 99
Zeugin 99
Zeugnis 119
Ziege 159
Ziegelstein 131
Ziegenkäse 59
ziehen 86
Ziel 120
Zigarette 108
Zigarre 108
Zimmer 87, 141
Zirkus 137
Zitrone 62
zitronensauer 31
zittern 75
zivil 99
Zoll 140
Zone, blaue ~ 200
Zoo 137
Zorn 35
zornig 35
zu 142, 172
zu Abend essen 67
zu Hause 86
zu Mittag essen 67
zu spät 178
zu tun haben 220
zu viel(e) 182
Zubehör 73
zubereiten 64
Zucchini 62
Zucht 155
züchten 155, 159
Zucker 62
Zuckerdose 66
zudecken 65
zufrieden 35
zufrieden stellen 58
zufrieden, sich ~ geben mit 58

zufriedenstellend 119
Zug 201
Zugang 194
zugeben 100
Zugverbindung 201
zuhause 86
Zukunft 179
zukünftige(-r, -s) 179
zulassen 57
zulässige Höchstgeschwindigkeit 197
zum Mitnehmen 68
Zuname 15
Zündholz 108
zunehmen 19, 183
Zunge 16
zurück 173, 175, 202
zurückgeben 47, 102, 123, 157
zurückgeblieben 80
Zurückgebliebene(r) 80
zurückgehen 183
zurückhaltend 28
zurückkehren 139
zurückkommen 139
zurückspulen 126
zurücktreten 98
zurückweisen 105, 136
Zusammenarbeit 45
zusammenarbeiten 45
zusammenbrechen 76
Zusammenbruch 112
zusammenfassen 120
Zusammenfassung 120
zusammenkommen 104
Zusammenkunft 135
zusammenlegen 93
Zusammenstoß 78
zusammenstoßen 78
zusammenzählen 165
Zuschauer(in) 129, 146
Zustand 79
zustimmend 98
Zweck 120
Zweibett- 141
Zweifel 100
Zwieback 59
Zwiebel 61
Zwilling(e) 56
zwingen 101, 110
zwischen 174
Zwischenlandung 203

Notizen

Notizen

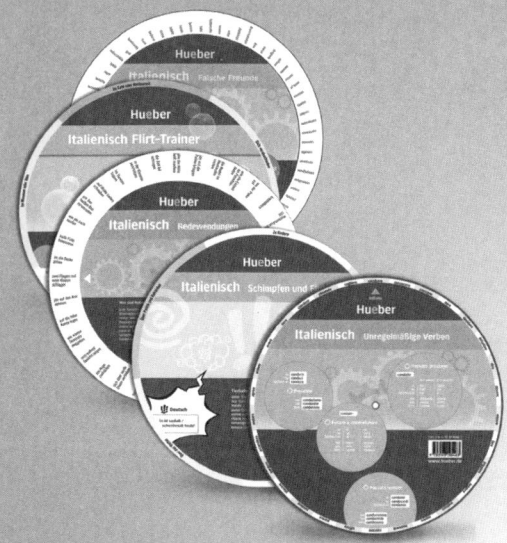

Italienisch

Falsche Freunde
ISBN 978-3-19-309546-6

Flirt-Trainer
ISBN 978-3-19-389546-2

Redewendungen
ISBN 978-3-19-329546-0

Schimpfen und Fluchen
ISBN 978-3-19-399546-9

Unregelmäßige Verben
ISBN 978-3-19-319546-3

Learning by Turning!

Jetzt geht es rund: Die *Hueber Wheels* sind das ideale Sprachtraining für unterwegs oder zwischendurch. Einfach die mittlere Scheibe drehen – schon werden die unregelmäßigen Verben, die wichtigsten Redewendungen oder die falschen Freunde angezeigt.

Weitere Produkte aus der *Wheel*-Familie:

- Englisch **Amerikanisches und britisches Englisch, Falsche Freunde, Flirt-Trainer, Make or Do, Office-Trainer, Präpositionen, Redewendungen, Schimpfen und Fluchen** und **Unregelmäßige Verben**
- Französisch **Falsche Freunde, Flirt-Trainer, Redewendungen, Schimpfen und Fluchen** und **Unregelmäßige Verben**
- Spanisch **Falsche Freunde, Flirt-Trainer, Redewendungen, Schimpfen und Fluchen, Unregelmäßige Verben** und **¿Ser o estar?**
- Deutsch **Adjektive, Akkusativ oder Dativ?, Flirt-Trainer, ... in Österreich, ... in der Schweiz, Modalverben, Präpositionen, Schimpfen und Fluchen, Unregelmäßige Verben** und **der, die, das**
- Latein **Deklinationen, Verben – Aktiv-Formen** und **Verben – Passiv-Formen**
- Weitere Sprachen **Dänisch – Unregelmäßige Verben, Finnisch – Wichtige Verben, Niederländisch – Unregelmäßige Verben, Norwegisch – Starke und unregelmäßige Verben, Portugiesisch – Regelmäßige und unregelmäßige Verben** und **Schwedisch – Starke und unregelmäßige Verben**

www.hueber.de/italienisch-lernen

Hueber Freude an Sprachen

Power-Grammatik Italienisch
176 Seiten
ISBN 978–3–19–005341–4

Für Anfänger zum Üben und Nachschlagen!

Anfänger können mit dieser modernen und innovativen Grammatik Themen in kleinen »Portionen« erarbeiten, begreifen und üben. Durch den klaren Seitenaufbau – linke Seite Übersichten, Regeln und Erklärungen, rechte Seite Übungen – vermittelt das Buch schnell und leicht verständlich Grammatikkenntnisse, die zum Niveau A2 führen.

- ▶ Klarer, transparenter Aufbau
- ▶ Lustige Cartoons führen unterhaltsam in das Grammatikthema ein und unterstützen visuell den Lernprozess
- ▶ Zahlreiche Tests zur Überprüfung des Lernfortschritts
- ▶ Lösungsschlüssel, Register und Übersichten im Anhang

Auch für Englisch, Französisch, Latein und Spanisch erhältlich.

www.hueber.de/italienisch-lernen